湖南大众传媒职业技术学院
国家骨干高职院校建设项目成果

出版物市场调查

主　编　周蔡敏

副主编　杨振宇　杨　逍　文智勇

世界图书出版公司

广州·上海·西安·北京

图书在版编目(CIP)数据

出版物市场调查/周蔡敏主编. —广州：世界图书出版
广东有限公司, 2012.9
　ISBN 978-7-5100-5147-0

　Ⅰ. ①出… Ⅱ. ①周… Ⅲ. ①出版物–市场调查
Ⅳ.①G235

中国版本图书馆 CIP 数据核字(2012)第 203502 号

出版物市场调查

策划编辑	姜　羽
责任编辑	刘文辉　王　慧
封面设计	兰文婷
出版发行	世界图书出版广东有限公司
地　　址	广州市新港西路大江冲 25 号
电　　话	020-84459702
印　　刷	虎彩印艺股份有限公司
规　　格	890mm×1240mm　1/16
印　　张	15
字　　数	180 千字
版　　次	2013 年 5 月第 2 版　2016 年 3 月第 4 次印刷

ISBN 978-7-5100-5147-0/G·1131

定　　价	51.00 元

前　言

信息在现代经济生活中的作用越来越大,已经成为市场竞争的重要手段。对于企业来说,信息的重要性更是不言而喻。缺乏信息,即使有了资金、厂房、物资和能源,企业经营也十分困难,信息是最重要的资源,谁占有的信息多、掌握的信息准确,谁就有了权威,有了制胜的先机。出版物市场调查是获取出版物市场信息、进行出版物市场营销和现代化管理的重要手段。随着我国市场经济的不断发展和市场竞争的日趋激烈,我国出版发行企业必将面临更加巨大的生存压力。通过科学的市场调查与分析,掌握准确的市场信息,已经成为出版发行企业提高决策能力和管理水平,合理整合企业内外资源,提升企业整体竞争力的关键因素。

本书是由课程组教师与出版发行企业合作,遵循职业教育规律,结合最新的职教理念,在进行出版发行行业调研的基础上,以真实职业活动的实践顺序为主线进行编写的。本书面向应用性,突出学生出版物市场调查与分析能力的培养。

根据实际工作过程,出版物市场调查的过程应为:确定出版物市场调查、制订出版物市场调查方案、收集出版物市场调查资料、整理和分析出版物市场调查资料、撰写出版物市场调查报告。制订出版物市场调查方案除了总体方案的设计,还包括出版物市场调查方法的设计、出版物市场调查问卷的设计,由于这两个方面的内容相对复杂一些,因此特将此两项内容提出来单独讲解,所以全书最终共设计了七个项目:确定出版物市场调查目标、制订出版物市场调查方案、设计出版物抽样调查方法、设计出版物市场调查问卷、收集出版物市场调查资料、整理分析出版物市场调查资料、撰写出版物市场调查报告。这七个项目实际构成了一个完整的调查工作过程,每一个项目又可以单独成为一个学习单元。这种设计虽然也存在不足,并非所有的调查活动都需要这七步,但对于学生了解出版物市场调查的过程来讲还是十分有必要的。

本书的每个项目都配有案例导入、内容解析、项目小结、单元实训等栏目,构建了相对完整的出版物市场调查与分析的课程内容及操作体系,突出强调学生学习的参与性与主动性。

本书与传统学科教材相比,主要特点有:

1. 以职业工作过程为导向

本书以出版物市场调查工作的实际工作过程为导向,根据出版行业的实际需要,对课程内容进行了设计，职业工作过程的顺序形成了教材内容的顺序，职业工作过程的典型工作任务形成了教材的重点剖析内容。同时结合学生的认知规律，进行知识的解构和重构，使独立、离散的知识点得到有机串接。

2. 项目、任务统领教学过程

本书用项目、任务的形式重构了出版物市场调查的教学内容体系，围绕职业能力的需求设计项目和任务，以项目和任务来整合相应的知识和技能。项目和任务的完成是学生学习的动力，也是检验学生职业技能的手段。这样有利于提高学生学习的自主性、积极性，可以使学生由被动听课转变为主动探索（完成某项工作），从而进一步促使学生通过课程学习切实获取所需的职业能力。

3. 教材内容突出实用性

本书严格按照出版专业人才岗位能力需求编写，依据出版物市场调查具体工作项目设计、组织课程内容，同时采用了经典案例、单元实训等形式，并结合课后自测作为巩固练习，最大可能方便学生学习。由学生主动完成某项任务，使学生通过课程学习逐步提高职业能力，每个项目后面安排了实训操作，以加强实践教学效果，强化职业技能培养。

4. 案例新颖，可读性强

本教材每个任务都由比较具有代表性和时效性的案例引入，同时教材正文中也适当地穿插了一些小案例、小资料，能有效激发学生对出版物市场调查的兴趣和求知的欲望，也能引发学生对问题的思考，加深学生的理解和认识，具有很强的可读性。

本书由湖南大众传媒职业技术学院周蔡敏主编，并且拟定提纲及完成全书的统稿和定稿工作。湖南大众传媒学院杨振宇、杨逍，安徽新闻职业技术学院文智勇担任副主编。具体分工如下：周蔡敏编写第1、7个项目；杨振宇编写第3、6个项目；杨逍编写第2、5个项目，文智勇编写第4个项目。

本书的使用对象以高职高专出版与发行专业学生为主，也适用于新闻出版类其他各专业，同时还可以作为出版发行从业人员的参考读物。

本书在编写过程中借鉴和参考了大量国内外的相关书籍和教材，在此，谨向所有相关作者表示诚挚的感谢。尽管我们在编写过程中作出了许多努力，但仍避免不了存在疏漏和不足之处，恳请专家、学者和广大读者批评指正，我们将不胜感激。

编　者

2012 年 7 月

目 录

确定出版物市场调查目标

引言

出版物市场调查是出版发行企业针对特定的市场目标,收集、整理、分析和研究有关市场信息,为决策提供可靠的依据的活动。一个出版物市场调查项目往往要经历确定调查目标、制订调查方案、实施调查(搜集市场信息)、分析数据资料、提出结论这样一个完整的过程。出版物市场调查活动的第一步就是确定出版物市场调查目标。在这个项目中我们要了解出版物市场的基本情况,认识出版物市场调查的基本流程和调查内容,明确出版物市场目标的判断标准,通过本项目的学习,读者能根据具体要求,确定出版物市场调查的目标和调查内容。

任务1　认识出版物市场

【案例导入】

2011年新闻出版产业分析报告（节选）①

2011年，全国出版、印刷和发行服务实现营业收入14568.6亿元，相较2010年增长了17.7%；增加值4021.6亿元，增长14.8%，占同期国内生产总值（GDP）的0.9%；利润总额1128.0亿元，增长4.8%；不包括数字出版的资产总额为14417.5亿元，增长13.2%；所有者权益（净资产）为7344.8亿元，增长12.5%；纳税总额为787.9亿元，增长11.3%。

出版图书37.0万种

2011年，全国共出版图书37.0万种，较2010年增长12.5%。其中，新版图书20.8万种，增长9.6%；重版、重印图书16.2万种，增长16.5%。总印数77.1亿册（张），增长7.5%；总印张634.5亿印张，增长4.7%；定价总金额1063.1亿元，增长13.6%。图书出版实现营业收入664.4亿元，增长19.8%；增加值225.3亿元，增长4.8%；利润总额94.2亿元，增长22.2%。

出版期刊9849种

2011年，全国共出版期刊9849种，较2010年降低0.4%；总印数32.9亿册，增长2.2%；总印张192.7亿印张，增长6.4%；定价总金额238.4亿元，增长9.5%。期刊出版实现营业收入162.6亿元，增长8.0%；增加值152.4亿元，增长114.2%；利润总额22.9亿元，增长23.8%。

出版报纸1928种

2011年，全国共出版报纸1928种，较2010年降低0.6%；总印数467.4亿份，增长3.4%；总印张2272.0亿印张，增长5.8%；定价总金额400.4亿元，增长8.9%。报纸出版实现营业收入818.9亿元，增长12.3%；增加值320.2亿元，增长1.0%；利润总额98.6亿元，降低2.2%。

出版音像制品19408种

2011年，全国共出版音像制品19408种，较2010年降低10.0%；出版数量4.6亿盒（张），增长9.6%；发行数量3.9亿盒（张），增长3.5%；发行总金额18.3亿元，降低

---

① 资料来源：新闻出版总署　http://www.gapp.gov.cn/cms/html/21/2914/201207/760138.html

9.3%。音像制品出版实现营业收入 26.1 亿元,增长 29.1%;增加值 8.2 亿元,增长 11.6%;利润总额 2.8 亿元,增长 15.6%。

出版电子出版物 11154 种

2011 年,全国共出版电子出版物 11154 种,较 2010 年降低 0.2%;出版数量 2.1 亿张,降低 17.7%。电子出版物出版实现营业收入 6.2 亿元,降低 15.5%;增加值 3.1 亿元,增长 8.8%;利润总额 1.3 亿元,增长 28.0%。

数字出版营收 1377.9 亿元

2011 年,数字出版实现营业收入 1377.9 亿元,相较 2010 年增长了 31.0%;增加值 389.4 亿元,增长 34.2%;利润总额 106.7 亿元,增长 19.1%。

印刷复制营收 9305.4 亿元

2011 年,全国图书、报纸、其他出版物黑白印刷产量 3.0 亿令,相较 2010 年增长了 6.4%;彩色印刷产量 15.3 亿对开色令,增长 7.8%;装订产量 2.9 亿令,与上年基本持平。印刷复制(包括出版物印刷、包装装潢印刷、其他印刷品印刷、专项印刷、打字复印、复制和印刷物资供销)实现营业收入 9305.4 亿元,增长 17.5%;增加值 2324.9 亿元,增长 9.6%;利润总额 614.6 亿元,增长 6.3%。

发行网点 16.9 万处

2011 年,全国新华书店系统和出版社自办发行单位实现出版物总销售额 1953.5 亿元,较 2010 年增长 11.4%;全国共有出版物发行网点 16.9 万处,增长 0.4%。出版物发行实现营业收入 2162.9 亿元,增长 13.9%;增加值 593.3 亿元,增长 26.0%;利润总额 185.1 亿元,降低 10.5%。

出版物进出口经营单位营收 64.4 亿元

2011 年,全国累计进口图书、报纸、期刊、音像制品、电子出版物 113.5 万种次,较 2010 年增长 25.4%;数量 3019.5 万册(份、盒、张),增长 2.5%;金额 42508.0 万美元,增长 13.7%。全国累计出口图书、报纸、期刊、音像制品、电子出版物 148.7 万种次,数量 1557.5 万册(份、盒、张),金额 7396.6 万美元。进出口总额 49904.6 万美元(其中,全国出版物进出口经营单位进出口总额 46448.7 万美元,增长 12.9%)。出版物进出口经营单位实现营业收入 64.4 亿元,增长 4.8%;增加值 4.9 亿元,降低 39.0%;利润总额 1.8 亿元,增长 1.7%。

版权输出、引进品种比例提高到 1:2.1

2011 年,全国共引进版权 16639 种(其中,图书 14708 种,录音制品 278 种,录像制品 421 种,电子出版物 185 种),相较 2010 年增长了 0.2%(图书、音像制品与电子出版物合计增长 7.0%);共输出版权 7783 种(其中,图书 5922 种,录音制品 130 种,录像制品 20 种,电子出版物 125 种),增长了 36.8%(图书、音像制品与电子出版物合计增长了 50.7%);版权输出品种与引进品种比例由 2010 年的 1:2.9 提高到 1:2.1。

从对市场的认识顺序来讲,出版物市场调查并不是从搜集资料开始,而是从对调查对象的认识开始,即使是单项调查活动也是如此,没有这种认识,就不知道去调查什么和怎样调查;也不知要研究什么和怎么研究。出版物市场调查是以出版物市场为调查领域的调查活动,因此进行出版物市场调查,首先要了解出版物市场的情况。案例是来源于新闻出版总署2011年新闻出版产业的分析报告,通过案例资料显示,我们可以看到我国新闻出版产业的基本情况,对出版物市场情况可窥一斑。

2011年中国新闻出版产业克服了国际经济发展趋缓、欧债危机加剧、企业运营成本上升导致运行压力增大等不利因素的影响,保持了两位数的增长,这表明新闻出版产业快速、稳步增长的态势没有改变,"文化产业主力军"的地位和作用更加凸显。新闻出版产业在复杂的宏观经济环境下取得如此成就,与新闻出版体制改革的不断深化密不可分。2010年底,全国经营性出版社的转企任务基本完成,新型的市场主体开始确立;2011年,非时政类报刊的转企改制开始全面启动,部分非时政类报刊完成了转企工作。这些工作无疑进一步解放和发展了出版生产力,从而提高了整个产业的增长速度。这一成就的取得,和数字技术、网络技术与新闻出版业加速融合密不可分。出版业作为一个有着三千多年历史的古老行业,其经久不衰的重要原因就是它不断地运用新技术武装自己、提升自己。数字技术、网络技术与新闻出版业的加速融合,不仅提高了传统出版业的生产能力,而且延伸了出版产业链,丰富了出版产品形态,创造了新的、日益扩大的市场需求,由此带动了出版产业的加速发展。

【内容解析】

一、出版物市场的概念

最初的市场就是指商品交换的具体场所,是进行商品买卖的地方,是空间上的地理位置概念。后来,随着生产和社会分工的发展,商品交换日益频繁,人们的社会活动对于商品交换的依赖程度日益加深,市场的概念因此也具有了更为深邃的经济内涵。它不单是一个地理位置概念,还是一个包括商品交换中的各种经济关系及经济活动在内的综合概念。

出版物市场是从出版物交换整个流程中的流通地域、场所,扩大到出版物流通过程中的买卖双方和整个出版物流通领域中涉及的物流、资金流、信息流,因此出版物市场就是涉及出版物商品交换的各种经济活动以及由此产生的各种经济关系的总和。西汉末年,随着商业经济和太学的发展,我国出现了第一个书籍集市——槐市,这是我国最早的出版物交易市场。围绕出版物商品的交换,必须进行一系列的经济活动,如出版社要根据出版物消费者的需求来选题组稿,要确定恰当的购销方式,要组织出版物的批发与零售等等。在开展这一系列活动的过程中,必然会产生许多的经济关系,如产销关系、批零关系、发行者与出版物消费者、生产者与出版物消费者的关系等等，所以，只要有出版物的交换，出版物市场就必然存在。

二、出版物市场的构成要素

出版物市场的形成，必须具备五个方面的条件，即出版发行企业、出版物商品、出版物消费者、购买力和购买欲望，这是构成出版物市场的基本要素。

（一）出版物经营者

经营者是出版物市场活动的主体，是出版发行活动的主体，是组织者。目前我国出版业的出版物经营包括图书出版经营、期刊出版经营、报纸出版经营、音像制品出版经营、电子出版物出版经营、数字出版经营、印刷复制经营、出版物发行经营和出版物进出口经营等。出版物经营者有出版社、期刊社、报社、音像制品出版单位、电子出版物出版单位、民营图书公司、印刷复制企业、数字出版企业等经营者。出版物市场的经营者包括生产经营者、批发者和零售者三大基本类型，他们各自以不同的方式参与出版物市场的商品交换活动。一定规模出版物市场的形成，不仅要求拥有足够数量的经营者，而且还要求具有合理的经营者结构。生产商、批发商、零售商三者之间要保持相互适应的比例，并要根据生产力的发展不断地进行调整。就一种出版物而言，也必须具有一定数量的经营者，主要是批发者和零售者，才能形成市场。批发者与零售者数量越多，则意味着该出版物商品的市场也相应愈大。

◇案例1.1

《2011年新闻出版产业分析报告》显示：全国119家出版、报刊和发行集团实现主营业务收入2094.6亿元，占全国出版发行全行业主营业务收入的57.5%。尤其值得一提的是，首次出现了两个"双百亿"集团，即江苏凤凰出版传媒集团、湖南出版投资控股集团。成都传媒集团、四川新华发行集团、中国印刷集团总体经济规模综合评价分列报刊、发行、印刷集团之首。在统计的26家出版发行和印刷上市公司股市总市值排名中，江苏凤凰出版传媒股份有限公司位列第一；在统计的32家出版发行和印刷上市公司股市流通市值排名中，华闻传媒投资集团股份有限公司列首位。

◇案例1.2

江苏凤凰出版传媒股份有限公司系凤凰出版传媒集团旗下专业从事图书出版、发行及相关文化产业的大型传媒公司，总资产逾76亿元，净资产超40亿元，是我国出版发行行业的龙头企业。公司辖全资子公司85家、控股子公司25家、参股公司9家，拥有销售网点856个，网点规模和数量居全国同行第一；所属6家出版社进入中国百家出版社行列，被评为国家一级出版社；拥有技术先进、规模巨大、全国一流的物流配送中心。

公司控股方凤凰集团是我国规模最大、实力最强的文化产业集团之一，总体经济规模和综合实力评估连续多年保持全国第一。在三届"全国文化企业30强"评比中，集团均名列前茅。在世界品牌实验室发布的"2010年中国500最具价值品牌"中居第243位，是全国唯一上榜的出版传媒集团。

公司将继续聚焦书业、聚焦传媒、聚焦文化产业，探索跨区域、跨媒体、跨所有制发展路径，构筑资本运营、数字化出版和高端人才的竞争优势，构建结构调整型、投入拉动型、数字技术提升型的增长方式，努力打造国内领先、国际知名的大型文化产业集团。

（二）出版物商品

出版物商品是出版行为的成果和产品，即承载着一定信息知识、能够进行复制并以向公众传播信息知识为目的的产品。

传统的出版物，包括报纸、杂志和出版物，都是印刷品。自19世纪末期发明留声机后，唱片的功用与生产方法，与出版物相接近或类似，都是将精神产品转化为物质形态，制成原版，并加以复制便于在一定范围传播，因而将唱片的生产，也称为出版。唱片也成为出版物的一种。20世纪初期和中叶相继发明缩微成像技术、录音技术和录像技术后，又有电子计算机成为传播各类信息资料的媒介。人们把经过不同的技术手段复制，具有一定传播功用，成为精神产品载体的缩微胶片（卷）、录音带、录像带、软盘的生产，也称为出版。这一类产品也被视为出版物，又合称为音像读物，或分别称为缩微制品、视听材料、电子出版物。

最新形态的出版物商品应该是目前国家大力发展的数字出版形成的产品形态。数字出版是指利用数字技术进行内容编辑加工，并通过网络传播数字内容产品的一种新型出版方式，其主要特征为内容生产数字化、管理过程数字化、产品形态数字化和传播渠道网络化。目前数字出版产品形态主要包括电子出版物、数字报纸、数字期刊、网络原创文学、网络教育出版物、网络地图、数字音乐、网络动漫、网络游戏、数据库出版物、手机出版物（彩信、彩铃、手机报纸、手机期刊、手机小说、手机游戏）等。数字出版产品的传播途径主要包括有线互联网、无线通讯网和卫星网络等。随着现代技术的进步，出版物的物质形态和它所负载的内容将有许多新的发展。因此，出版物商品形态包括：报纸、期刊、图书、音像制品、电子出版物、互联网出版物以及数字出版物。

◇案例1.3

在案例引入《2011年新闻出版产业分析报告（节选）》中，我们可以发现我国出版产业发展呈现良好态势，出版物产品形态丰富、品种多样、收益可观。据报告显示：出版图书37.0万种、出版期刊9849种、出版报纸1928种、出版音像制品19408种、出版电子出版物11154种、数字出版营收1377.9亿元（由于受到多方面因素的制约，目前的数字出版统计还有很大的局限性，还有相当多的数字出版企业、数字出版产品、数字出版收入没有纳入新闻出版统计范围内，比如许多互联网出版企业不在目前的统计体系之内。因此,完整的数字出版产业收入比目前的统计数字可能要大很多)。

（三）出版物消费者

出版物消费者是购买出版物的消费者,只有有了出版物消费者,出版物才能被需要、被使用。哪里有出版物消费者,哪里就有对出版物的需求;有什么样的出版物消费者,就形成什么样的消费需求结构。出版物消费者又分为个人出版物消费者和团体出版物消费者,这是构成出版物市场消费需求的基本要素。

个人出版物消费者是指个人或家庭使用个人经费购买出版物的出版物消费者。个人出版物消费者可以按年龄、职业、文化水平、地区分布等标准划分为各种类型。不同类型的出版物消费者对出版物的需求,无论是品种、内容,还是在时间、数量上都有着明显的区别。

团体出版物消费者是各类社会组织和团体使用集体经费满足本单位职工或社会公众的各类需要而购买出版物的出版物消费者。团体出版物消费者一般购书的时间比较集中、购书的品种内容比较稳定、购书的次数虽然不多但量比较大。

（四）购买力

购买力是出版物消费者支付货币购买出版物商品或劳务的能力。出版物消费者的消费需求是通过利用手中的货币购买出版物实现的。因此,在人口状况既定的条件下,购买力就成为决定市场容量的重要因素之一。出版物市场的大小,直接取决于出版物消费者购买力的高低。一般情况下,购买力受到人均国民收入、个人收入、社会集团购买力、平均消费水平、消费结构等因素的影响。

出版物消费者观念上的需求变成现实的消费需求,要以货币支付能力为基础。缺少货币支付能力的主观愿望与要求,不能形成消费行为。对于一般商品市场而言,消费者个人收入的增加即意味着市场购买力的增长,而出版物市场属于文化消费品市场,人们对出版物需求不属于生存需要。所以对于出版物市场来说,只有个人收入中扣除维持生活的必需费用和固定费用之后的剩余部分,即"个人可以任意支配的收入"增加,其市场购买力才有可能增加。这是对个人购买力而言的。除此之外,出版物市场的购买力中,集团购买力也具有非常重要的地位。团体购买力的发展取决于国家的经济形势与文化政策。总之,无论是个人出版物消费者,还是团体出版物消费者,其购买愿望都要以一定的购买力作保证,所以,购买力也是形成出版物市场消费需求的基本要素。

（五）购买欲望

购买欲望是指出版物消费者购买出版物商品的愿望和要求,是把出版物消费者的潜在购买力变为现实购买力的重要条件。倘若仅具备一定的人口和购买力,而出版物消费者缺乏强烈的购买欲望或动机,商品买卖仍然不能发生,市场也无从现实地存在。因此,购买欲望也是市场不可缺少的构成因素。

购买欲望的产生取决于一定的购买动机,购买动机回答的是为什么要消费的问题。只有具备了一定的购买动机,也就是说,出版物消费者不仅拥有了货币支付能力,而且具有了明确的购买目的,才能实现由需求到消费转化,并形成现实的消费需求。不同文化程度、不同收入水平、不同性格特征的人购买欲望是不同的。

三、出版物市场结构

出版物市场结构有以下四种模式:

（一）独家垄断市场

独家垄断市场主要表现为一个行业只有一家企业,或者说一种产品只有一个销售者或生产者,没有或基本没有替代者。在出版行业中,独家垄断市场相对其他产品市场较为罕见,但也存在人民教育出版社这类以专门性出版物为主要经营业务,并且这类出版物的垄断性色彩较为浓厚的出版企业。

（二）寡头垄断市场

寡头垄断市场是指一种产品在拥有大量消费者或用户的情况下,由少数几家大企业控制了绝大部分的产量和销量,剩下的一小部分则由众多小企业去分享。

这种市场有如下特点:其一,控制市场的几家大企业是相互依存、相互制约的,其中任何一家营销策略的变化对其他几家都会产生重大影响,并会引起相关反应。其二,几家大企业之间的激烈竞争,表现为非价格竞争,尤其注重树立企业形象。其三,由于存在着少数大企业的垄断,新企业加入这个行业非常困难。

（三）垄断性竞争市场

这是指一个行业中有许多企业生产和销售同一种产品,每一个企业的产量或销量只占总需求的一小部分。在这种市场上,由于同行业企业很多,产品替代性很大,因而竞争激烈;由于对价格单一企业也没有太大的控制能力,企业进出这些行业也相对容易,竞争主要表现为价格竞争。各个企业为了提高市场占有率,都十分注重产品特色,力图使自己的产品与竞争者区别开来;许多企业也相当重视广告宣传、人员推销等促销活动。

（四）完全竞争市场

这是指一个行业中有众多的独立生产者,它们都以相同的方式向市场提供同类的、标准化的产品。

完全竞争市场具有如下特点:不同生产者生产的产品几乎完全相同,买主买谁的产品都无所谓;每个生产者只供应市场需求量的很小一部分,因而任何生产者都不可能控制市场;生产者、销售者可以毫无障碍地自由进入或退出这一行业;竞争主要表现为价格竞争,一般不采用非价格竞争,广告宣传并不重要。

任务 2　了解出版物市场调查情况

【案例导入】

《中国儿童百科全书》的市场调研[①]

《中国儿童百科全书》是一套以 9～15 岁孩子为读者对象的"图说"式百科知识图书。这套书编纂之初，编辑们曾对国内儿童百科类大型图书做了一项专门的市场调查。结果发现，我国近年来出版的少儿百科类图书中，有相当多的品种是引进版图书。其中，大型儿童百科类（以图为主）图书共约 65 种，引进版图书就有 30 多种，接近一半。引进版大型儿童百科类图书中，英国版 10 种，日本版 5 种，美、德、法版 12 种，我国港台版 3 种。这些书在内容上充分考虑了儿童的特点，画面色彩鲜亮，制作也很精美，能吸引儿童的注意力。这类书在市场上很火爆，占了同类书的"半壁江山"。

这类引进版图书的另一出版特点是规模大、投入高、出版周期长。国内不少专业少儿出版社趋向于以引进作为开拓市场、打造品牌，甚至提升社内运作水准的主要利器。当时，对这一现象形象地描叙是："引进当家，本土平淡。"

中国大百科全书出版社针对这一情况进行分析，认识到自己是国内一流的权威百科类图书出版社，完全有能力组织国内一流专家学者，为中国孩子打造一套自己的百科全书。在新闻出版总署的支持下，1996 年《中国儿童百科全书》选题列入了中国"九五"重点图书计划，编纂启动投入 100 万元资金，组织了中国国内各学科的科学家、科普作家，用了近 5 年的时间进行精心编写与绘制。在策划与编纂过程中，作者、编辑们始终贯彻"突出中国特色"这一宗旨，凡是有关历史、民族、名胜、体育及文化科技等方面的内容都突出了中国国情，并注重介绍中国科技文化的发展对世界文明产生的影响。《中国儿童百科全书》于 2001 年"六一"儿童节前夕出版，受到了广大儿童、家长和教师的喜爱。初版一年内重印 8 次，发行 3200 多万码洋，在图书市场较为疲软的状况下有此业绩，不能不说是个奇迹。对此，出版发行界、教育界和相关媒体都给予了极大关注。[②]

《中国儿童百科全书》在几十种以图为主的大型儿童百科类图书中能够迅速热销并持久畅销，与其对市场的把握是分不开的。市场调研是图书营销的重要内容，是确

---

①刘观涛."畅销书"的蓄意操作——如何成长为金牌策划人.广西师范大学出版社.2009.
②刘拥军.图书营销案例点评.苏州大学出版社.2005.

定图书定位、方向和特点的基础,要高度重视市场调研。对市场的调查是一个选题确立前的最基本工作。这个调查可以直接以目标读者为对象,可以以作者为对象,可以以相关的机构、专家、学者为对象,但最常用的,也是最便捷的是以在售图书为对象。吸纳在售图书中好的成分,弃其糟粕,找准定位,就会形成好的选题。

在竞争激烈的市场上,企业的任何经营决策都存在着不确定性和风险,只有通过有效的出版物市场调查,掌握足够的市场信息,才能顺应市场变化趋势,了解企业所处的生存、发展和竞争环境的变化,增强企业的应变能力,把握经营的主动权,创新营销组合,识别新的市场机会,实现预期的经营目标。出版物产品的策划与营销都离不开对出版物市场的了解,事实上,能否深入地洞悉市场的运行状态在很大程度上决定着出版物的内在质量与外在表现,因此出版物市场调查工作历来都为出版部门所重视。出版物市场调查是一项技巧性很强的工作,调查的方法不同,得出结论的真实程度亦不一样,从这个意义是可以讲"法无定法是为调查之法"。所以出版物市场调查是现代出版发行企业一项重要的基础工作,是企业市场营销活动的起点,也成为企业营销管理的重要组成部分。

【内容解析】

一、出版物市场调查的概念

出版物市场调查是指为了特定的目标,利用科学系统的方法,对出版物市场的各种信息进行的收集、整理、分析和研究活动。出版发行单位决策人员根据提交的报告,不仅能够深入了解到市场状况,从而制订出相应的出版物营销计划,而且可以据此进行市场预测。出版物市场调查是出版物营销工作第一步,也是至关重要一步,孙子兵法云"知己知彼,百战不殆",只有对出版物市场有全面深刻的了解,出版发行企业才可能"运筹于帷幄之中,决胜于千里之外"。要做到这一点,离开出版物市场调查是不可想象的。

出版物市场调查的目的具有较强的针对性。这往往是为了了解、分析和判断出版发行企业在市场营销管理中是否存在问题,或解决已经存在的问题,并预测未来的发展趋势,从而为企业制订特定的营销决策服务,并非对市场营销的所有问题进行笼统、盲目的调查。

出版物市场调查的方法具有科学性。出版物市场调查活动必须采用科学的方法,如市场信息范围的确定方法、信息收集方法的选择、流程的设计、执行的技巧与严谨度、采集数据的处理方法和分析方法等。出版物市场调查活动只有运用科学的方法进行组织、实施和管理,才能获取可信度较高的调查结果,才能做出比较正确的决策。

出版物市场调查活动的过程具有关联性。出版物市场调查活动是一个系统化的工作,包括调查活动的设计与组织,所需信息资料的收集、整理和分析,以及调查报告的出具等。一系列工作环环相扣、紧密联系、相互依存又相互影响,共同构建了出版物市场调查活动的全过程。

二、出版物市场调查的意义

出版物市场调查作为出版物营销工作的一个重要组成部分,显然发挥着重要的作用,一个有效的出版物市场调查能够降低营销过程中盲目性,提高出版物营销的绩效。具体表现在以下几个方面:

(一)出版物市场调查是出版发行企业营销活动的起点,又贯穿其全过程

出版发行企业的营销活动是从出版物市场调查开始的,通过出版物市场调查,识别和确定市场机会,制订营销计划,选择目标市场,设计营销组合,对营销计划的执行进行监控和信息反馈。在这一过程中,企业每一步都离不开出版物市场调查,都需要以出版物市场调查结论作为决策依据。否则,就会形成盲目的和脱离实际的决策,而这些则往往意味着损失和失败。

(二)出版物市场调查对出版发行企业决策有检验和修正作用

出版发行企业依据出版物市场调查获得的资料,可检验企业的计划和战略是否可行,有无疏忽和遗漏,是否需要修正,并提供相应的修改方案。通过分析市场信息,可以避免企业在制订营销策略时发生错误,或可以帮助营销决策者了解当前营销策略及营销活动的得失,以做出适当修正。只有在实际了解市场情况下,才能有针对性地制订出切实可行的市场营销策略和企业经营发展策略。

(三)出版物市场调查有助于出版发行企业及时发现潜在需求

随着市场经济的发展,消费者需求变化越来越快,产品的生命周期日趋缩短,市场竞争更加激烈。对于企业来说,能否及时了解市场变化情况,并适时、适当地采取应变措施,是企业能否取胜的关键。企业通过出版物市场调查,可以发现市场中未被满足或未被充分满足的需求,确定本企业的目标市场。同时,可以根据消费者需求的变化特点,开发和生产适销对路的产品,并采取有效的营销策略和手段,将产品及时送到消费者手中,满足目标顾客的需要。

(四)出版物市场调查有利于出版发行企业随时了解市场环境,提高竞争力

随着竞争的加剧,企业所面临的市场总是不断地发生变化,而促使市场发生变化的原因很多,如产品、价格、分销、广告、推销等市场因素和有关政治、经济、文化、地理条件等环境因素。这两类因素往往又是相互联系和相互影响的,而且不断地发生变化。企业为适应这种变化,只有通过广泛的出版物市场调查,及时地了解各种市场营销环境的变化,才能及时调整自己的产品、价格、渠道、促销和服务策略,与竞争对手开展差异化的竞争,逐渐树立自己的竞争优势。同时,企业还可以通过收集竞争对手的

情报,了解竞争对手的优势和弱点,然后扬长避短,有的放矢地开展针对性营销,从而增强企业的竞争力。

（五）出版物市场调查还可为企业整体宣传策略提供信息支持

市场宣传推广需要了解各种信息的传播渠道和传播机制,以寻找合适的宣传推广载体和方式以及详细的营销计划,这也需要出版物市场调查来解决。特别是在高速变化的环境下,过去的经验只能减少犯错的机会,更需要的是适时的信息更新来保证宣传推广的到位。通常在市场宣传推广中,还需要利用强力机构的市场信息支持,如在消费者认同度、品牌知名度、满意度、市场份额等各方面提供企业的优势信息。

三、出版物市场调查的流程

出版物市场调查的流程大致上可以分为以下五个既相对独立又彼此衔接的工作阶段:

（一）确定出版物市场调查目标

每一次调查都是有目的的调查,每一次调查的目的不尽相同,因此,要反复推敲:为什么要进行这次市场调查,调查的范围有多大,调查应该得到什么样的结果,能解决什么样的问题。

（二）制订出版物市场调查方案

制订出版物市场调查方案,设计调查范围、调查对象、收集资料的方法、调查的进度安排与经费安排等。

（三）收集出版物市场调查资料

组织调查人员,根据确定的调查对象、调查范围、调查方法收集数据资料。

（四）整理分析调查资料

整理审核收集到的出版物市场调查资料,保证资料的准确性、客观性与一致性,然后通过科学分析的方法,进行分组分类、计算分析、说明解释。

（五）撰写出版物市场调查报告

撰写出版物市场调查报告是调查的必要过程和必然结果,通过调查报告呈现调查的发现及结论,以及提出相应的整改意见、建议与对策。

四、出版物市场调查的内容

具体来讲,出版物市场调查的内容主要包括以下方面:

（一）出版物市场环境调查

出版物市场环境是出版发行企业生存和发展的基础,是企业不可控制的因素。企业经营活动是在复杂的社会环境中进行的,环境的变化既可以给企业带来市场机会,也可能对企业形成某种威胁。市场环境主要包括经济环境、人口环境、政治和法律环境、社会和文化环境、技术和自然资源环境等。企业通过对市场营销环境的调查,可以分析环境对企业营销的影响,把握环境的变化趋势,提高企业对环境的适应能力和应变能力。

◇案例1.4

2000年初,湖南少年儿童出版社从北京开卷图书市场研究所的数据中,敏锐地捕捉到了益智类读物的商机,调派人员对该细分市场作了进一步的调查、研究和分析。调查结果表明,益智类读物作为一个新生读物门类,确实有着很大潜力。随着经济的发展,我国不但出现了富裕阶层,即便是普通的工薪阶层,也有一部分开始跨入有钱有闲之列。这一群体对于后代的培养,不但重其形,更重其神。他们在保证孩子拥有健康身体的前提下,还非常期盼能够对孩子进行智力方面的引导和开发。这是益智类读物生存和发展的社会前提与经济基础。我国经济在持续强势发展,这意味着益智类读物将会有一个值得看好的前景。从阅读潮流来看,政府对孩子的早期教育越来越重视,同时,关键期教育逐渐成为一个热点。电视台播放这方面的专题节目从无到有,智力开发类杂志有所增加,其他媒介谈论智力开发的话题也愈发宽泛。在这样的社会大环境下,湖南少年儿童出版社着手打造"阳光益智"读物,以此作为一般图书的突破点,构筑该社新的经济增长点。3年之后,"阳光益智"读物群走上了快速发展的轨道,日渐显现出强大的市场潜力。

(二)出版物市场需求调查

市场需求调查是企业营销调查中最重要的内容,它主要包括消费者的数量和结构、购买力、需求时间、支出结构、心理、行为、满意度等方面的内容。消费者是市场活动的主体,是企业产品的最终购买者和服务对象。企业要取得营销的成功,就必须研究消费者。

◇案例1.5

成本定价是图书定价的基础,但是,最终的图书定价,更多还要依赖读者平均所能承受的心理价位。那么,读者对于不同类别图书的心理价位有着什么样的差异呢?通过调查发现,对于儿童画册类,家长的心理价位一般是10～15元;对于财经、专业类图书,读者的心理价位是20～40元(重量级人物可在50元之内);对于大众类、文学类、生活类图书,读者的心理价位在20～30元;而对于中小学教辅等图书,读者的心理价位在15～25元之间。当然,以上只是大致的指数,随着社会的变化发展,不同类别图书的心理价位也在发生变化。

通过大量的市场调研,"心理价位"的变化曲线是:读者对于定价26元还是定价29元并不敏感,购买率基本差不太多;而对于定价29元和定价31元的图书,则有着很大的购买差异。虽然前者是3元的差异,后者是2元的差异,但消费者对后者有着特别大的敏感性。这对于图书定价有着什么样的指导意义呢?通过统计分析:读者在接受心理上,普遍认为 19 元、29 元、39 元、49 元是个分界线,比如,一本书的成本定价接近 30 元,你要么定价为 29 元,要么索性价格定为 35 元以上。如果定价为 30 元、31 元、32 元,那么,读者的购买情况和定价为 34 元、35 元和 36 元的差别很小。

目前根据读者心理价位来进行图书编辑的方式,已经成为出版界的新风尚。比如,读者对于教育图书的心理价位一般为 15～25 元,所以出版方根据这种价格,有意识把所做图书的字数、页码进行事前控制,比如把字数控制在 20 万字～30 万字之间。因为如果作者写出了 50 万字的书稿,这样篇幅的图书定价就要到 40 元以上,而这样的价位是读者很难接受的。

(三)出版物营销组合调查

营销组合调查主要指企业在营销活动各个环节所进行的调查活动,主要涉及以下几个方面的内容。

1. 产品调查,主要包括品牌忠诚度、品牌价值、包装、产品生命周期、新产品创意与构思、新产品市场前景、产品售后服务等。

2. 价格调查,主要包括定价目标和定价方法、影响定价的因素、价格调整的策略、顾客对价格变化的反应等。

3. 分销渠道调查,主要包括分销渠道的结构和覆盖范围、渠道选择的效果、影响渠道设计的主要因素、经销商分布与关系处理、物流配送状况和模式,以及串货管理等。

4. 促销调查,主要包括广告、人员推销、销售促进和公共关系等。

◇案例 1.6

《精选唐诗与唐画》,五洲传播出版社,小 16 开,175 个页码,全彩印刷,定价 78 元,版式精美,设计独到,价格颇高,这样的书卖给谁,怎么卖,是个值得思考的问题。

《精选唐诗与唐画》是《中国传统文化精粹书系》中的一本,此书的营销人五洲传播出版社的王国荣先生曾说:"一个书业的从业人员,如果只是就书说书,非得主渠道、二渠道发货,非得一个印张定价多少,那么只能做一个普普通通的书业人。"五洲传播出版社,是一个定位于向国外介绍中国的出版社。那么出版的内容也就定位于中国传统文化、中国社会现实和特色。但是纵观国内出版市场,中国文化的出版物早已大量重复,那么怎么样才能从"大量重复"中寻找到新的买主、新的渠道呢?

这就首先需要从读者的阅读需求上进行分析。近年来,中国在世界的影响力日趋增强,中外文化交流不断发展,越来越多的外国人开始喜欢并希望了解中国传统文化。五洲传播出版社做了精确的数字调查:目前,"汉语热"正在全世界范围内持续升温,全世界学习汉语的人数已经达到 3000 万人,共有 100 多个国家的 2300 所大学开设有汉语课程;许多国家设立了汉语水平考试考点,未来四年将有 1 亿人学汉语;在影响世界的国际组织、跨国公司、国际媒体和世界知名大学中,有上百家拥有中文网站和网页,美国最权威的《华尔街日报》、英国的《财经时报》和《美国国家地理》杂志均开设中文网页;在中国,学习汉语及中国文化的外国留学生的人数逐年递增。而对于这些群体,此前所策划的类似图书,并没有达到该群体所希望的"中英对照双语化、美术装帧国际化"的较高要求,这就是市场的空白点。

相对于外国读者的群体,最好是内容精短,内涵丰富,不宜选取类似四大经典那样的鸿篇巨著。作为中国文化典籍中的精华部分之一,韵文以中国独有的表意文字——汉字为载体,凝练蕴蓄,押韵对仗,琅琅上口,字形与字意形成完美的统一,最后该系列书推出了《诗经》《唐诗》《宋词》《三字经》《道德经》。对于译者,出版社邀请的是顶尖的翻译家北京大学文学翻译教授许渊冲先生担任主译。此外,为方便海外读者的品读、背诵,还加注了拼音和注释。

对于国外读者而言,除了好的内容,更需要国际化的装帧,这样,定价也才能够和国际接轨。通过调查,最后装帧设计融合了现代风格与中国传统艺术,全彩色印刷,纯木质纸印刷,使读者在受到文化陶冶的同时又得到了美的享受,特别适合来华留学生、海外华人以及中国传统文化爱好者。

在发行渠道方面,五洲传播出版社经过周密调查分析之后发现此种图书的发行不能走惯常的主渠道、二渠道,他们采取了通过各国大使馆、北京各高校留学生班级、各跨国公司驻京办事处等渠道,进行直销。此外,还把渠道扩展到了涉外单位,这让许多公司把这套书当做礼品赠送给外国友人。半年以来这套《中国传统文化精粹书系》已经销售 3 万册。

(四)出版物市场竞争调查

市场竞争调查主要侧重于企业与竞争对手的比较研究。通过对成本和经营活动的比较,找出本企业的竞争优势,从而扬长避短、避实就虚地开展经营,提高企业的竞争能力。竞争调查的主要内容有:

1. 竞争对手的基本条件,包括竞争对手的数量、业务范围、资金状况、经营规模、人员构成、组织结构等。

2. 竞争对手的产品情况,包括竞争对手的产品品牌、价格、性能、经销渠道、市场占有率等。

3. 竞争对手的市场沟通研究,包括竞争对手的政府资源、公共关系、促销方式、广告策略以及竞争对手的形象策略等。

◇案例1.7

《LULU'S 脊美瑜伽》是广西科技出版社出版的一本全彩色的瑜伽类图书,出版三个月时间就销售了三万册。广西科技出版社首先是把市场销售较好的同类书全部进行分析、研究,撰写分析报告,了解竞争对手的基本情况。在调查的 48 种瑜伽类图书中,平均定价是 28 元左右,其中附光盘的比较好销;内容主要以塑身、美体为主,关于办公室、健身类的瑜伽也有,如《安妮瑜伽职场减压法》、《办公室瑜伽》等。那么能否在众多的瑜伽类图书中，创造有别于"塑身、美体、健身、职场"的"差异化"呢？通过综合分析，最后有人提出：能否将瑜伽与现代医学相结合，打造一种全新的瑜伽练习方式，通过此瑜伽练习既可以帮助人们塑身美体又可以保健祛病，对女性常见的肩痛、颈痛、痛经、过敏等疾病进行调理和预防呢？有了这个创意，再通过市场调查，发现市场上还很少有这样的书，于是选题论证通过了，然后是找作者撰写或直接引进版权书。①

①刘观涛."畅销书"的蓄意操作——如何成长为金牌策划人.广西师范大学出版社.2009.

任务3　出版物市场调查目标的确定

【案例导入】

为分析了解《新闻报》读者受众现状,提高办报质量,扩大发行数量,《新闻报》社委托中国社会学会方法研究会和上海神州市场调查公司于1997年3月至4月间在上海地区进行了首次《新闻报》读者调查。

调查内容如下:

(1)单位订阅户所属行业、区域、单位性质、订阅途径及订阅方式选择,单位负责人对《新闻报》的总体评价、忠诚度、二次传阅率,以及继续订阅的意向和建议。

(2)个人订阅户的读者性别、年龄、文化、职业、收入、生活方式、消费习惯、价值观念、心理素质等特征。分析《新闻报》读者群的相关因素,确定《新闻报》读者定位。

(3)调查研究《新闻报》受众的读报习惯与特点,探讨分析受众对《新闻报》在上海各报中的选择排行,对《新闻报》各版面及专栏副刊的喜好程度,对《新闻报》如何形成自己的办报特色,形成优势广告以及不断扩大发行量的要求。

此案例是上海《新闻报》委托神州市场调查公司设计实施的一项出版物市场调查活动。此调查目标明确,是为了了解《新闻报》读者受众现状,以提高办报质量,扩大发行量。调查目标确定后,将从三个方面实施调查,也就是调查内容分为三个方面,简单明了说明问题。

【内容解析】

任何一项调查活动都应该建立在一定的理论意义或实用意义之上,出版物市场调查更是如此。就像我们写文章,开篇先要"破题"一样,确立调查目标是首要问题。只有确定了调查目标,才能确定调查的范围、内容和方法,否则就会列入一些无关紧要的调查项目,而漏掉一些重要的调查项目,以致达不到调查的目的。具体来讲,确定调查目标,就是要明确为什么要进行调查,即调查的意义;想通过调查获得什么信息,即调查的内容;利用已获得的信息做什么,即通过调查所获得的信息能否解决所面临的问题。

调查目标的确定是一个从抽象到具体、从一般到特殊的过程。调查人员首先应限定调查的范围,找出企业最需要了解和解决的问题;然后分析现有的与调查问题有关的资料,如某一阶段的销售记录、市场价格变化等;在此基础上明确本次调查需要重点收集的资料,从而再写出调查目标和问题的说明。

◇案例1.8

某校园附近的书店在最近3个月内,销售额同比下降了30%,这种下降可能是由于竞争加剧引起的,也可能是由于营销策略制订不当所致。如果是后者,则需要说明是哪项策略,具体原因是什么。

有的时候,出版物市场调查人员也可以根据调查项目要求,设立调查假设,或形成某种思路,用假设的形式来陈述出版物市场调查目标。这时的假设是未经实践充分检验的理论,它是调查目标和理论模型之间的中间环节。这种调查一般是试探性的,其目的仅在于加深企业管理层对所遇问题的理解与认识。

调查人员可以根据所提出的假设确定自己的调查方向,进行有目的、有计划的观察和收集资料,避免调查实践的盲目性和被动性。作出假设的主要目的是为了限定调查的范围,并从将来调查所得出的资料来检验所做的假设是否成立。这样,也可以确定调查目标。

一、不要将调查目标定得太大

确定调查目标时,有的调查研究人员常常将目标定义得太宽太大,太宽太大的定义无法为调查的后续工作提供明确的方向。

例如:研究品牌的市场营销战略,改善公司的竞争位置,改进公司的形象等,这些问题都不够具体,因而无法提供解决问题的途径或方案设计的途径。

二、不要将调查目标定得太窄

确定目标时,有的调查研究人员将目标定义得太窄,这会使得决策者根据调查结果做决策时缺乏对市场情况的全盘把握,甚至导致决策的失败。

◇案例1.9

在一项为某出版社进行的调研中,管理决策问题是如何对付某竞争对手发动的降价行动。由此,研究人员确定的备选行动路线为:作相应的减价以适应该竞争者的价格;维持原价格但加大广告力度;适当减价,不必与竞争者相适应,但应当增加广告量。

实际上,这些目标太具体,以至于成了备选行动,而这些备选的行动可能都没有什么希望。后将调查目标重新定义为:如何提高市场占有率,增加系列产品的利润。

三、研究主题是否有可操作性

确定的研究主题能否顺利切实地实施、能否让被调查者顺利接受调查、能否顺利获得所需要的信息资料,是确定调查目标的判断标准。

◇案例1.10

为了研究看卡通动画图书对儿童智力发展的作用,研究者希望把多对双胞胎分成两组(双胞胎可以排除遗传因素的影响),除一组正常观看卡通动画图书、另一组从不看卡通动画图书外,其他的成长条件都保持相同,过几年后测量两组孩子的智力水平,从而可以比较卡通动画图书的影响。

这个调查主题的可操作性就不强,没有谁愿意自己的小孩接受这样的调查实验,也没有谁能制造这种让一组儿童看卡通动画书,另外一组完全接触不到的现实条件。因此像这样的调查目标是不可行的。

四、资料分析是否可行

资料分析是否可行主要是指研究者根据主题要询问的问题被调查者是否会实事求是进行回答,获得的资料是否有效。

例如:研究者设定的研究主题是"接触新媒介和接触传统媒介是否会导致人们道德素质的差异"。

如果让被研究者回答接触媒介的种类,同时对自己的道德素质进行评价就很难奏效,几乎不会有人认为自己的道德素质差。因此所获得资料的可信度值得怀疑,获得的资料不一定有效。

五、调查需要投入的经费和时间

调查要根据实际给予的时间和费用来实施。给予的时间短,费用少,则不宜将调查目标定得太大、太复杂;给予的时间相对长一些,费用多一些,则可根据实际消耗来确定调查目标的复杂程度。

为了强调调查的目的性,调查者可以事先提出假设,即先给出调查的观点,然后寻找材料加以说明。例如,一些零售书店根据现有的材料,可提出如下假设:一是书店销售额下降是因为竞争对手增加、顾客分流所致,企业的营销策略无问题;二是书店销售额下降是因为产品定价太高,周围顾客购买力水平低造成,竞争对手不是主要因素。依据假设调查,可以使调查者抓住重点、提高效率,并带着结论进行调查。

【项目小结】

出版发行企业的经营活动中出现了哪些问题,怎样解决这样问题,是要进行出版物市场调查的根本原因。只有通过调查,才能了解到底有什么样的问题,以及要怎么样做。确定调查目标应该有一个科学的操作过程,首先要了解出版发行企业的现状,需要解决什么问题,解决这样的问题在现实操作上有何阻碍有何困难等,然后要衡量调查内容能否反映调查目标,能否起到解决问题的作用。因此确定调查目标决定了调查的方向是否准确,若是这一步走错,后面所有的工作都是白费,甚至会起到相反的作用。

◆核心技能

出版物市场调查目标的确定。

◆课后自测

一、选择题

1.在业务实践中,确定调查目标时,有的调查人员将目标定得太窄,就会(　　)。

A.收集资料不充分　　　　　　　　　B.调查结论不科学

C.决策者缺乏对市场情况的全盘把握　　D.可能导致决策的失败

2.在业务实践中,确定调查目标时,有的调查人员将目标定得太宽,就会(　　)。

A.收集资料成本过大　　　　　　　　B.调查预算增加

C.调查人员无法把握调查的动向　　　　D.可能无法支持具体的决策行动。

二、简答题

1.什么是出版物市场调查?

2.出版物市场调查的流程是怎样的?

3.确定出版市场调查目标的判断标准是什么?

三、案例分析

《靠自己去成功》的调研

金丽红、黎波是著名的图书策划人,他们及其策划团队操作畅销书的名声和做法对许多作者产生了间接的影响。经朋友介绍,美籍华人刘墉先生委托代理人找到了他们,希望合作。恰在这时,他们也希望与这位曾经的畅销书作者进行合作。所以双方一拍即合,没有看到书稿,就凭他们印象中的市场情况,与作者签订了合同。

待他们针对作者作品进行市场调查的时候,反馈回来的信息却着实让他们吃了一惊:近7年时间,有114种作者的作品由近20家出版社出版,而且大量的渠道代理商反映,刘墉的图书近两年来不畅销,建议他们起印量不要太大。

怎么办? 他们决定变被动为主动。针对市场的反馈,他们对手中的书稿和刘墉在市场上正在销售的图书进行了认真的分析:刘墉的图书中,书名直接反映图书内容的书很少;散文随笔形式的图书较多,通过书名直接介绍励志的图书很少;风花雪月封面的图书较多,类似现行市场上励志形象的封面很少;悄悄上市销售的图书很多,大规模宣传的图书没有。而且在他们了解作者和图书的过程中,发现许多读者甚至还不知道刘墉是谁,知道的读者也仅仅是因为读过他的一两本书,或听别人介绍过他的讲演。由此,他们得出了自己的结论:他们手中刘墉的书不仅可以出,而且还可以大规模地做一把,有可能的话,还可能让刘墉的书火一把。

请阅读上述案例,回答下面的问题。

1.请分析本案例中,出版物市场调查的目标是什么?

2.请分析本案例中,由出版物市场调查目标确定的调查内容是什么?

【单元实训】

实训任务单

任务名称	确定出版物市场调查目标		
实训情境	某出版社编辑对兵器类图书很感兴趣,想出版一本兵器类图书,因此他决定组织人员进行一次市场调查。如果你是该编辑,请你确定此次市场调查的目标和内容。		
实训目标	知识目标	1.了解出版物市场调查的过程; 2.了解出版物市场调查内容; 3.掌握确定出版物市场调查目标的方法。	
	能力目标	1.能够根据具体情况,确定出版物市场调查的目标和内容; 2.能对出版物市场有敏锐感知力; 3.培养学生的分析能力。	
	素养目标	培养学生的团队合作精神。	
实施环境	1.满足50位同学活动的计算机房1间; 2.计算机可以运行 word、excel、ppt、spss 等软件; 3.机房计算机网络通畅。		
实训过程	1.分析资料,了解背景环境,明确要求; 2.确定调查目标; 3.确定调查内容。		
实训成果	1.学生每人一份评价表; 2.每组一份调查目标与调查内容。		

【实训评价】

考核要素	评价标准	分值（分）	评分		
			自评（10%）	小组（30%）	教师（60%）
知识掌握	了解出版物市场调查的意义；				
	掌握出版物市场调查目标确定的方法、要求等。				
能力训练	调查目标明确科学、可操作性强；				
	调查内容全面准确。				
素养培养	团队分工合作，工作任务分配合理；				
	能提出有创新性、有价值的观点。				
评价人					
合计					
评语	教师： 年　　　月　　　日				

项目二

制订出版物市场调查方案

引　言

　　出版物市场调查设计的一项重要任务是首先要制订一个详细、周密的调查方案。如同军事指挥员在接受作战任务、指挥作战前，要制订详细的作战方案一样，调查者首先要明确调查的具体目标和要求，确定调查对象、调查内容、调查范围、调查方法以及时间进度和经费安排等。调查方案就是对这项调查活动的程序和实施过程中的各种问题进行详细、全面的考虑，从而制订出的总体计划。通过这个项目的学习，读者能够学会根据不同的调查目的与调查对象特点，设计科学可行的出版物市场调查方案，并形成书面报告。

任务1　设计出版物市场调查方案

【案例导入】

湖南三报系媒体整合传播效果调查程序

一、调查活动的准备阶段

1.明确调查主题:本项目的调查目的确定为展现报系(纸质报、电子报、手机报、网站、杂志、框架传媒)的媒体价值。

2.提出调查假设:湖南三家报业集团的整合传播效果中《潇湘晨报》及其全媒体系列带来的整合传播效果最为突出。

3.调查内容是一种效果调查,属于态度调查。调查目的是揭示一种现状,属于描述性调查。分析单位以调查活动的对象"单一的读者"为准,也就是说调查单位是"人"。

二、设计调查活动架构阶段

1.调查方法:CATI电话调查法。

2.调查对象:湖南主要六大城市居民。

3.调查城市:长沙、株洲、湘潭、衡阳、岳阳、常德。

4.样本要求:

　　18～50岁;

　　在本市连续居住6个月及以上;

　　过去3个月内未接受过调查访问;

　　本人及家人不在市场研究/调查/咨询公司及媒体相关单位工作。

5.样本量:长沙300人,株洲、湘潭、衡阳各150人,岳阳151人,常德100人,共
　　　　1001人。

三、执行调查设计

……

四、统计分析阶段

……

五、撰写调查报告

……

【内容解析】

出版物市场调查是一项系统工程,需要人力、物力和时间等资源的投入,因而是否开展调查活动,必须由决策者认真思考。作为决策者,最重要的是要明确目前面临的难题是什么,需要什么类型的信息资料才能解决,是二手资料还是一手资料? 一手资料能否澄清市场问题或识别市场的变化? 是否能够帮助出版社获得竞争优势? 是否能够帮助传播活动达成目标? 是否能够帮助决策者理解未来的市场状况? 所谓设计出版物市场调查方案,就是要对这个系统工程中的各种因素有一个系统的规定,比如需要解决什么问题,采用什么样的调查方法,通过怎样的途径或手段去收集数据等等。如果以上问题都解决了,就可以进入出版物市场调查的基本程序。

具体来讲,大致可以分为以下几个阶段:

一、调查活动设计的准备阶段

（一）设计调查主题

设定调查活动的主题是整项出版物市场调查的第一个步骤。调查主题就是一项调查所要解决的具体问题。

1. 寻找调查主题

调查活动可以是与出版市场相关的一些现象,可以是为出版企业解答经营管理中的实际困难,比如为什么人们可以花一整晚看电视,而看报的时间却只有 5 分钟? 为什么人们越来越倾向于通过网络和手机等新媒体来阅读,而不是买一本书来认真品读? 总之调查主题多数来自于生活。比如出版企业认为他面临的严重问题是市场份额的流失,那么这种流失是由于该社书籍质量下降还是读者口味的改变抑或读者阅读方式甚至生活方式发生变化所致? 再或者这种流失是由竞争对手营销策略的改变引起的还是其他原因所致? 调查者必须透过表面的症状,探求真正的症结所在,明确真正的信息需求(调查目的)。如果该出版企业市场份额下降的原因主要是由于读者阅读习惯的变化引起的,那么我们就应该去了解读者的阅读习惯究竟发生了怎样的变化,该社应该如何调整去适应这种变化。

另外,调查主题还往往存在于《中国新闻出版报》等专业报刊、《出版与发行研究》等学术期刊、专业书籍、档案、新闻出版年鉴等二手资料中。这些资料因其专业性,往往涵盖了出版市场的各种现象和问题,能给调查决策者以灵感启发。

最后,出版行业内的一些专家往往能够对市场有一些前瞻性思考,他们凭借着丰富的调查经验和充足的调查资料,能给调查决策者以有益的指导。

2. 客观评价调查主题

第一，对将要调查的问题有了初步考虑后，就应该客观地分析该主题是否值得开展，以及能否得到开展等。具体来说，就是首先分析该调查主题是否能够解决出版市场的实际问题，是否对某一理论有所创新？如果每一项都不符合，那么就很难说这个调查活动值得开展。

第二，调查主题是否太大，是否具有可操作性。调查活动切忌空泛和脱离实际情况。比如，调查者想通过对长期读书看报的人和从没读书看报的人进行对比，以了解读书看报活动是否会影响人们的思维习惯。可实际上是很难找到从来没有读过书的人的。再比如，为了调查少儿图书对儿童智力的发展有没有积极作用，调查者希望寻找 10 名成长环境等各方面条件类似的儿童，分成两个小组，在排除电视等其他媒介的环境中，其中一组正常阅读儿童书籍，另一组不进行阅读，过几年后测量两组孩子智力水平。这个调查主题的问题就在于不具有可操作性，因为没有一个父母为了配合调查，而甘冒自己孩子的智力发展受到影响的风险。

第三，调查主题是否具有较大范围的适用性。一项调查活动在圆满完成后，其结果或者其方式方法是不是只能为调查活动的组织者所利用，还是同样可以延伸到其他情景，为其他调查者提供借鉴或者参考呢？所以，一个调查主题不仅要目前有用并且可行，还要考虑是否将来有用或者对他人有用等，也就是要注意该主题的适用范围是不是较为广泛。

第四，分析需要投入的经费和时间。经费问题也是调查主题是否可行的一个衡量标准。在进行调查方法的设计之前，调查者要逐项列出所有材料、设备和其他所需设施的一览表，以及如何以节约的方式满足这些设施和设备需求。时间问题是指在设计调查方案前，需要调查者明确计算每个步骤需要的时间以及总的调查周期，防止因时间安排不当而忙中出错或者时间过长而松散拖沓，违反商业合同可能会造成商业方面的麻烦。

第五，调查主题是否会对被访者造成潜在的伤害。这也是在设计调查主题时就应该考虑的问题。比如某些广告图片是否会因其视觉冲击力对老年人造成惊吓？如果存在这种可能性，那么就需要调整调查对象。

3. 翻阅与该调查主题相关的各种文献

一旦选择了某个调查主题，接下来调查活动的决策者就需要从文献资料着手，看看该调查主题所在的领域中以往有过什么类型的调查活动；过去的调查活动采用了什么调查方法；过去的调查活动有什么发现；还有哪些问题尚未调查等。通过认真查阅文献资料，能使调查活动的设计者进一步明确该主题在整个行业领域中的位置，这些答案有助于下一步建立调查假设和选择调查方法等。

4.界定调查主题

在确定了调查主题之后,最重要的任务就是要明确该调查主题的准确涵义,比如要调查大学生课外阅读行为,就需要明确是全国的大学生还是某个地区的大学生,专科生和研究生是否包括在内等一系列问题。在明确了调查对象范围之后,就要对调查主题中的核心概念进行可操作化处理,把概念转变成可用于测量的变量。比如课外阅读行为这一概念可以转化为阅读时间、阅读数量、阅读对象、阅读目的、阅读方式等变量,这个较为抽象的概念就转变成通过五个不同的可以量化的指标来衡量。

(二)提出调查假设

1.调查假设是什么

调查假设是对调查对象的特征以及有关现象之间的相互关系所作出的推测性判断或设想,是对问题的尝试性回答。例如,"当今大学生的课外阅读以浏览式的浅阅读为主"这个假设可以在统计大学生阅读完整性以及参与评论的深度等相关数据后做出判断。

调查假设应该具有以下特点:首先调查假设应该是能够经由事实来检验的,如果有人提出的调查假设是"读者爱看什么样的图书是上天注定的",那么注定无法得到检验。其次调查假设必须以明确的概念为基础。例如调查者推测"发行量越大的报纸往往满意度也越高",那么必须明确这个发行量是指有效发行量还是赠阅发行量还是稽核发行量等等。最后调查假设应该与有效的观测技术相联系,如果提出的调查假设需要电话访问系统或者网络调查手段等相辅助,而实际上并不具备这样的硬件支持,那么这个调查假设也无法得到检验。

2.调查假设的基本形式

调查假设是关于变量间关系的尝试性推测,它一般在形式上有条件式陈述和差异式陈述两种。条件式陈述是说"如果 A,那么 B"。也即是说,条件式陈述常常用来说明两个变量间的因果关系或者相关关系。"发行量越大的报纸往往满意度也越高"这个调查假设就是典型的条件式陈述。差异式陈述的基本形式是"A 与 B 在变量 Y 上有(或无)显著差异"。例如"男性和女性在对杂志的阅读方面有显著差异"或者"受过高等教育的人与没有受过高等教育的人受广告的影响存在显著差异"等等。差异式陈述主要用来表述两个变量之间是否存在相关关系。在这里,"男性"(A)和"女性"(B)是在"性别"(X)变量上的两个取值,如果 A 与 B 在变量 Y 上有显著差异,那么就说明变量 X 与变量 Y 存在相关关系。

(三)分析调查内容与调查类型

1.调查内容分类

一般来说,在出版物市场调查领域中,调查内容可以分为状态调查、态度调查、行为调查三种。状态调查是指被调查者的基本情况和一些客观指标的调查,如读者的性别、年龄、职业、收入和文化程度、婚姻状况等,出版企业的组织结构、人员规模、发行渠道等。这些都是可以明确量化的指标。所以一般来说,使用问卷调查法可以顺利开展状态调查。态度调查是对被调查对象的意见、动机、偏好、满意度、需求等进行测量。因为态度是隐藏在个体内部的,很难直接观测,所以往往需要设计量表来辅助。有关如何设计量表的知识,本书项目四会进行解释和说明,在此不作赘述。行为调查是对被调查者的外在行为进行的观察,如购买某一广告产品、读者写信反馈意见等。所以行为调查往往会使用实地观察法。总之,在之后的设计调查活动架构阶段,调查者需要清醒地认识到该项调查活动是一项状态调查、态度调查还是行为调查,因为调查内容的不同决定着调查方式方法的不同。

2. 调查类型

调查类型与调查内容相关联,在调查活动设计的准备阶段,调查者需要确定该项调查活动从目的上讲是属于哪一种调查类型。根据调查活动的目的不同,我们把调查活动分为探索性调查、描述性调查、解释性调查和预测性调查。

首先,探索性调查是一种较为简单的调查形式,它提供一些资料以帮助调查者认识和理解所面对的问题。有些探索性调查是短时间走访式的,如新闻出版管理部门领导到边区视察留守儿童缺少课外读物的情况,或者大学生利用课余时间到印刷车间了解工作流程。也有些探索性调查活动是大规模调查之前进行的准备性调查。探索性调查的主要功能是发现问题,寻找市场机会,解决的问题是"可以做什么"。

其次,描述性调查指的是对调查所得的数据资料进行整理、作图和计算,以描述数据资料中所包含信息的特征、趋势和数量关系。它解答所调查的问题是"是什么",它能对市场的状况、特点和发展过程做出客观、准确的描述。从调查内容上看,状态调查通常属于描述性调查活动。态度调查有时也需要用到描述性调查。

再次,解释性调查是一种解答"为什么"以及"这样做会产生怎样的结果"的调查。它一般从假设出发,即对现象的原因或现象间的因果关系做出尝试性或者假设性说明,然后再通过观察和调查来检验这个假设。

最后,预测性调查指的是根据调查样本所得的数据资料,对这些资料的总体进行估计和推断。它是试图对未来的发展态势做出预测,解决"将来会怎样"的问题。

(四)确定分析单位

分析单位是指最终要对调查结果进行分析时所采用的单位。一般来说分析单位与抽样单位是一致的,也就是说只有事先确定了分析单位,才能进行抽样设计。要调查个人的读报行为,那么"个人"就是分析单位,要调查居民的订报行为,那么"家庭户"就是分析单位。另外,对出版企业进行调查时,"报社"、"出版社"、"杂志社"或者"版面"都可能成为分析单位,而对报刊的广告进行调查时,"版面"或者"一条广告"则可能是更为合适的分析单位。根据具体调查内容的不同,分析单位也不一样,多种多样,不胜枚举。

二、设计调查活动架构阶段

在完成上述四点工作后,调查者对调查活动的设计就完成了准备阶段。接下来是对调查活动的架构进行搭建。如果说准备阶段像是客户提出建房子的要求,然后建筑师提出设想并进行沟通,那么设计调查活动架构的阶段就如同建筑设计师绘制设计图的过程。在这个阶段,调查活动的决策者应该要选择好调查方法、数据的采集方式、大致的抽样方案,并初步设计调查工具。

（一）选择调查方法

调查方法是对出版物市场的各种现象进行观察、测量,从而获得关于调查对象的有效信息的执行过程。其中,问卷调查法是应用面最广,最容易操作的一种方法。此外,文献分析法、访谈法、控制实验法和实地观察法也是常用的调查方法。这些方法各有所长,互为补充,可以根据不同的调查主题和调查目的,选择最合适的方法,达到事半功倍的效果。

1. 问卷调查法

问卷调查法是使用调查问卷、日记卡、量表等多种调查工具,对调查对象直接进行访问的调查方法。这种方法广泛地适用于状态调查中做描述性调查。例如,在进行一项题为《××城市报纸消费者行为调查》的调查活动中,我们可以"从×市读者阅读报纸的习惯"、"平均每次阅读时长"、"经常阅读的报纸排名"、"不同性别、年龄层读者经常阅读的报纸"、"经常阅读的报纸的主要来源渠道"、"城市消费者经常阅读的报纸内容"、"不同性别、年龄层消费者经常阅读的报纸内容"、"不同学历的读者阅读报纸内容的偏好"等角度提问,请求调查对象的合作,收集一手数据。

2. 文献分析法

文献分析法不是直接从调查对象获取调查资料,而是去收集和分析现存的某种文献资料,即二手资料。这些文献资料可能是个人文献、官方文献也可能是传媒资料。个人文献是指个人的日记、自传、回忆录和书信等;官方文献是政府报告、统计资料和往来公文等;传媒资料是有关书籍、报刊、广告、影视、网页等。例如对大学生课外阅读行为的变化进行调查,那么除了需要使用问卷调查法调查当代大学生的阅读行为之外,还要对比以往的调查资料,才能发现其中的纵向演变。

3. 访谈法

访谈法也叫集体访问法或者座谈会法,常常用来测量受众的态度和意向等方面的信息。一般是 8 ~ 12 人作为一个小组,在特定的地点,由主持人主导,针对某个主题进行深入讨论。使用访谈法可以得到一些相对深入和具体的信息,从而弥补问卷调查法等方法因为样本量较大以及标准化问卷不够深入的缺陷。但是,这种调查方法也存在样本量小,耗时,花费高等缺点。

4. 控制实验法

控制实验法在传媒领域中间应用非常广泛,它是用来调查传播现象之间的因果关系的一种调查方法,是在受控的环境中,调查一个或几个变量的变化引起另一个或几个变量变化的情况。

5. 实地观察法

实地观察法也是出版物市场调查(特别是商圈调查)中应用得比较广泛的一种基本调查方法。所谓实地观察法就是观察者根据调查课题,借助眼睛、耳朵等感觉器官和其他仪器与手段,有目的地对调查对象进行考察,以取得调查所需要的资料的一种方法。针对指定书店、报刊亭等展开人流量调查时通常就会用到这一方法。

(二)选择数据采集方式

确定了调查方法后就需要根据调查方法选择最为合适的数据采集方式。如果采用文献分析法,那么收据采集的方式就是调查小组成员从调查资料中进行提取;如果采用的是实地观察法和控制实验法、内容分析法等,数据收集的过程是调查小组成员根据被访对象的回答或行为实时记录;如果采取问卷调查法,就面临着要选择一种最为经济、便捷、高效的数据采集方式,主要包括以下三种:

1. 面访

面访一般分为入户面访和街头访问两种形式。入户面访是一对一地进行交流,是最常用的方式;街头访问是访问员在某个特定的场所寻找并拦截现场的目标人群进行访问的一种方式,拦截的地点一般是目标访问对象比较集中的地点,如街道、商场、医院、公园、车站、停车场、餐厅等。究竟采取哪一种方式进行调查,要视具体情况而定。

2. 网络调查

网络调查作为一种新生事物,具有可观的发展潜力,但是在短时间内仍然不是主流的调查方式。这是因为虽然这种方式效率高、成本低,但是它的样本不具有代表性,而且回答率不高,并且网络中的虚拟身份可能导致不真实的回答。

3. 电脑辅助电话访问(CATI)方法

电话访问是以电话为中介,与被访者进行交谈以获取信息的一种问卷访问方法。电话访问是一种结构式的访问,可以通过培训访问员实现标准化的访问。电脑辅助电话访问(Computer Assisted Telephone Interviewing System)是一个硬件系统和软件系统的综合。

（三）设计抽样方案

如果调查活动是一次二手资料分析工作，那么调查者就需要评价二手数据来源的一些相关信息，比如确定二手数据代表的总体是什么，评估二手数据是否和当前的调查需要一致等等。如果需要收集的是一手数据，那就要进行抽样设计。如果能够开展普查，即对调查对象进行无一例外的调查，当然很好。但是因为普查操作困难，往往抽样设计要根据具体问题而定，具体来说分为概率抽样和非概率抽样两大类。

概率抽样要求总体中每个抽样单元被抽中的概率是确定的，并且可以计算抽样误差，从而推断总体。反之，非概率抽样是不能计算抽样误差的，结果也不具有可推广性。常见的概率抽样有简单随机抽样、分层抽样、整群抽样、PPS 抽样等等；常见的非概率抽样方法有自愿者抽样、方便抽样、交叉配额抽样、滚雪球抽样等。关于抽样方案如何设计以及样本量如何确定才符合抽样误差的要求，将在本书项目三中详细讲解，此处不做赘述。

（四）设计数据收集工具

数据收集工具因不同的调查方法而不同。问卷调查法所使用的数据收集工具是调查问卷和各种量表；访谈法所使用的数据收集工具是访谈大纲；文献分析法所使用的数据收集工具是编码表等等。调查活动的决策者应该从自身项目需要和调查假设出发，设计符合自身需要的数据收集工具，并且对这些调查工具在小样本范围内进行效度和信度分析。

三、调查活动设计的执行阶段

执行阶段是调查过程的核心，因为执行阶段在很大程度上决定了数据收集的质量。在这个阶段，需要完成以下工作：

（一）实地完成抽样活动

总体抽样方案是根据二手资料来设计的，当二手资料不完整，抽样人员需要到现场去操作的时候，有很多细节需要处理。例如，调查员需要入户调查，而原有抽样方案只精确到某个居民小区实施概率抽样，这时就需要具体到抽取哪一栋哪一楼层哪一户，这就是实地抽样活动。

（二）实施调查，收集数据

实施调查的过程中需要挑选调查人员，对其进行培训，对实施过程进行监督和控制，对已回收的问卷进行复核、验收等。调查实施阶段的组织管理和质量控制是确保整个调查活动顺利进行的关键环节之一。

（三）数据整理

进行资料的审核、编码、录入查错以及统计预处理，目的是得到干净的、可供分析的数据。这是一个非常重要的环节,因为即使其他的每一个过程都控制得很好,但是在这个环节引入人为误差,调查的质量仍然会受到很大的影响。具体来说,就是要对问卷进行审核,录入数据并纠错,必要时进行事后编码以及加权处理等。

四、统计分析阶段

在完成调查实施后,整个调查活动就进入了统计分析阶段。统计是指对回收的数据进行梳理和表达,分析是尝试对已回收的数据做出合理性解释,对调查目的与调查假设提出自己的分析与回答。这个阶段的主要任务是对收集到的数据进行统计并做出统计描述,分析解释其中的涵义和原因。

五、撰写调查报告

该阶段是一项调查活动的结束阶段,也是对整项调查活动的总结和汇报阶段。撰写调查报告时要求按照规定的格式,对调查活动的设计、实施进行简介,对数据进行解释并给出结论和建议等。

统筹规划调查方案是一项调查活动能否科学可行的先决条件,是最必要和最重要的准备工作。但并不是每一项调查活动都要严格遵循以上步骤,不同的调查方法在步骤上允许存在少许差异。

任务2 编写出版物市场调查方案

【案例导入】

报刊杂志需求调查计划书①

一、前言

为配合学校报亭的报刊杂志产品扩大在学院的市场占有率,评估学院报刊杂志营销环境,制订相应的营销策略,预先进行学院报刊杂志市场调查大有必要。本次市场调查将围绕上述市场需求来进行。

二、调查目的

要求详细了解报刊杂志需求市场各方面情况,为该产品在学院的扩展制订科学合理的营销方案提供依据,特撰写此市场调研计划书。

1. 全面摸清报刊杂志在学生中的知名度、渗透率、美誉度和忠诚度。

2. 全面了解报刊杂志在学院的销售现状。

3. 全面了解目前学院报刊杂志的价格、广告、促销等营销策略。

4. 了解学院学生对报刊杂志消费的观点、习惯。

5. 了解学院在校学生的人口统计学资料,预测报刊杂志市场容量及潜力。

三、调查内容

市场调研的内容要根据市场调查的目的来确定。市场调研分为内、外调研两个部分,此次调研主要运用外部调研,其主要内容有:

(一)销售环境调查

主要的调研内容有:

    1. 学院报刊杂志市场的容量及发展潜力;

    2. 学校教学、生活环境对报刊杂志销售的影响;

    3. 当前学院报刊杂志的种类及销售状况;

(二)学生调查

主要的调研内容有:

    1. 学生对报刊杂志的购买形态(包括购买地点、选购标准等)与消费心理(包

---

①资料来源:中华励志网　http://www.zhlzw.com/qx/dcb/495848.html.

括偏爱、目的等)。

2.学生对报刊杂志的了解程度(包括特点、价格、种类等);

3.学生对校园报刊杂志的忠诚度;

4.学生理想的报刊杂志描述。

四、调研对象及抽样

因为报刊杂志在高校的普遍性,全体在校学生都是调查对象。但因为家庭经济背景的差异,全校学生月生活支出还是存在较大的差距,从而导致消费购买习惯的差异性,因此他们在选择报刊杂志的种类、价格上都会有所不同。为了准确、快速的得出调查结果,此次调查决定采用分层随机抽样法:先按其住宿条件的不同分为两层(住宿条件基本上能反映各学生的家庭经济条件),然后再进行随机抽样。

具体情况如下:

走读生:5 名

培训中心:2 名

公寓(1000 元):300 名

公寓(800 元):50 名

学生样本要求:

1.家庭成员中没有人在报刊杂志生产单位或经销单位工作。

2.家庭成员中没有人在市场调查公司或广告公司工作。

3.学生没有在最近半年中接受过类似产品的市场调查测试。

4.学生所学专业不能为市场营销、调查或广告类。

五、调查员的规定

1.仪表端正、大方。

2.举止谈吐得体,态度亲切、热情。

3.具有认真负责、积极的工作精神及职业热情。

4.具有把握谈话气氛的能力。

六、人员安排

根据我们的调研方案,在学院内进行本次调研需要的人员有三种:调研督导、调查人员、复核员。具体配置如下:

调研督导:1 名

调查人员:15 名

复核员:1~2 名(可由督导兼职,也可另外招聘)

如有必要还将配备辅助督导(1 名),协助进行访谈、收发和检查问卷与礼品。

问卷的复核比例为全部问卷数量的30%,全部采用电话复核方式,复核时间为问卷回收的 24 小时内。

七、市场调查方法及具体实施

（一）对学生以问卷调查为主

在完成市场调查问卷的设计与制作以及调查人员的培训等相关工作后，可以开展具体的问卷调查。把调查问卷平均分发给各调查人员，统一选择中餐或晚餐后这段时间开始进行调查（因为此时学生们多身处宿舍，便于集中调查，能够本次调查节约时间和成本）。调查员在进入各宿舍时说明来意，并特别声明在调查结束后将赠送被调查者精美礼物一份以吸引被调查者的积极参与，得到正确有效的调查结果。调查过程中，调查员应耐心等待，切不可再三催促。记得一定要求其在调查问卷上写明学生姓名、所在班级、寝室、电话号码，以便之后的问卷复核。调查员可以在当时收回问卷，也可以第二天收回（这有利于被调查者充分考虑，得出更真实有效的结果）。

（二）通过资料查询调查在校学生统计资料

调查者查找资料时应注意其权威性及时效性，以尽量减少误差。因其简易性，该工作可直接由复核员完成。

八、调查程序及时间安排

市场调研大致来说可分为准备、实施和结果处理三个阶段。

（一）准备阶段

一般分为界定调研问题、设计调研方案、设计调研问卷或调研提纲三个部分。

（二）实施阶段

根据调研要求，采用多种形式，由调研人员广泛地收集与调查活动有关的信息。

（三）结果处理阶段

将收集的信息进行汇总、归纳、整理和分析，并将调研结果以书面的形式——调研报告表述出来。

在确认项目后，有计划的安排调研工作的各项日程，以规范和保证调研工作的顺利实施。按调研的实施程序，可分七个小项来对时间进行具体安排：

调研方案、问卷的设计：3 个工作日

调研方案、问卷的修改、确认：1 个工作日

项目准备阶段：1 个工作日

实地访问阶段：4 个工作日

数据预处理阶段：2 个工作日

数据统计分析阶段：3 个工作日

调研报告撰写阶段：2 个工作日

论证阶段：2 个工作日

九、经费预算

问卷调查费:10 元

统计费:1 元

报告费:1 元

总计:12 元

十、附录

参与人员:

项目负责人:××

调查方案、问卷的设计:××

调查方案、问卷的修改:××

调查人员:×× ××

调查数据处理:××

调查数据统计分析:×× ×× ××

调查报告撰写:××

调查计划书撰写:××

【内容解析】

一、出版物市场调查方案是什么

出版物市场调查方案就是根据调查目的和调查对象的性质,在开展调查工作之前,对整个调查项目涉及的各个方面、各个环节进行系统的安排,在每个环节提出相应的、可行的实施方案,明确项目进行的程序。它针对调查方法的选择、抽样设计、调查实施、数据整理与分析的全部过程等做一个整体而全面的考虑,保证设计的系统性和操作的有序性。

从调查方案的作用、性质、调查方式等不同角度可以将方案划分为不同的类型。

从调查方案的作用来看,可将方案分为项目申报书和正式调查方案。项目申报书是向有关方面申报课题和申请经费资助。例如,20 世纪 90 年代中期起,经美国福特基金会资助,中国社会学会专门设立了"社会学调查基金",可供调查者申请。这类申报书的内容就有如下一些规定:调查项目说明摘要,调查的关注点和调查的意义、调查的方案、基本假设和调查的主要问题、调查设计、分析方法、工作计划、该项调查的意义、经费预算、参阅的文献资料等。而正式调查方案是指导调查活动的正式文本,它主要包括:调查课题的具体化、调查课题的操作化、调查内容及问卷设计、抽样方案、资料分析方法、调研人员组织与培训、工作计划、经费预算等。项目申报书与正式调查方案的内容基本上是相似的。但前者常带有论证性质。调查者的某些设想多基于文献资料，认识也较抽象；后者则将设想和假设具体化，计划也更为周密，更具操作性。而且在正式调研方案中有时还必须根据实际情况对原先项目申报书的设想进行修正。

从调查方式来说，调查方案可分为统计调查方案和实地调查方案。统计调查与实地调查是社会调查活动中最基本的两种调查方式。它们在调查方法和资料分析方法等各方面都有不同的特点。在现代出版物市场调查中，这两种方式反映出实证主义方法论和人文主义方法论、自然科学方法与人文科学方法、定量方法和定性方法的不同区分，在调查方案中也有所体现。一般地说，统计调查的成功很大程度上取决于精心的准备与设计，如果准备工作不充分，就有可能导致失败；实地调查的成败不取决于事先的严密设计，而是取决于现场调查是否有效。在调查方案上，统计调查方案比较注重调查假设、调查框架、精心设计调查指标和问卷、确定较为严格的抽样方案、具体规定对资料的统计分析方法等，其方案比较精细、严密；实地调查方案不一定要有明确的调查假设，一般只需要有调查设想以及详细的调查提纲，要根据调查的逐步深入而不断定量和深入，特别要善于捕捉调查活动过程中发现的新问题，也需要制订对新发现问题进行调查的补充方案，实地调查方案一般是伴随调查的深入而不断完善的。

二、为什么需要编写出版物市场调查方案

调查方案设计在出版物市场调查活动中有着十分重要的作用，它是整个调查的指导大纲，又是调查计划的说明书，还是对调查过程、方法的详细规定。编写调查方案是设计一项出版物市场调查活动的最后一项任务。出版物市场调查活动是一项技术性强、参与者多的复杂工作。调查活动往往是为实际的经营管理决策服务的，所以调查结果必须要真实准确。在调查过程中调查者必须要统一认识、统一方法，调查方案会提供一个执行标准，它对调查中的各个环节要解决的问题、解决的方法做出详细的规定。在调查中，每个调查者都应该严格遵循调查方案来开展活动。

调查方案的作用之一：它是整个调查的指导大纲。有了方案，调查就明确了方向、目的，它指导整个调查的全过程。作用之二：它是调查计划的说明书，方案是对调查者有关调查项目总体设想的概括和详细说明。作用之三：有了调查方案便于对整个社会调查过程实施监督、管理和控制。根据工作计划，可以对何时、何阶段必须完成的任务，以及阶段性调查成果的完成情况进行检查。作用之四：可以据此向有关方面申请调查项目和调查经费。社会调查的不少项目都来源于调查者向政府、有关部门或各种基金会提出申请，在申请报告中必须写明调查的设计、经费预算及相关事项，供这些部门组织专家对申报项目进行评审。作用之五：调查方案中详细规定了调查内容、调查对象、各个环节应采用的方法，把这些内容综合在一起，便于对整个调查设计的可行

性、合理性进行全面考察,如果调查活动方案不合理,可以在调查方案的设计阶段就进行修改,而不是调查进行到一半时半途而废,避免各种资源的不必要浪费。可见,调查方案在社会调查中起着不可或缺的重要作用。

三、怎样编写出版物市场调查方案

（一）编写出版物市场调查方案的前言部分

出版物市场调查方案的前言部分,主要是要用较为精练的语言明确调查什么问题以及调查背景是怎样的。调查背景包括该项目的背景,宏观背景,以及竞争环境。在这一部分还应该陈述调查活动的背景,即为什么提出这样一项调查任务。比如,某次调查活动是为了某报纸的改版而进行的,最好在介绍调查目的之前,对该报的现状进行说明。其次,在前言部分,市场调查主题的界定是关键。调查主题必须以明确的概念为基础。例如调查者推测"发行量越大的报纸往往满意度也越高",那么必须明确这个发行量是指有效发行量还是赠阅发行量还是稽核发行量等。虽然以上两点都是在进行规划和设计调查活动时已经设计好了的部分,但是只有在书面的市场调查方案中准确地表达出来,才能让所有调查活动的参与者理解和操作,也便于阅读者理解本次调查活动的价值等。

（二）说明出版物市场调查的目的和意义

调查方案的执行者要正确开展此次活动,就需要调查活动的设计者或者决策者应该明确指出调查目的,即明确在调查中要取得什么样的资料,这些资料有什么用途。衡量一个调查方案是否科学、合理,最终要看调查方案能否实现调查目的和要求。比如,每年一度的国民阅读调查的目的是通过对人民群众阅读渠道、阅读内容、阅读时间和阅读方式的调查,分析全国人民阅读习惯和生活方式的新特点,并为出版发行行业的发展趋势做出预测,给出版发行企业以启发等。

明确了调查目的之后,调查方案应该强调本次调查活动将对出版企业、社会、读者等各方具有何种现实意义或影响等。

（三）说明出版物市场调查的内容和具体项目

调查内容是对调查目的的分解和细化。出版物市场调查活动的主要调查内容从调查对象的角度来看,一般是分为对读者的调查、对印刷传媒企业的调查和对广告商或纸张设备提供商的调查三大类。其中对读者的调查占有最大比例。读者调查主要是需要描述读者的基本状况和特征、读者的生活心态和心理特征、读者对所传播讯息的接受情况、读者对所传播内容的使用和满意程度、读者的接触动机、读者对出版物所传播的事件的参与方式与参与程度等。而对印刷传媒企业的调查活动,主要是报刊的发行量调查、阅读率调查、经营管理调查（例如经营目标调查、雇员满意度调查等）、印刷式样和编排调查、可读性调查等。在编写出版物市场调查方案时必须要明确调查是要获悉哪方面的信息,并且列出简要的调查问卷大纲或者访谈会的访谈大纲等。这些调查具体项目越早明确越有助于提高全体工作人员准确执行各项要求的统一程度,也有助于提高调查数据的质量。

(四)说明出版物市场调查的对象和调查范围

调查对象和范围要由调查组织者根据实际情况科学客观地进行确定,如调查某市书店的图书销量情况,调查者可以锁定该市所有书店进行调查,也可以选取几家大型书店进行调查,这要根据调查组织的实力和条件来看,例如涉及人员多少以及经费和时间问题。另外,范围的确定也得依据客观实际,范围太大,即使组织有很好的调查条件也很难准确全面把握,如调查某市人群消费情况,由于涉及人口多,类型多,所以只能划定范围进行调查。比如我们要做北京市民的阅读行为调查,那么北京市包括郊区还是纯市区? 市民是从哪个年龄段到哪个年龄段? 儿童包括在内吗? 个人或家属在书店、出版社、图书公司、编辑部或者新闻出版管理部门等单位工作的市民包括在内吗? 以什么为分析单位,是"人"还是"家庭"? 这些都有助于我们弄清楚调查活动的总体是怎样的,这样才能选择合适的调查方法和测量工具,结合现有的人力、物力和财力、时间状况,确定是采用普查还是抽样调查,是电话访问还是入户面访等等,才能保证调查活动的如期顺利完成。

在进行二手资料分析的时候,还要明确调查对象是从哪年的资料至哪年的资料,这些都是调查的对象和范围,都是需要在开展活动前事先明确的。

不仅要明确调查对象的总体是什么,还要在调查方案中明确指出抽样方案是怎样的。抽样设计需要考虑调查目的、调查方法和时间、金钱等各种因素,最终综合考量,是采用概率抽样还是非概率抽样? 如果是概率抽样,那么采用分层抽样、整群抽样还是系统抽样? 具体划分"层"和"群"等指标的标准是什么样的? 如果采用非概率抽样,那么采用方便抽样还是配额抽样等? 如果采用配额抽样,那么不同的控制指标分别如何分配样本量? 最后,本次调查活动的样本规模也需要在调查方案中明确下来。根据置信度要求,也考虑到人力、物力和财力等资源的限制,样本量控制在什么水平最恰当,这是调查活动的组织者和设计者需要准确把握的关键环节之一。

(五)说明出版物市场调查所采用的方法

在明确了调查对象和范围的基础上,调查方案还应说明本次调查活动具体采用什么调查方法,是描述性调查还是解释性调查? 采用一手资料实地调查还是二手资料收集? 如果是实地调查,又是采用问卷调查法,实验法,观察法,还是访谈法? 数据收集是通过网络渠道进行还是电话访问方式进行,抑或是入户面访得到? 这些问题都是保证调查活动切实可行的根本性问题,调查活动的所有参与人员都必须了然于胸。

（六）确定调查提纲或者调查问卷、量表、访谈提纲等测量工具

测量工具是调查内容具体化、操作化的保证。在调查方案中，要针对调查内容，明确需要向被访者了解哪些问题，设计出初步的问卷结构。问卷最好以问题的形式组织调查内容，即详细拟定需要向被访者询问的问题以及询问的方式方法。如果是定性调查，一般需要拟定调查提纲；如果是定量调查，需要编制编码表、调查问卷、日记卡、量表等各种测量工具。选择哪一种测量工具？ 每一种测量工具需要注意的事项有哪些？这些都是在调查方案中，要根据调查内容的特点事先考虑的问题。这些测量工具可能不会一次成型，要经过反复修改、测试，逐步完善。

（七）确定资料分析的方法

一般来说，调查问卷收集的原始资料是零散的和不系统的，这些资料应该如何汇总、如何条理化、对资料如何作出解释，都应该在调查方案中进行说明。如果是根据定量调查的问卷收集的资料，还要详细列出统计分析计划，即采用什么样的统计分析方法进行分析，对哪些变量采用这些统计分析方法，这样分析能做出什么结论。这样就避免了统计分析工作的盲目性。

（八）说明出版物市场调查的时间进度安排

调查方案要对时间进度分阶段列出计划，其目的是保证调查工作能有足够的时间完成且应按时完成。时间进度安排应体现出效率性，即在保证资料准确有效的同时，尽量缩短调查周期。一般情况下，一项出版物市场调查的进度安排要考虑总体方案的设计论证时间、抽样时间、问卷设计、测试和修改时间、调查员的挑选和培训时间、调查实施时间、数据整理与录入分析时间、调查报告的撰写时间等。

（九）说明出版物市场调查经费预算开支情况

不同的调查活动，经费差别很大，主要根据调查任务的难易程度、调查范围的大小、调查方法的不同而定。对调查各阶段所需经费的估算也应该是调查方案的一部分。调查方案的设计费，问卷设计、测试、印装费，调查实施阶段的培训费、劳务费、交通费、礼品费，统计分析阶段的数据编码录入费、数据统计分析费，调查报告撰写打印费，通讯材料及其他各项特殊费用等。

（十）说明调查活动的组织实施及质量控制措施

本项内容主要包括调查的组织管理形式、管理人员的岗位设置、调查人员的选择标准、人员培训的主要内容、质量控制的主要措施等。

（十一）调查活动主持单位

一般来说，出版物市场调查活动通常是由出版发行企业委托专业的调查公司进行。在调查方案的最后，可以对调查活动的执行方做简单介绍，包括调查团队成员的职务、从业年限、从业经验、擅长领域、该公司或组织的资质、经历等。例如，北京图书

市场调查所(北京开卷信息技术有限公司)就是全球唯一一家从事中文图书市场零售数据连续跟踪服务的专业机构;中国出版科学调查所也连续推出"全国国民阅读与购买倾向抽样调查"活动;易观国际集团在新媒体阅读方面的调查活动领域表现活跃,成绩显著。所以,具体调查项目的组织执行机构是哪一家,需要在调查方案中尽量做出说明,这一点对于读者和被访者了解该次调查数据的质量和公信力很有帮助。

综上所述,调查方案的主要内容如表2-1所示:

表2-1　调查方案的主要内容

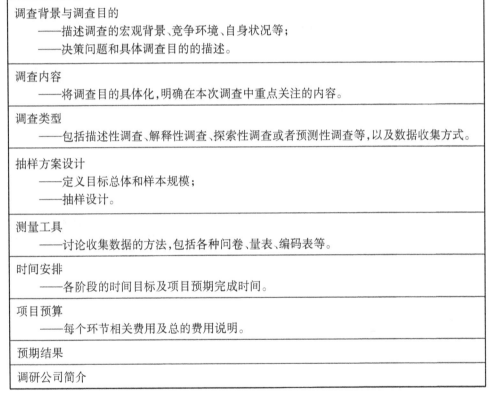

调查背景与调查目的 　　——描述调查的宏观背景、竞争环境、自身状况等; 　　——决策问题和具体调查目的的描述。
调查内容 　　——将调查目的具体化,明确在本次调查中重点关注的内容。
调查类型 　　——包括描述性调查、解释性调查、探索性调查或者预测性调查等,以及数据收集方式。
抽样方案设计 　　——定义目标总体和样本规模; 　　——抽样设计。
测量工具 　　——讨论收集数据的方法,包括各种问卷、量表、编码表等。
时间安排 　　——各阶段的时间目标及项目预期完成时间。
项目预算 　　——每个环节相关费用及总的费用说明。
预期结果
调研公司简介

四、评估出版物市场调查方案

在初步编写出版物市场调查方案之后,调查活动的设计者需要对该调查方案进行科学性和可行性评估。科学性评估是检验该调查方案是否体现了调查目的和要求,调查框架是否合理适用,数据收集方式和抽样方案的选择是否合理,是否符合调查总体的特点,设计是否完整等。可行性评估是指按照该调查方案规定的抽样方案是否能够抽取到现实的样本,数据收集方式是否可行,时间是否够用,费用是否在一个可接受的范围内等现实因素。

一个调查方案是否具有可行性,我们可以用以下三个方法去检验:

(一)逻辑分析法

逻辑分析法是指从逻辑的层面对调查方案进行把关,考察其是否符合逻辑和情理。

(二)经验判断法

经验判断法是指通过组织一些具有丰富市场调查经验的人士,对设计出来的市场调查方案进行初步研究和判断,以判断调查方案的合理性和可行性。

(三)试点调查法

试点调查法是通过在小范围内选择部分单位进行试点调查,对调查方案进行实地检验,以检验调查方案可行性的方法。

总之,科学性和可行性是不可分开的,二者必须兼具。因为出版物市场调查方案一旦确定,就需要严格执行,如果在实践中被证明不可行,就会造成资源浪费,如果被证明不科学,就会无法达到调查目的。

【项目小结】

出版物市场调查方案是指导我们完成具体调查任务的总纲,起着统筹兼顾、统一协调的作用。方案设计包括确定调查目的、确定调查对象、确定调查项目、确定调查方法、确定调查时间和经费等等,是众多子任务的集合。只有设计编写合乎要求的调查方案,才有可能真正开展调查工作,调查方案设计的科学、系统、可操作与否关系到调查工作的成败。

◆核心技能

出版物市场调查方案的编写。

◆课后自测

一、选择题

1.衡量一个调查方案的设计是否科学,主要是看方案的设计是否体现(　　)的要求,是否符合客观实际。

A. 调查对象　　　　B. 调查目的　　　　C. 调查项目　　　　D. 调查单位

2.调查方案的可行性研究方法包括(　　)。

A. 逻辑分析法　　　B. 经验判断法　　　C. 试点调查法　　　D. 德尔菲法

3.调查方案的评价要求包括(　　)。

A. 方案设计是否能体现调查目的和要求　B. 方案设计是否科学、完整和适用

C. 方案设计能否使质量有所提高　　　　D. 调查实效检验

二、简答题

1.如何理解出版物市场调查方案的意义?

2.出版物市场调查方案的主要内容包括哪些？

3.如何对调查方案进行评价？

三、案例分析

中信出版社的编辑发现：随着经济的发展，大学扩招导致了毕业生人数的急剧上升，而社会能为大学生提供的就业机会跟毕业生的人数并没有同比例增长。同时，教育机构和社会需求之间存在错位，人才需求与大学生的求职预期之间存在错位，行业差距、地区差距造成人才流向的错位，都使本已经存在的人才供需矛盾更加尖锐。高校毕业生从象牙塔里一出来，就面临就业竞争，他们要解决的第一个问题就是如何把自己推销出去，而在学校偏偏没有学过这个，在这种情况下，加强就业指导是非常必要和紧迫的。

对学生的就业指导越来越成为一个热门话题。就业形势的严峻造成了大学生对社会、人生等一系列问题的困惑。这些困惑会极大地推进教育改革和教育就业观念的更新，自主学习和自主择业将成为发展的趋势之一。在这样的背景下，针对大学生的各种各样的指导类图书将催生一系列的市场，其中包括求职类图书市场。

有需求就有市场，于是他们决定做一本大学生求职的书。为此，他们对现在市场上的求职类图书进行了调研。

阅读上述材料，请根据具体情况为出版社编写一份出版物市场调查方案。

【单元实训】

实训任务单

任务名称	撰写出版物市场调查方案	
实训情境	长沙某都市报为了提高办报质量,调整办报思路,为读者提供更好的服务,需组织一次读者调查。请你根据该报的定位、与竞争对手的比较性优势和劣势等,设计该次调查活动方案,并根据课堂内容知识形成书面调查方案。	
实训目标	知识目标	1.了解设计出版物市场调查方案的重要意义; 2.掌握出版物市场调查方案的基本结构和内容; 3.了解撰写出版物市场调查方案的程序。
	能力目标	1.能够根据调查项目要求,撰写科学可行的出版物市场调查方案; 2.培养学生运用专业知识进行市场应用的能力; 3.培养学生的归纳总结能力; 4.培养学生的文字表达能力; 5.培养学生的规范意识。
	素养目标	培养学生的团队合作精神。
实施环境	1.满足50位同学活动的计算机房1间; 2.计算机可以运行word、excel、ppt、spss等软件; 3.机房计算机网络通畅。	
实训过程	1.对该报的市场环境进行初步讨论,并形成提纲; 2.设计调查方案的架构; 3.与该报(委托方)沟通交流其调查目的、目标、预算等; 4.撰写调查方案。	
实训成果	学生每小组形成一份调查方案。	

【实训评价】

考核要素	评价标准	分值（分）	评分		
			自评（10%）	小组（30%）	教师（60%）
知识掌握	清楚知晓该项目调查方案的重要意义；	10			
	明晰该项调查的目的、对象、调查方法、抽样方法、预算和时间安排等。	20			
能力训练	能按照调查方案设计的步骤和程序有条不紊的展开；	20			
	能与委托方进行有效交流；	10			
	能使用语言文字进行准确表达。	20			
素养培养	团队分工合作，工作任务分配合理；	10			
	服从组长安排，有责任感，按质按量完成任务。	10			
评价人					
合计					
评语					

教师：
年　　月　　日

项目三

设计出版物市场抽样调查方法

引　言

　　在上一个项目出版物市场调查方案设计中,方案内容之一就是要确定调查对象。如国内某组织想在世界读书日那天组织活动调查 18 岁以上成年人的阅读状况,其调查对象当然是 18 岁以上的全体国人。但这项工程实在是太过于繁杂浩大。那有没有较好的方式解决这样一个难题呢? 一个可行的方式就是在所有 18 岁以上的成年人中抽取一部分作为调查对象,这样可以大大减少人力、物力、财力的支出,并且如果我们能科学地选择调查对象,同样也能获得准确的调查结果。这种从全体调查对象中选择一部分进行调查的方式就是抽样调查。抽样调查可以分为随机抽样和非随机抽样两大类,我们通常所说的抽样调查,如果未加以限定,大多指随机抽样调查。希望通过本项目的学习,读者不仅可以了解到抽样调查的相关基本概念,还可以在真实的调查活动中,根据调查活动的要求选择合适的调查对象、调查方法,进而获得较为准确的调查结果。

任务 1　确定样本量

【案例导入】

《文学文摘》与抽样调查

《史记》记载:"韩信点兵,多多益善。"在抽样调查中,样本量是否也是"多多益善"呢?

《文学文摘》(Literary Digest)曾经是美国一家颇为有名的刊物,《文学文摘》以邮寄明信片的方式进行民意测验,并且颇为准确地预测出 1916 年、1920 年、1924 年、1928 年和 1932 年的总统选举结果。该杂志所依据的理论是:"所询问的选民愈多,则结果愈可靠。"

1936 年,美国总统选举来临时,该杂志仍以同样的方式进行了民意测验,并从寄出的 10000 万份明信片中,回收了 240 多万份。当时竞选的是民主党的罗斯福和共和党的兰登,罗斯福是在任的总统。在调查史上,样本容量这么大是少见的,杂志社花费了大量的人力和物力,他们相信自己的调查统计结果,即兰登将以 57% 对 43% 的比例获胜,并大力进行宣传。最后选举结果却是罗斯福以 62% 对 38% 的巨大优势获胜,连任总统。这个调查使《文学摘要》杂志社威信扫地,不久只得关门停刊。

从上述案例我们可以看到,要想获得准确的调查结果,一味扩大样本容量并非总是可靠。不能科学地确定调查活动的样本和样本量,不但伴随着大量资源的浪费,而且也得不到准确的调查结果。那么调查样本和样本容量要怎样确定才能既避免无谓的人力、物力和财力支出,又能避免重大失误从而获得准确的调查结果呢? 通过下面内容解析的学习我们将得出答案。

【内容解析】

一、抽样调查的一般理论

市场调查是为了获得所有调查对象(即总体)的情况,这就需要对每个调查对象的信息和特征进行详细的统计分析,也就是进行全面的调查,即普查。通过普查可以获得最准确、最真实的情况,但有时由于调查对象很多,调查无法获得所有对象的信息,进行普查不太可能,而且普查需要耗费大量的人力、物力、财力,因此在对调查结果的准确性要求不是特别高的情况下,我们通常借由从总体中抽取的部分对象的调查研究结果来推测总体的情况。

（一）认识抽样调查的含义

抽样调查是指按照一定的程序,从调查总体中选出一部分单位作为样本,对样本进行分析或观察,并根据样本的调查结果即样本统计量估计总体情况的一种调查方法,也称抽查。抽样调查是非全面调查,它特别适用于调查总体单位数量众多的市场调查。比如,某省有4000万18岁~60岁的成年人,我们难以逐个调查这些成年人的年购书支出,因为这将耗费大量的人力、物力、财力和时间,同时也没有这个必要。我们可以按照一定方法从该省抽取2000名18岁~60岁的成年人,通过调查他们的年平均书籍购买支出,作为对该省所有18岁~60岁的成年人年平均书籍购买支出的估计。抽样调查是一种广泛使用的调查方法,它按照科学的原理和计算方法,以抽取的部分样本单位所得到的调查数据来推断总体、代表总体,同样具有科学性,并且较普查节省大量的成本费用,被公认为是最重要的调查方法。

（二）明确抽样调查的适用范围

抽样调查适用的范围是广泛的。从原则上讲,为取得大量社会经济现象的数量方面的统计资料,在许多场合,都可以运用抽样调查方法;在某些特殊场合,不可能用全面调查时必须采用抽样调查的方法取得。

1. 有些事物在测量或试验时有破坏性,不可能进行全面调查

例如,灯泡耐用时间试验,电视机抗震能力试验,罐头食品的卫生检查,人体白细胞数量的化验等等,对于实验对象都是有破坏性的,不可能进行全面调查,只能使用抽样调查。

2. 单位数量特别多或无限多的总体

例如,了解某省成年人的阅读量、读者接受教育的年限、居民家庭收入状况如何等等。从理论上讲这是有限总体,可以进行全面调查,但实际上办不到,也不必要。对这类情况的了解一般采取抽样调查方法。比如在引入案例中,《文学文摘》针对美国选民的调查就是非随机抽样调查。在1936年时,美国人口约为1.3亿,这可以近视为无限多的一个总体。要针对总人口当中的合法选民即18岁以上的美国公民进行普查无疑是一项巨大的工程,但只要抽样方法得当,即便是选择很少一部分选民进行调查也可以推断出总体选民的民意走向。

3. 抽样调查方法可以用于工业生产过程中的质量控制

抽样调查不但广泛用于生产结果的核算和估计,而且也有效地应用于对成批或大量连续生产的工业产品在生产过程中进行质量控制,检查生产过程是否正常,及时提供有关信息,便于采取措施,预防废品的发生。比如检查一批出版物的印刷质量。

4.抽样调查方法可对所作假设进行检验

利用抽样推断的方法,可以对于某种总体的假设进行检验,来判断这种假设的真伪,以决定取舍。例如,新教学法的采用、新工艺新技术的改革、新医疗方法的使用等等是否收到明显效果,须对未知的或不完全知道的总体做出一些假设,然后利用抽样调查的方法,根据实验材料对所作的假设进行检验,做出判断。

5.时间紧迫、经费有限时可采用抽样调查

抽样调查的调查单位比全面调查要少得多,因而既能节约人力、费用和时间,又能比较快地得到调查结果,这对许多工作都是很有利的。

由于调查单位少,有时可以增加调查内容。因此,有的国家在人口普查的同时也进行人口抽样调查,一般项目通过普查取得资料,另一些项目则通过抽样调查取得资料。这样既可以节省调查费用和时间,又丰富了调查内容。

随着抽样理论的发展、抽样技术的进步、抽样方法的完善和统计队伍业务水平的提高,抽样调查方法将在社会经济生活中得到愈加广泛的运用。

(三)掌握抽样调查程序

开展抽样调查大致可以按照以下程序进行。

图 3 - 1　抽样调查程序

1.定义调查总体

总体通常与构成它的元素共同定义:总体是构成它的所有元素的集合,而元素是构成总体的最基本单位。在市场调查中,最常见的总体是由具备某些特征的个人组成的,这些个人便构成总体的元素。比如,当我们做一项有关某省大学生阅读状况调查时,该省的每个大学生便是构成总体的元素,而该省所有在校大学生的集合就是调查的总体。一个总体中所包含的元素数目常用大写字母 N 表示。《文学文摘》之所以预测结果错误,其实与它错误的定义了调查总体有关。表面上看,它的调查总体似乎是面向的全体美国人,但实际上非《文学文摘》的读者或订户根本不可能进入到它的调查范围,它的调查总体实际上只是《文学文摘》的 1 000 多万读者或者订户,而其中的 240 多万读者或订户则构成了它的调查对象。

2.选择样本框

样本就是从总体中按一定方式抽取出的一部分元素的集合。比如,从全国数千份报刊杂志中,按一定方式抽取出 500 份进行调查,这 500 份报刊杂志就构成该总体的一个样本(从一个总体中可以抽取出若干个不同的样本)。在市场调查中,资料的收集或调查的实施正是在样本中完成的。样本中元素的数目通常用小写字母 n 表示。只有选择了正确的样本才有可能利用样本来正确推断整体状况。引例中《文学文摘》的主要错误之一就在于没有正确选择调查样本。

样本框又称为抽样框或抽样范围，指的是一次直接抽样时总体中所有抽样单位的名单。比如，从全国所有城市晚报中直接抽取100种晚报作为调查的样本，那么，全国所有城市晚报的名单就是这次抽样的抽样框。抽样是通过抽样框完成的。同样，如果要调查某所大学的学生阅读状况，则该所大学全体在校学生的学籍号则构成了该次调查的抽样框。

3. 选择抽样方法

抽样方法指在抽样调查时采用一定的方法，抽选具有代表性的样本，以及采取各种抽样操作技巧和工作程序的总称。选择何种抽样方法取决于研究目的、经济实力、时间限制、调查问题的性质等。可选择的重要抽样方法可以分为两大类：随机抽样与非随机抽样。在下一任务中将对这两类抽样方法进行详细的阐述。

4. 确定样本容量

在抽样设计中，经常出现的问题就是抽选多少个调查对象，即样本容量的确定问题。在理论上，样本容量大，调查样本数目多，有利于提高调查结果的准确性，减少误差。（但是，引入案例也告诉我们：如果抽样方法错误，单纯地增加样本容量也不一定可以获得准确的调查结论。）但过多增加样本数目又会在人力、财力和时间上造成不必要的浪费，使得调查投入的成本费用过高；样本数目少，可以节省时间和费用，但对总体的推断就会产生较大的误差，调查结果的准确度会降低。如何在时间、成本费用和准确度之间找到一个较好的平衡，是我们在进行抽样设计时必须考虑的一个问题。样本容量具体如何确定，我们将再做详细地说明。

5. 抽样实施

在上述四个方面的问题确定之后，就可以开始实施具体的抽样调查了。

二、确定样本容量

（一）抽样误差及其测定

1. 抽样误差的含义

在抽样调查中，统计误差的来源可以分为两大类。一类为登记性误差，比如调查人员错误记录、错误计算引起的误差，登记性误差是可以避免但不可控制的；另一类为代表性误差，即用样本指标代表总体指标引起的误差。代表性误差又可分为系统性误差和偶然性误差。系统性误差是指由于主观因素破坏了随机抽样原则而产生的误差，偶然性误差是由于抽样的随机性引起的偶然的代表性误差。抽样误差特指偶然性误差。

总的说来，抽样误差是指样本指标与全及总体指标之间的绝对误差。在进行抽样

检查时不可避免会产生抽样误差,因为从总体中随机抽取的样本,其结构不可能和总体完全一致。例如样本平均数与总体平均数之差 $|\bar{x} - \bar{X}|$,样本成数与总体成数之差 $|p - P|$。虽然抽样误差不可避免,但可以运用相关数学定律加以精确地计算,并可通过改进抽样方法来减少抽样误差。抽样误差不可消除但可加以控制。

抽样误差也是衡量抽样调查准确程度的指标。抽样误差越大,表明抽样总体对全及总体的代表性越小,抽样调查的结果越不可靠。反之,抽样误差越小,说明抽样总体对全及总体的代表性越大,抽样调查的结果越准确可靠。在统计学中把抽样误差分为抽样平均误差和抽样极限误差。

2. 影响抽样误差的因素

(1)总体各元素之间标志值的变异程度。变异程度愈大则抽样误差愈大,变异程度愈小则抽样误差愈小。

(2)样本单位数。其他条件相同的情况下,样本单位数愈多,抽样误差愈小。

(3)抽样方法。抽样方法不同,抽样误差也不同。一般情况下重复抽样误差比不重复抽样误差要大一些。

(4)抽样调查的组织形式。不同的抽样组织形式就有不同的抽样误差。

3. 抽样误差的计算

从总体中抽取样本单位的方法有两种,即重复抽样和不重复抽样。重复抽样又称回置抽样,是指样本抽出后再放回去,有可能第二次再被抽中。而不重复抽样又称不回置抽样,是指样本抽出后不再放回,也就没有再被抽中的机会。实践中大多采用不重复抽样。下面分别介绍一下重复抽样和不重复抽样的误差测定。

(1)重复抽样下抽样误差计算公式

①平均数的抽样误差,其计算公式为:

$$\mu_{\bar{x}} = \sqrt{\frac{\sum (x_i - \bar{x})^2}{n}} = \sqrt{\frac{\sigma^2}{n}} = \frac{\sigma}{\sqrt{n}}$$

式中:$\mu_{\bar{x}}$ ——抽样平均数误差;

　　$\bar{x}$ ——样本平均数

　　σ^2 ——总体方差(一般要经过换算求得,或由经验估算);

　　n ——样本单位数。

②成数的抽样误差,其计算公式为:

$$\mu_p = \sqrt{\frac{p(1 - p)}{n}}$$

式中:μ_p ——成数抽样误差;

　　p ——成数;

　　n ——样本单位数。

（2）不重复抽样下抽样误差计算公式

①平均数的抽样误差，其计算公式为：

$$\mu_{\bar{x}} = \sqrt{\frac{\sigma^2}{n}\left(1 - \frac{n}{N}\right)}$$

式中：$\mu_{\bar{x}}$——抽样平均数误差；

  σ^2——总体方差（一般要经过换算求得，或由经验估算）；

  n ——样本单位数；

  N ——总体单位数。

②成数的抽样误差，其计算公式为：

$$\mu_p = \sqrt{\frac{p(1 - p)}{n}\left(1 - \frac{n}{N}\right)}$$

式中：μ_p——成数抽样误差；

  p ——成数；

  n ——样本单位数；

  N ——总体单位数。

◇案例 3.1

某公司调查城镇居民每月的购书支出，已知居民平均每人每月购书支出的标准差为 30 元，如果从全体居民 20 000 人中抽取 160 人进行抽样调查，试计算：

（1）重复抽样下居民们月平均购书消费支出的抽样误差。

（2）不重复抽样下居民们月平均购书消费支出的抽样误差。

解：（1）$\mu_{\bar{x}} = \dfrac{\sigma}{\sqrt{n}} = \dfrac{30}{\sqrt{160}} \approx 2.3717$

  （2）$\mu_{\bar{x}} = \sqrt{\dfrac{\sigma^2}{n}\left(1 - \dfrac{n}{N}\right)} \approx 2.2749$

◇案例 3.2

某印刷企业生产的产品，按正常生产经验，合格率为 90%，现从 5 000 件产品中抽取 50 件进行检验，在重复抽样和不重复抽样条件下分别计算合格率的抽样误差。

解：（1）重复抽样下合格率的抽样误差为：

$$\mu_p = \sqrt{\frac{p(1 - p)}{n}} = \sqrt{\frac{0.9 \times 0.1}{50}} = 4.24\%$$

（2）不重复抽样下合格率的抽样误差为：

$$\mu_p = \sqrt{\frac{p(1 - p)}{n}\left(1 - \frac{n}{N}\right)} = \sqrt{\frac{0.9 \times 0.1}{50}\left(1 - \frac{50}{5000}\right)} = 4.22\%$$

从以上计算公式和实际计算结果可以看出，在其他条件相同的条件下，采用不重复抽样,其抽样误差比重复抽样误差小,相差的大小取决于修正系数 $(1 - \frac{n}{N})$ 的大小。当总体单位数量庞大时,重复抽样与不重复抽样的抽样误差很接近。此时,为了简化计算,可以使用重复抽样的抽样误差计算公式来代替不重复抽样的抽样误差计算公式。

(二)确定样本容量

样本容量的确定原则是控制在必要的最低限度。对于一个特定的抽样调研,在达到一定的样本容量后,再增加样本容量对提高它的统计准确度就起不了多大的作用,而现场调查费用却成倍增加,实在不合算。

统计学中通常以 30 为界,把样本分为大样本(30 个样本及以上)和小样本(30 个样本以下)。之所以这样区分,是因为当样本容量大于 30 时,其平均数的分布接近于正态分布,可以很好的用样本资料对总体情况进行推断。但需要注意的是,30 个样本对于市场调查或社会调查来说却常常是不够的。下面的讨论仅仅针对随机抽样而言。

1. 影响样本容量的因素

(1)总体中各元素之间标志值的变异程度

所谓总体中各元素之间标志值的变异程度也就是通常所谓的方差。如果总体中各元素的标志值距离平均值越近,那么总体的变异程度越小,反之则越大。比如,一个由 20 000 名读者所构成的总体,如果他们中每个人每年的阅读量都很接近,那么在阅读量这个指标上总体的变异程度小。总体中各元素之间标志值的变异程度越大,我们用样本统计量推断总体情况时需要抽选的样本数目越多;反之,需要抽选的样本数目越少。

(2)允许误差的大小

我们用样本指标来推断总体指标,不可避免的会产生误差,我们把这种误差称为抽样误差,通常用字母 u 来表示。在抽样调查中所能够接受的最大可能误差又称为允许误差或者极限误差,是指抽样误差的范围。允许误差以符号△表示,其计算公式为:

$$\Delta = tu$$

在该计算公式中 t 称为概率度,是指扩大或缩小的抽样误差范围的倍数,t 通常在 $[-3,3]$ 之间取值。因为当允许误差放大到抽样误差的 ±3 倍时,我们利用样本指标来推断总体指标有较高的把握度。

允许误差大,抽样数量可以少一些;允许误差小,抽样数量可以多一些。允许误差的大小要根据调查的要求和条件来确定,一般来说,调查准确度要求高,力量强,费用充足,允许误差要小一些;反之可以取大一些。

(3)调查结果的可靠程度

调查结果的可靠程度又称为概率保证度或置信度。在其他条件不变的情况下,如果要求较高的可靠度,就要增大样本容量;反之,就可以缩小样本容量。

（4）抽样方法的不同

不同的抽样方法也会影响抽样数量的多少。一般来说，在同样条件下，随机抽样比非随机抽样样本数目少一些；不重复抽样比重复抽样样本数目少一些。

（5）抽样的组织形式

采用系统抽样和分层抽样比简单随机抽样需要的样本数目少。

2. 确定样本容量

随机抽样可以分为重复抽样和非重复抽样。下面我们分别针对这两种情况分别加以讨论。

（1）重复抽样情况下样本容量的确定

①平均数指标抽样数目的确定

比如我们要了解目标受众的基本情况，其中的一些指标如受众的平均购买支出、平均阅读数量、平均受教育年限等都属于平均数抽样指标。平均数指标重复抽样数目的计算公式为：

$$n = \frac{t^2 \sigma^2}{\Delta_{\bar{x}}^2}$$

式中：n——样本单位数；

σ^2——总体方差（总体方差可以由有经验者给出估计值，或者由样本方差近似代替。）；

t^2——概率度的平方；

$\Delta_{\bar{x}}^2$——平均数允许误差平方。

②成数指标重复抽样样本容量的确定

所谓成数也就是具备某种特征的元素在总体或样本中的比例。比如，在全体读者中，女性读者占到30%，则女性读者的成数为30%或0.3。成数指标重复抽样数目的计算公式为：

$$n = \frac{t^2 p(1 - p)}{\Delta_p^2}$$

式中：n——样本单位数；

t——概率度；

p——成数；

Δ_p——成数允许误差。

（2）不重复抽样情况下样本容量的确定

①平均数指标抽样数目的确定，其计算公式为：

$$n = \frac{t^2 \sigma^2 N}{N\Delta_{\bar{x}}^2 + t^2 \sigma^2}$$

式中：n——样本单位数；

N——总体单位数;

σ^2——总体方差(可由有经验者给出估计值,或者由样本方差近似代替。);

t ——概率度;

$\Delta_{\bar{x}}^2$——平均数允许误差平方。

②成数指标抽样数目的确定,其计算公式为:

$$n = \frac{t^2 NP(1 - P)}{N\Delta_p^2 + t^2 P(1 - P)}$$

式中:n ——样本单位数;

N——总体单位数;

t ——概率度;

p ——成数;

Δ_p——成数允许误差。

在计算样本容量时,必须知道总体的方差,而在实际抽样调查前,总体的方差往往是未知的。在实际操作时,可以用过去的资料,若过去曾有若干个资料,应该选择最大的,以保证抽样估计的精确度;也可以进行一次小规模的调查,用调查所得的样本方差来代替总体方差。

样本方差通常用 S^2 来表示。我们可以用下面的公式来计算样本方差。

①平均数指标样本方差的计算公式为:

$$S^2 = \frac{1}{n-1}[(x_1 - \bar{x})^2 + (x_2 - \bar{x})^2 + \cdots\cdots + (x_n - \bar{x})^2] = \frac{1}{n-1}\sum_{i=1}^{n}(x_i - \bar{x})^2$$

在上面这个公式中,n 表示样本容量,x_1、$x2\cdots\cdots x_n$ 表示每个样本的取值,$\bar{x}$ 表示样本均值。而样本标准差可以用公式表示如下:

$$S = \sqrt{\frac{1}{n-1}[(x_1 - \bar{x})^2 + (x_2 - \bar{x})^2 + \cdots\cdots + (x_n - \bar{x})^2]} = \sqrt{\frac{1}{n-1}\sum_{i=1}^{n}(x_i - \bar{x})^2}$$

②成数指标样本方差的计算公式为:

$$S^2 = p(1 - p)$$

在上面这个公式中,p 代表具有某种特征的个体在样本当中所占有的比例或份额,而样本标准差可以用公式表示如下:

$$S = \sqrt{p(1 - p)}$$

任务 2　选择抽样方法

【案例导入】

盖洛普与民意测验①

　　我们从任务 1 的引入案例看到,《文学文摘》(Literary Digest)虽然发放了 1 000 多万份用于调查的明信片,且回收了 240 多万份,数量不可谓不惊人,但仍然没有获得准确的调查结论。其实,与《文学文摘》同时参与当年总统大选预测的还有一位当时名不见经传的来自美国艾奥瓦州的年轻人,名字叫做乔治·盖洛普。

　　美国新闻界历来有搞"竞选预测"的传统。十九世纪,通行的办法是"模拟选举",即报刊上登一张模拟选票,让读者剪下填后寄回,据此来推测谁有希望当选总统。二十世纪以后,这种方法依然沿用。当时公认的权威是《文学文摘》。针对 1936 年的总统大选,《文摘》根据收回的两百多万张模拟选票,发出预测——兰登将获得 57% 的选票,从而战胜罗斯福成为下一任总统。

　　正当兰登的竞选班子忙着准备接管白宫的时候,有一个名不见经传的年轻人却告诫人们,罗斯福当选的可能性大于兰登。然而,他的预言,与赫赫有名的《文摘》相比,是微不足道的。所以,谁也没有把他当一回事。

　　开箱验票的时刻终于到来。罗斯福再度当选,而兰登名落孙山。《文摘》预测失败,声名扫地,就此垮台。与此同时,那个有着先见之明的小人物,立即名扬海内外。他,就是来自艾奥瓦州的乔治·盖洛普。

　　其实针对此次大选的预测,盖洛普调查的人数并不多,只有两千多人。但为什么针对两千多人的调查结果要比根据 240 多万份数据的调查结果准确呢? 盖洛普之所以能够准确预测 1936 年总统大选的结果,要归功于为他采用了科学的抽样方法——随机抽样调查方法来选择调查样本。

　　盖洛普随机抽样方法的秘诀,可以归结为简单的八个字:"大量观察,随机抽样"。大量观察原则,是研究社会问题的前提。然而,如果简单地追求观察对象的数量,而不讲究这部分对象在社会总体中的代表性,其调查结果仍然会发生偏差。1936 年《文摘》的失败,不在于调查人数的多寡,而在于"代表性"上。当时,它是从全美国的私人电话号码簿和私人汽车注册本上找出调查对象,向他们散发选票。而那时的美国,电话和

　　①祝建华. 盖洛普与民意测验[J]. 青年文摘红绿版,2008.12

汽车远不如今天这样普及。《文摘》找到的大都是中产阶级以上的人士。结果,他们对兰登的拥戴,被误认是全民的意向。占选民之多数的下层劳动人民,因为没有电话和汽车,其意见就得不到充分的反映。最后,在选举日,正是这些"被遗忘的多数"投票支持了罗斯福,也随之惩罚了有偏见的《文摘》。

"随机抽样"原则,正是为了保证调查对象的代表性,避免重蹈《文摘》覆辙。其基本思想,就是"机会均等",即总体中的每一个体,都有被选中的可能,不受其社会地位的影响。盖洛普在全美国各地有两千名调查访问员,每次调查时,他规定抽取的对象在性别、年龄、职业、收入、种族等基本指标的分布,必须与全国人口的结构相一致。比如,全国男女比例为51:49,那么在调查的 10 000 人中,男性占 5 100 人,女性 4 900 人。这样,一次全国性调查的人数即使只有几千人(盖洛普民意测验通常为 2000~5000 人),由于他们是总人口"缩影",因此其意见就能够在相当高的准确性度上代表总体的倾向。1944 年,盖洛普就《禁酒法》问题举行民意测验。最初,只抽442人,第二次增加一倍人,之后继续翻番,直至第七次达 12,494 人,较第一次增加了近 30 倍。由于每次都严格执行"机会均等"的抽样原则,所以各次调查结果之间十分接近,前后只有 ±1% 的误差。

1936 年后盖洛普创办了盖洛普民意测验所——AIPO。美国从 1936 至 1984 年间,共举行过 13 届总统选举。AIPO 对这 13 次竞选的预测,与每次实际结果之间的误差,平均为 2.6%。这在世界社会科学研究的历史上,也是罕见的精确水平。然而,盖洛普并非"算命先生",也曾有过出洋相的记录。最突出的有两次:一是 1948 年,由民主党杜鲁门对共和党杜威,盖洛普预报杜鲁门将获 44.5% 的票而杜威能得 49.5%。结果,杜鲁门以 49.9% 的相对多数战胜杜威。盖洛普虽然只少报 5%,却酿成了一场比《文摘》更大的灾难。《芝加哥先驱论坛报》由于过分相信盖洛普的预测,为抢独家新闻,事先印好并发售"杜威战胜杜鲁门"通栏大标题的报纸,结果成为流传至今的失实报道之范例。二是 1980 年,由共和党里根对民主党卡特,盖洛普预测两人分别得 47% 与 44%,人们因此认为,这是一场"势均力敌"的角逐。但最后的结局,是里根以 51% 的绝对优势当选。盖洛普的信誉再度受到严峻的考验。经过深入分析,发现失误的主要原因在于选民中有一部分人往往到最后一分钟改变主意。为此,盖洛普率领 AIPO 的专家们发明了一种附加方法,能够从调查对象中发现"临阵变卦者",从而对预测值进行修正。到 1984 年的选举期,投入了这种"新式武器"。虽然盖洛普本人在投票日的几个月之前已成故人,但 AIPO 取得了有史以来最漂亮的成绩——预测里根的得票与实际结果分毫不差。

上述案例充分说明了选择合适的抽样方法对于获取准确的市场调查结果的重要性。对于出版社而言,要推出既能创造社会效益又能创造经济效益的出版物,就需要摸清相关状况,包括当今社会热点问题是什么,人们的阅读兴趣何在,行业的竞争状况如何,读者的性别、年龄、收入、教育程度乃至家庭结构等问题。要对这些问题有个准确的了解,就要采用正确的抽样方法,选择恰当的调查对象。

【内容解析】

根据抽取对象的具体方式,我们把抽样分成随机抽样(概率抽样)与非随机抽样(非概率抽样)两大类。这是两种有着本质区别的抽样类型。随机抽样是依据概率论的基本原理,按照等概率原则进行的抽样,因而它能够避免抽样过程中的人为误差,保证样本的代表性;而非随机抽样则主要是依据抽样者的主观意愿、判断或是否方便等因素来抽取对象。它不考虑抽样中的等概率原则,因而往往产生较大的误差,难以保证样本的代表性。在概率抽样与非概率抽样这两大类中,我们还可以细分出若干不同的形式。具体情况见图 3 – 2。

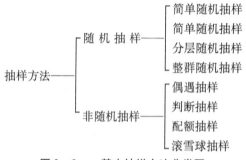

图 3 – 2　　基本抽样方法分类图

一、随机抽样

随机抽样是按照概率原理进行的,要求样本的抽取具有随机性,即总体中的每个成员都具有相同的被抽中作为样本的可能性。或者说,总体中的每个成员被抽中的概率或机会相等。在任务 2 的引入案例中,盖洛普所采用抽样方法就保证了不同年龄、性别、职业、阶层乃至不同阅读兴趣的人都有被抽到的机会,而任务 1 中《文学文摘》所进行的调查就只有阅读该杂志的中产阶层才有机会被抽取。如前所述,随机抽样具有若干种不同的形式,而每一种具体的形式有着各自不同的特点。并且,对它们的选择涉及问题的性质、良好的抽样框的获得、调查研究经费的多少、样本精确性的要求以及调查资料的收集方法等因素。下面我们就结合这些因素对常用的几种概率抽样方法进行逐一的介绍。

（一）简单随机抽样

简单随机抽样(Simple Random Sampling)又称单纯随机抽样,是概率抽样方法中最简单的一种。其对调查总体不做任何分组、排队,完全凭着偶然的机会从中抽取个体进行调查。这种调查一般适用于总体中各个个体差异较小的情况,或者调查对象不明,难以分组、分类时的情况。简单随机抽样常用的方法有抽签法和随机数表法两种。

1. 抽签法

抽签法(又称丢骰子法)是简单随机抽样的一种常用方法,适合于总体单位数不大的情况。首先,把总体的每一个单位都编号,然后将这些号码写在卡片或小纸条上,放入容器中搅拌均匀后,从中任意抽取,直到抽够预订的样本数目。这样,由抽中的号码所代表的单位组成的就是一个随机样本。这种方法虽简单,但可以保证每个样本都有均等机会被抽中。

2. 随机数表法

对于总体单位很多的情形,我们则采用随机数表来抽样。由于表中的数码和排列都是随机形成的。没有任何一点规律性,故也称为乱数表。利用随机数表进行抽样的具体步骤是:

(1)先取得一份调查总体所有元素的名单(即抽样框);

(2)将总体中所有元素一一按序号编号;

(3)根据总体规模是几位数来确定从随机数表中选几位数码;

(4)以总体的规模为标准,对随机数表中的数码逐一进行衡量并决定取舍;

(5)根据样本规模的要求选择出足够的数码个数;

(6)依据从随机数表中选出的数码,到抽样框中找到它们对应的元素。

按上述步骤选择出来的元素的集合,就是所需要的样本。比如从 3 000 人(4 位数)中抽取 100 为作为样本进行调查,我们在对总体从 1 到 3 000 进行编号后,再根据总体规模从 5 位数一组的随机数表中,选择 4 位数。具体的选法既可以是 5 位数的前 4 位也可以是后 4 位。在表中的选择起点可以任意指定,即从表的任一行或任意列开始。顺序既可以从左到右、从右到左,也可以从上到下、从下到上。然后以 3 000 为标准对随机数表中的数码进行取舍,凡小于或等于 3 000 的数码就选出来,凡大于 3 000 的数码则不要,直到选够 100 个号码为止。最后按照所抽取的号码,从总体名单中找到它们对应的 100 个成员。这 100 个成员就构一个调查的样本。表 3 - 1 就是对 3 000 人的总体进行抽样时,我们采用后 4 位数码进行取舍的例子。如果采用前 4 位数字,那么从表中我们又可以抽取出 1004、2250、0431、1268 这 4 个号码。

我们也可以利用 Excel 来生成随机数表。例如,在 Excel 的命令行中输入" = int(Rand( ) * 1000)"可以得到一个 3 位数的随机数,通过反复输入该命令则可以获得一个所需要数目的随机数表。

表 3 - 1　随机数表应用实例

随机数表中的数码	选用的数码	不选用的原因
90906	0906	
73020	3020	后面 4 位数大于 3000
10041	0041	
22507	2507	
04310	4310	后面 4 位数大于 3000
66042	6042	后面 4 位数大于 3000
12683	2683	
82507	2507	与前面的 2507 重复了
51176	1176	

（二）系统抽样

系统抽样（Systematic Sampling）也称等距抽样或机械抽样。它是将总体中的元素按照一定的标志进行排序，然后按照固定顺序和一定的间隔来抽取样本单位。它和简单抽样一样，需要有完整的样本框。

1. 系统抽样的基本步骤

（1）给总体按照一定标志进行排序，并制订出抽样框。对总体进行排序所依据的标志既可以是与调查项目有关的标志也可以是与调查项目无关的标志。

（2）计算抽样距离，方法是用总体的规模除以样本规模。假设总体规模为 N，样本规模为 n，那么抽样间距 K 就由下列公式求得：

$$K(抽样间隔) = \frac{N(总体规模)}{n(样本规模)}$$

（3）在最前面的 K 个个体中，采用简单随机抽样的方法抽取一个个体，记下这个个体的编号（假设所抽取的这个个体的编号为 A），它称作随机的起点。

（4）在抽样框中，自 A 开始每隔 K 个个体抽取一个的个体作为样本，即所抽取的个体的编号分别为 $A, A + K, A + 2K, \cdots\cdots, A + (n - 1)K$。

（5）将这 n 个个体结合起来，就构成了该总体的一个样本。

例如，如前例所述在 3 000 人中抽取 100 个个体作为样本，则抽样间距为 30，即每隔 30 人抽一名。为此，我们先在 1 ~ 30 的数码中，采用简单随机抽样的方法抽取一个数字，假如抽到的是 12，那么就以 12 为第一个号码，每隔 30 名再抽一个。这样，我们便可以得到 12, 42, \cdots\cdots, 2 982 总共 100 个号码，那么与这 100 个号码对应的个体便构成了本次调查的一个样本。

2. 系统抽样的应用

系统抽样与简单随机抽样相比，可使选中的单位比较均匀地分布在调查总体中，尤其是当调查对象的标志变异程度较大，而在实际工作中又不可能抽选更多的样本单位时,这种方法更为有效,因此系统抽样是市场调查中广泛使用的一种抽样方法。

系统抽样也有一定的局限性,表现在两个方面:

(1)运用系统抽样的前提是要有调查总体中每个单位的有关资料,特别是按照有关标志排列时,往往需要更为详尽、具体的相关资料,这是一项很复杂和具体的工作。

(2)当抽样间隔和被调查对象本身的节奏性(或循环周期)相重合时,就会影响调查的精度。

(三)分层随机抽样

分层抽样(Stratified Sampling)又称类型抽样,是先将总体中所有单位按照某种特征或标志(如性别、年龄、职业或低于等)划分成若干类型或层次,然后在各个类型或层次中采用简单随机抽样或系统抽样的办法抽取若干本的方法。

分层抽样的一个优点在于不增加样本规模的前提下降低抽样误差,提高抽样精度。此外,在对总体进行推断时还能获得对每层的推断。分层抽样的缺点在于分层费时费力、分层要求对各层大小充分了解,当难以了解各层大小时,要通过其他手段估计各层大小,这带来了新的误差。

如前所述,总体内部各元素的变异程度越大,样本就越难以反映总体的特征和面貌;而总体的同质性程度越高,样本就越容易反映和代表总的特征和面貌。采用分层抽样的最基本目的,正是把一个异质性较强的总体分成一个个同质性较强的子总体,以便提高抽样效率,达到更好的抽样效果。分层抽样的方式一般有等比例抽样和非等比例抽样两种。

1. 等比例抽样

等比例抽样也称为按比例分层抽样,即具备某个特征的单位在总体当中占有多大的比例,那么在样本中具备该特征的单位也占有同样大的比例。比如,某单位有员工600人,其中男员工500人,占总体的5/6,女员工100人,占总体的1/6。因此,若要抽60人作样本,按等比例抽样,男员工就应占到60人的5/6,即要在500名男员工中随机抽取50人作为样本,而从100名女员工中随机抽取10人,占到60人的1/6。这样样本中男、女员工的比例和总体中男、女员工的比例完全一样。

2. 非等比例抽样

非等比例抽样,又称分层最佳抽样,是指在等比例分层抽样的基础上,再根据具体情况调整各层样本数的抽样方法。非比例抽样法,即不是按层中单位数占总体单位数的比例分配样本单位,而是根据其他因素(如各层平均数或成数标准差的大小,抽取样本工作量和费用大小等),调整各层的样本单位数。如按分层标准差大小调整各层样本单位数,其计算公式为:

$$n_i = n \times \frac{N_i S_i}{\sum N_i S_i}$$

式中：n_i——第 i 层应抽选的样本单位数；

    n——样本单位总数；

    N_i——第 i 层的调查单位总数；

    S_i——第 i 层的样本标准差。

◇案例 3.3

某镇共有 20 000 户家庭，已知按家庭收入水平高低可以将 20 000 户家庭分为高、中、低三个层次。各层次家庭户数及各层内部标准差如下表所示，现要了解该镇居民家庭的生活水平，决定抽取 200 户进行调查，试用非等比例抽样法计算各层应抽取的样本数分别为多少。

表 3 - 2   分层随机抽样数据表

层次	样本户数 N_i（户）	标准差 S_i（元）	乘积 $N_i S_i$
高	4 000	300	1 200 000
中	12 000	200	2 400 000
低	4 000	100	400 000
合计	20 000		4 000 000

高收入家庭：$n_{高} = \dfrac{N_i S_i}{\sum N_i S_i} \times n = \dfrac{4000 \times 300}{4000000} \times 200 = 60$（户）

中收入家庭：$n_{中} = \dfrac{N_i S_i}{\sum N_i S_i} \times n = \dfrac{12000 \times 200}{4000000} \times 200 = 120$（户）

低收入家庭：$n_{低} = \dfrac{N_i S_i}{\sum N_i S_i} \times n = \dfrac{4000 \times 100}{4000000} \times 200 = 20$（户）

分层随机抽样实质上是把科学分组方法和抽样原理结合起来，前者能划分出性质比较接近的各组，以减少标准值之间的变异程度；后者是按随机原理，可以保证大数法则的正确运用。因此，分层随机抽样一般比简单随机抽样和系统抽样更为精确，能够通过对较少样本单位的调查，得到比较准确的推断结果，特别是当总体数目较大、内部结构复杂时，分层随机抽样常常能取得令人满意的结果。

（四）整群抽样

整群抽样（Cluster Sampling）又称分群随机抽样，与前几种抽样的最大差别在于，它的抽样单位不是单个的个体，而是由若干个个体组成的一个个群体。整群抽样是将调查总体按照某种方式划分为若干个群，然后以群为抽取对象，随机抽取一部分群，对每个被抽中的群所包含的所有单位进行全面调查。例如，欲对某校学生进行抽样调查，可以采用两种不同的抽样方法，一种是根据学生名单随机抽取学生，然后对被选中的学生进行调查；另一种方法不是直接抽取学生，而是随机抽取若干个宿舍或班级，然后对该宿舍或班级的所有学生进行调查。后一种方法就是整群抽样。整群抽样具有如下特点：

1. 抽样框的编制得以简化

在实践中，有时构造抽样框是不可能或者很困难的。例如，要在一个有10万户家庭的城市中抽取1000户进行调查，而要编制一个拥有10万户家庭名单的抽样框是很困难的，这时如果采用整群抽样就可以省去这种麻烦。比如说，我们可以按居民委员会来编制抽样框，假设全市共有200个居委会，每个居委会有500户左右的家庭，那我们只需要弄到一份200个居委会的名单，并从中抽取2个居委会，然后将这两个居委会中所有的家庭作为调查样本即可。

2. 简便易行，节省费用

调查对象过于分散会给调查带来不便，并使调查费用增大。而整群抽样由于样本分布相对集中，调查人员无需经常往返于调查对象之间，能够节省时间和费用。但需要指出的是，这种优点是以样本分布面不广、样本对总体的代表性相对较差等缺点为代价的。如上例，有可能居住在同一个居委会的家庭其收入水平、职业、年龄相对接近，从而不能很好地反映整个城市全部家庭的特点。

3. 抽样误差较大

采用整群抽样要求群间同质、群内异质才能保证较好的抽样精度，但由于整群抽样所抽取的样本单位比较集中，一个群内部各个单位间的差异比较小，而不同群之间的差异比较大，群内每个单位所提供的信息价值就有限，因此其抽样误差往往大于简单随机抽样。但是，对于某些特殊结构的总体，分群随机反而有较高的精度。这种特殊结构的总体是指总体中各个群的结构相似。例如，一般家庭都有男性、女性，以家庭作为群，如果估计男女性别比例，采用整群抽样，估计的精度要比直接抽取个人进行估计精度高。

整群抽样方法的运用，尤其要与分层抽样方法相区别。如前所述，采用整群抽样要求群间同质、群内异质才能保证较好的抽样精度。而当某个总体是由若干个有着自然界限和区分的子群（或类别、层次）所组成，且不同子群相互之间差别很大、每个子群内部差别不大时，则适合于分层抽样的方法。

二、非随机抽样

在实际抽样中，人们有时还采用非抽样的方法来选取样本。非随机抽样不是按照等概率的原则，而是根据人们的主观经验或其他条件来抽取样本。因而，其样本的代表性往往较小，误差有时相当大，而且这种误差又无法估计。所以，在正式调查中，一般很少用非随机抽样，常常只在探索性研究中采用。常用的非随机抽样有以下几种：

（一）偶遇抽样

偶遇抽样（Accidental Convenience Sampling）又称作便利抽样或任意抽样，是指研究者根据现实情况，以自己方便的形式抽取偶然遇到的人作为调查对象，或者仅仅选择那些离得最近的、最容易找到的人作为调查对象。比如在图书馆阅览室对当时正在阅读的读者进行调查；在书店门口对进店的顾客进行调查；利用报刊杂志向读者进行调查等等。

这种碰到谁就选谁的简单方法往往被有些人误认为就是随机抽样，仅从表面上看，二者的确有些相似，都排除了主观因素的影响，纯粹依靠客观机遇来抽取对象。但二者有一个根本的差别，这就是偶遇抽样没有保证使总体中的每一个成员都有同等的被抽中的概率。那些最先被碰到的、最容易见到的、最方便找到的对象具有比其他对象大得多的机会被抽中。正是这一点使得正式调查不能依赖偶遇抽样得到的样本来推论总体。

（二）判断抽样

判断抽样（Judgmental Purposive Sampling）又称任意抽样，它是调查者根据研究的目标和自己主观的分析来选择和确定调查对象的方法。进行典型调查时，确定典型的方法就在一定程度上与判断抽样类似。这种抽样首先要确定抽样的标准。由于标准的确定带有较大的主观性，所以，此法的运用结果如何往往与研究者的理论修养、实际经验以及对调查对象的熟悉程度有很大的关系。

判断抽样的主要优点在于可以充分发挥研究人员的主观能动作用，特别是当研究者对研究的总体情况比较熟悉，研究者的分析判断能力较强、研究方法与技术十分熟练、研究的经验比较丰富时，采用这种方法往往十分方便。但是由于它仍属于一种非随机抽样，所以，其所得样本的代表性往往难以判断。在实际调查中，这种抽样多用于总体规模小、调查所涉及的范围较窄或调查时间、人力等条件有限而难以进行大规模抽样的情况。

（三）配额抽样

配额抽样（Quota Sampling）又称定额抽样，它是一种比偶遇抽样复杂一些的非随机抽样方法。在进行配额抽样时，调查人员首先要根据那些有可能影响研究变量的各种因素对总体进行分层，并找出具有各种不同特性的成员在总体中所占的比例。然后依据这种划分以及各类成员的比例去选择调查对象，使样本中的成员在上述各种因素、各种特性方面的构成和在样本的比例尽量接近总体情形。

表面上看，配额抽样与分层抽样十分相似，实际上，二者具有本质上的区别。二者虽然都依据某些特征对总体进行分层，但配额抽样分层的目的在于要选出一个总体的"模拟物"，即样本与总体在结构比例表面上的一致性；而分层抽样在于提高各层之间的异质性以及层内的一致性。另外，在各层内抽取样本时，配额抽样采取的是非随机抽样,而分层抽样是随机抽样。

配额抽样具有方法简单易行,节省时间费用,样本在各层分布较合理的优点。只要调查项目设计合理、分析方法正确,取得的调查结果是可信的。其缺点也是由非随机带来的,即容易出现判断上的主观性,由此产生的偏差也是无法估计与控制的。

配额抽样法按控制特性的不同分为独立控制配额抽样与相互控制配额抽样两种。其中相互控制配额抽样是非随机抽样中应用最广泛、最流行的一种方法。

1. 独立控制配额抽样

独立控制配额抽样是指只规定几种控制特性及各控制特性的单独抽样配额,而不规定这几种控制特性之间的各抽样配额的相互关系,即各控制特性的抽样配额是彼此独立的一种非随机抽样方法。因此,调查者就有比较多的自由去选择总体中的样本。

例如,用独立控制配额抽样调查读者对某出版物的意见,计划抽取 400 人,按学历、年龄、收入、性别特征分层如表 3-3 所示。

表 3-3　独立控制配额抽样表　　　　　　　　单位:人

学历	人数	年龄段	人数	收入	人数	性别	人数
高中及以下	30	18 岁以下	25	低收入	15	男	235
大专	50	18~34	125	中低收入	28		
本科	110	35~44	135	中等收入	62	女	165
硕士	130	45~60	70	中高收入	185		
博士	80	60 以上	45	高收入	110		
总计	400	总计	400	总计	400	总计	400

若按学历配额,高中及以下、大专、本科、硕士、博士层分别为 30、50、110、130、80 人,在高中及以下层的 30 人,对年龄、收入及性别不做任何规定;同理,在男性层的 235 人,对其学历、年龄以及收入也不做任何规定;其余可以此类推。这种完全由调查人员根据主观判断选取的样本,不考虑各控制特性之间彼此的约束,是独立控制配额抽样的特点。

独立控制配额抽样存在样本可能过于偏向某一组别、过多选取易获得的样本从而影响样本代表性的缺陷,这些可以通过相互控制配额抽样来弥补。

2. 相互控制配额抽样

相互控制配额抽样,又称交叉控制配额抽样。它是指在分层时,严格控制各控制特性的抽样比例,而且在配额时,也严格规定了各控制特性每一副次母体间的相互交叉关系。如上例,某杂志对读者调查的样本配额,假设抽样数仍为 400 人,考虑收入、年龄及性别三个配额特性。其中各年龄段人数比例从低到高为 4:6:7:3;收入水平分为高、中、低 3 类,从高到低的人数比例为 4:6:10;男女性别人数比例为 1:1。则采用相互控制配额抽样的结果如表 3 – 4 所示。

表 3 – 4 　相互控制配额抽样表 　　　　单位:人

配额数 \\ 收入 \\ 性别 \\ 年龄段	高		中		低		合计
	男	女	男	女	男	女	
18～34	8	8	12	12	20	20	80
35～44	12	12	18	18	30	30	120
45～60	14	14	21	21	35	35	140
60 以上	6	6	9	9	15	15	60
小计	40	40	60	60	100	100	400
总计	80		120		200		

　　采用相互控制配额抽样法把母体划分为 24 个副次母体,其中每个副次母体都有严格的规定,即对抽样配额的交叉控制。例如,第 1 行第 1 列的抽样配额数为 8,表示是高收入层、年龄在 18～34 岁之间的男性顾客;以此类推。

　　相互控制配额抽样的特点是抽样结果的代表性强。因为其对调查母体的分层与配额都严格规定了各层比例及交叉配额控制。由于对母体的各方面都有考虑,并予以指派,从而克服了独立控制配额抽样的缺点,提高了样本代表性,取得的调查结果比较可靠。

　　进行相互控制配额抽样,样本应本着先粗后细、先外后内的原则逐步展开。其工作程序一般分为四个步骤:

　　(1)选择控制特性

　　如上例就是选取年龄、收入、性别三个特征作为分层的标志。

　　(2)确定各控制特性的层次及各层比例

　　在上例中,年龄段分为四层,由低到高各段人数比例为 4:6:7:3;收入水平分三层,高、中、低各层人数比例为 4:6:10;性别特征中,男、女各层人数比例为 1:1。

　　(3)按比例确定各层样本数

　　如上例,高收入层样本数 = 400×4/20 = 80(人),其中男、女各占 40 人;

　　中收入层样本数 = 400×6/20 = 120(人),其中男、女各占 60 人;

　　低收入层样本数 = 400×10/20 = 200(人),其中男、女各占 100 人;

　　(4)样本交叉配额分配

　　样本交叉配额分配即对各副次母体抽取样本数,按相互控制的比例再细化到更小的副次母体中去。比如,高收入层男性样本 40 人按年龄段的比例分别为 8、12、14、6人,以此类推,最后按行、列合计汇总,使行与列的总合计数为 400 人即可。

相互控制配额抽样设定后,按表中规定的样本配额分配给市场调查人员。在配额内,调查人员可以自由选择调查对象。

(四)滚雪球抽样

滚雪球抽样(Snowball sampling)是指先随机选择一些被访者并对其实施访问,再请他们提供另外一些属于所研究目标总体的调查对象,根据所形成的线索选择此后的调查对象。再由这些人提供第三批调查对象,依次类推,样本如同滚雪球般由小变大。例如,要研究退休老人的生活,可以清晨到公园去结识几位散步老人,再通过他们结识其朋友,不用很久,就可以交上一大批老年朋友。但是这种方法偏误也很大,对于那些不好活动、不爱去公园、不爱和别人交往、喜欢一个人在家里活动的老人,调查人员就很难把雪球滚到他们那里去,而他们却代表着另外一种退休后的生活方式。

三、推断总体参数值

统计抽样推断是统计学研究的重要内容,利用样本来推断总体状况的基本原理可以用图 3 - 3 表示。

抽样推断包括两大核心内容:参数估计(Parameter Estimation)和假设检验(Hypothesis Testing)。两者都是根据样本资料并运用科学的统计理论和方法对总体的参数进行推断;参数估计是指对所要研究的总体参数,进行合乎数理逻辑的推断;假设检验则是对提出的关于总体或总体参数的某个陈述进行检验,判断真伪。限于我们所学的知识,下面仅就参数估计作简单的阐述。

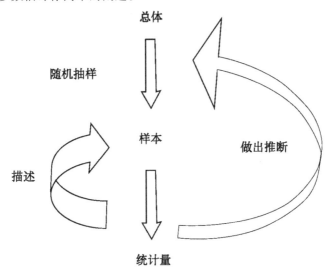

图 3 - 3　抽样推断的基本原理

由图 3 - 3 可以看出,我们是基于样本统计量来对总体情况做出推断,因此,推断的可靠性与准确性与样本统计量有着很大的关系。

统计量是不依赖于任何未知参数的样本的可测函数,是一个随机变量。在由样本信息推断总体信息的时候,往往是通过统计量把样本信息加工浓缩起来,进而解决要研究的问题。样本均值(即样本平均值)$\bar{x}$、样本方差 s^2 和样本标准差 s 是常见的统计量,即我们常用样本均值、样本方差或标准差去推断总体均值、总体方差或标准差。利用样本指标来估计、推断总体指标的方法有点估计和区间估计两种:

(一)点估计

点估计,又称定值估计,就是用实际样本指标数值作为总体参数的估计值。点估计不考虑抽样误差,仅作近似的估计,是一种比较简单而粗糙的估计,只能作为对事物进行大致判断的工具。

例如,某大学开展在校学生年均购书支出调查,该校有在校学生 20 000 人,抽样调查 500 人,得出的样本年平均购书支出为 120 元,我们如果采用点估计,则该校在校学生年平均购书支出为 120 元,该校全体在校学生年购书总支出为 120 × 20000 = 2 400 000(元)。再比如在引入案例中,在盖洛普针对 1936 年美国总统大学进行的调查中,他所调查的 2 000 位选民中有 57% 的选民支持罗斯福,则认为全体美国选民有 57% 的选民支持罗斯福就是点估计。

(二)区间估计

区间估计是在一定的把握程度下,根据抽样指标和抽样误差范围,对总体指标估计值落入的区间范围做出的估计。计算公式为:

$$\bar{x} \pm \Delta_{\bar{x}} ; p \pm \Delta_p$$

上限和下限之间都视为正确的区间值。区间估计分为两种,一是用样本的平均数推算估计总体的平均数;二是用样本的成数推算估计总体的成数。

估计区间又称为置信区间,置信区间越小,说明估计的精度越高,即对未知参数的了解越多、越具体。一般说来,在样本容量一定的前提下,精度与置信度往往是相互矛盾的;若置信水平增加,则置信区间必然增大,降低了精度;若精度提高,则区间缩小,置信水平必然减小。要同时提高估计的置信水平和精度,就要增加样本容量。

还是以本任务的引入案例为例,假设在 2 000 为调查对象中有 57% 的人支持罗斯福,经计算抽样误差为 2%,则采用区间估计,罗斯福的支持率 X 在(57% - 2%,57% + 2%)即(55%,59%)之间。

【项目小结】

抽样调查简称抽查,是指从市场总体中抽取一部分作为样本,对抽取的样本进行调查,并以样本的调查结果推断市场总体状况的一种调查方法。抽样调查的程序包括定义调查总体、选择样本框、选择抽样方法、确定样本容量、抽样实施五个环节。由于需要有数理统计知识,抽样调查是出版物市场调查过程中难度较大的工作,但正是由于有了这一统计学工具,调查才能够做到仅仅通过调查少量的个体,即可推断有关全体的信息,并且准确性很高。这样出版物市场调查才有了推广和应用的基础。

◆核心技能

会根据实际情况及要求选择合适的抽样方法抽取样本。

◆课后自测

一、选择题

1.(　　)是从研究对象的总体中,按照随机原则抽取一部分单位作为样本进行调查,并用对样本调查的结果来推断总体。

　　A.随机调查　　　　B.抽样调查　　　　C.重点调查　　　　D.普查

2.(　　)是指调查总体的每个单位都有同等被抽中或不被抽中的概率,即样本抽取完全是客观的,而不能主观地、有意识的选择样本。

　　A.随机原则　　　　B.客观原则　　　　C.时效性原则　　　　D.全面性原则

3.(　　)是最基本的随机抽样方法,其在抽样之前,对总体单位不进行任何分组、排列等处理,完全按随机原则从总体中抽取样本。

　　A.机械抽样　　　　B.系统抽样　　　　C.类型随机抽样　　　　D.单纯随机抽样

4.(　　)又称分层随机抽样,是先将总体按一定标志分成各种类型;然后,根据各类单位数占总体单位数的比重,确定从各类型中抽取样本单位的数量;最后,按单纯随机抽样,或等距随机抽样从各类型中抽取样本的各单位,最终组成调查总体的样本。

　　A.整群抽样　　　　B.类型随机抽样　　C.任意抽样　　　　D.单纯随机抽样

5.(　　)也称主观抽样,是指在抽样中不将随机性作为抽样原则,而是根据市场调查者的主观分析判断抽取样本。

　　A.整群抽样　　　　B.任意抽样　　　　C.分层随机抽样　　D.简单随机抽样

6.(　　)也被称为判断抽样。

　　A.任意抽样　　　　B.非随机抽样　　　C.滚雪球抽样　　　D.配额抽样

7.(　　)是指按市场调查对象总体单位的某种特征,将总体分为若干类,按一定比例在各类中分配样本单位数额,并按各类数额任意或主观抽样。

　　A.主观抽样　　　　B.任意抽样　　　　C.配额抽样　　　　D.偶遇抽样

二、判断题

1.抽样误差可以消除。　　　　　　　　　　　　　　　　　　　　(　　)

2.由于违反随机原则而造成的误差称为调查误差。　　　　　　　　(　　)

3.抽取的样本数量越多越好。　　　　　　　　　　　　　　　　　(　　)

4.总体变异程度越大,所需的样本量越多。　　　　　　　　　　　(　　)

5.在同样精度要求下,重复抽样所需的样本数量较多。　　　　　　(　　)

三、案例分析

第六次"全国国民阅读调查"成果公布

4月23日是"世界读书日",中国出版科学研究所公布了《全国国民阅读与购买倾向抽样调查报告2008》。从2000年起,至今已持续6次的"全国国民阅读调查",堪称是国民阅读情况的晴雨表。据介绍,本次调查执行样本城市为56个,覆盖了我国29个省、自治区和直辖市。调查的有效样本量增加到25500个,农村样本比例仍为25%。经过加权,可推及全国总人口11.88亿人。

调查数据显示,我国包括在线阅读、手机阅读、手持式阅读器阅读等方式的数字图书阅读开始普及,国民各类数字媒介阅读率为24.5%。在各类阅读媒介中,以"网络在线阅读"排第一(15.8%),其次是通过"手机阅读"(12.7%),另外约有4.2%的人通过PDA、MP4、电子词典阅读,有3.3%的国民通过光盘取读,还有1%的人通过其他手持式电子阅读器等数字方式阅读。全国约有2.8%的成年人只阅读各类数字媒介而不读纸质书。

调查发现,获取便利是国民选择数字阅读的主要原因,比例为60.1%,其次是方便信息检索,比例为30%。

在电子书对传统出版的影响这一问题的调查中,有88.3%的国民表示,阅读过电子书后就不会再购买该书的纸质版。我国国民在付费阅读方式下,能够接受的单本电子书平均价格为2.52元。

此外,本次调查数据显示,我国网民上网从事的活动中,比例最高的是"网上聊天/交友",占65.3%;其次是"阅读新闻",占55.5%;第三位的是"查询各类信息",占45.7%。

调查发现,仅有13.5%的国民通过网络购买出版物,其中图书是通过网络购买最多的,比例为9.3%;其次是软件/游戏光盘。

调查发现,有56.7%的国民表示,价格优惠是他们选择网上购买出版物的主要原因,其次是送货上门,比例为42.2%,选择节省去书店的时间和费用的也占到33.9%。

调查显示,2008年我国成年人图书阅读率为49.3%,相比上一年的48.8%增长了0.5个百分点,增幅为1.02%。成人人均年阅读图书4.72本,相比2007年的4.58本多0.14本。中国出版科学研究所所长郝振省称,本次调查在对18～70周岁成年人进行阅读调查的基础上,首次同步对18周岁以下未成年人的阅读状况进行了调查,18周岁以下未成年人图书阅读率达到81.4%,包括未成年人在内,我国0～70周岁国民图书阅读率达到52.45%。本次调查发现,我国18周岁以下未成年人图书阅读率远远高于成年人,这与家长对孩子的引导和影响有着密切的关系。调查表明,家长"喜欢且经常看书"会直接影响孩子对阅读的喜爱程度,有95.1%的儿童因家长喜欢且经常看书而喜欢读书。而在家长不喜欢看书的家庭中,有23.7%的儿童同样也不喜欢读书。

成年人报纸阅读率为 63.9%，人均年阅读报纸约 88.6 份。其中每年读 200 份以上报纸的读者占 26.9%，不读报纸的人数比例达到 36.0%，呈"两极化"分布。城镇居民和农村居民在杂志阅读方面差异较大，城镇居民人均年阅读杂志约 11.8 本，农村居民人均年阅读杂志约 5.5 本。

其中最受读者欢迎的是文学艺术类杂志，其次是新闻时政、女性家庭情感和医药健康类杂志，再次才是娱乐明星或八卦类杂志，这在纯文学杂志遭遇寒冬之际，无疑是个好消息。

本次调查显示，我国国民对阅读的重要性认知程度较高，69.2% 的被访者认为当今社会阅读是"非常重要"或"比较重要的"，但只有不到四成的国民（38.6%）对自己阅读的情况表示满意，超过六成（61.2%）的人对自己阅读的情况表示不太满意或很不满意。另外，有 65.1% 的人认为自己的阅读数量比较少或很少。只有 6% 的成年人表示自己的身边有读书活动或读书节，有六成以上（63.8%）成年人希望当地有关部门举办读书活动或读书节。

我国国民家庭藏书量平均为 69 本。其中城镇人口家庭平均藏书 94.6 本，农村人口家庭平均藏书 41.5 本。被访者的学历越高，家庭藏书量越大。高年龄人口中家庭藏书量要显著高于低年龄群体中的家庭藏书量。在读者中，对读书的目的选择最多是"增加知识，开阔视野"，选择比例达 62.0%；其次是"打发时间/休闲消遣"，占 42.7%；第三位的是"满足兴趣爱好"，占 39.5%。其图书主要来源于"自费购买"，选择比例达 68.0%；其次是"向他人借阅"，占 51.2%。新华书店仍是我国成年人买书的首选渠道，选择比例达 72.5%；其次为街头书摊，选择比例为 34.1%，选择私营书店为 30.3%，有 5.7% 的成年人习惯网上购书，比上一年度的 3.5% 增长了 2.2 个百分点。

在读者购书过程中，有很多因素影响到最终的购买行为。数据显示，影响购书因素中选择比例最高的是"图书内容简介"，占 50.6%；其次是"熟人推荐"，占 25.4%；"价格"因素排在第 4 位，占 19.5%。调查显示，我国图书读者平均能接受一本 200 页左右的文学类简装书的价格为 11.6 元，相比上一年度的 14.3 元减少了 2.7 元。约有 17.9% 的国民能够接受价格在 21 元以上，另有 6.4% 的国民认为"只要喜欢，多贵都买"。近半数国民（49.2%）认为当前图书价格"比较贵"或"非常贵"，有 31.7% 的人认为"合适"或"比较便宜"。

各类图书中市场占有率最高的是文学类图书，过去一年共有约 1.3 亿人购买过文学类图书，占全体国民的 16.8%，占总图书购买人数的 35.6%；其次为日常生活类图书，市场占有率达 25.0%；排名第三的是经济、管理类图书，市场占有率为 14.7%。

本次调查评出的读者最喜爱的十位作家依次是：金庸、鲁迅、琼瑶、古龙、曹雪芹、郭敬明、老舍、贾平凹、巴金、韩寒。最喜爱的图书前五名依次为：《红楼梦》、《三国演义》、《西游记》、《水浒传》、《钢铁是怎样炼成的》。在历次调查中都榜上有名的金庸，从第四次调查起,已经连续三届成为最受读者喜爱的作家。此次调查显示流行文学势头不减,经典名著长盛不衰,文学大家与文坛新锐各领风骚,国民阅读"多样化"的态势越发显著。

阅读以上资料,回答下面的问题:

1. 你认为这次调查是如何选择样本的?

2. 针对这次调查,你认为提高抽样调查结果的准确性可以从哪些方面着手?

四、计算题

1. 某镇有居民1 000 户,其中高、中、低收入户分别为100 户、400 户、500 户,为了调查该镇居民对某商品的潜在需求量,拟抽取60 户进行调查。已知各类居民户的收入标准差估计值分别为:高收入户1 000 元,中收入户600 元,低收入户300 元。试用分层最佳抽样法确定从各类居民户中抽取的户数。

【单元实训】

实训任务单

任务名称	书店的商圈样本调查选取	
实训情境	小王想开一家个体书店，经过一番考察小王总算是确定了店址。书店的地段不错，交通较为便利，而且也没有其他竞争对手。按照小王的设想，以书店为中心半径 1 000 米范围内的居民为其主要光顾对象，此范围也即为书店的商圈。在书店商圈内，往东 100 米有一所中学，学生人数大约为 3 000 人左右，另外在此范围内还有几个大型小区。除了学生和小区常住居民外，由于书店附近还有一些服装及饰品商店、连锁快餐店便利店和几家单位，因而每天也还有一些流动人口。为了更好地确定书店的经营品种结构，更好地满足潜在购书对象的阅读兴趣，小王决定开展一次调查。现在请帮小王设计一份抽样方案。	
实训目标	知识目标	1.了解抽样调查常用的含义、特点和程序； 2.掌握抽样调查的组织方式——随机抽样和非随机抽样方式； 3.掌握各种抽样方法的含义及特点。
	能力目标	1.能够根据实际情况选择恰当的抽样方法； 2.能够确定合适的随机抽样样本容量； 3.能开展任意抽样、配额抽样等； 4.培养学生专业知识的综合应用能力。
	素养目标	培养学生的团队合作精神。
实施环境	1.满足 50 位同学活动的计算机房 1 间； 2.计算机可以运行 word、excel、ppt、spss 等软件； 3.机房计算机网络通畅。	
实训过程	1.老师提供详细的书店商圈基本情况的有关数据资料； 2.每个小组成员根据资料提出自己认为合适的抽样方法； 3.小组成员经过商讨，确定本小组的抽样方法； 4.小组提交详尽、完整的抽样方案。	
实训成果	每组一份抽样方案设计书。	

【实训评价】

考核要素	评价标准	分值（分）	评分		
			自评（10%）	小组（30%）	教师（60%）
知识掌握	了解抽样的含义；				
	了解抽样方法的分类；				
	掌握各种抽样方法的含义及特点。				
能力训练	抽样设计考虑问题全面；				
	抽样方法的选择科学、合理；				
	方案语言简洁流畅、清楚；				
	方案文档制作清晰、美观。				
素养培养	团队分工合作,工作任务分配合理；				
	服从组长安排,有责任感,按质按量完成任务。				
评价人					
合计					
评语					

教师：
年　　月　　日

设计出版物市场调查问卷

引 言

　　在制订好出版物市场调查方案,并选择了适当的调查方法之后,即将开始资料的收集工作。每一种调查方法的实施都需要借助调查工具,其中最重要的也是大部分调查方法都会使用到的调查工具就是调查问卷。在数据资料收集过程中,问卷起着核心作用,也是影响数据质量的主要因素,即使说调查问卷决定调查的一切都不过分。问卷设计是一种通过经验而获得的技巧,既有许多科学原理在里面,也是一种实践经验的积累。根据实际业务活动顺序,本项目主要介绍出版物市场调查活动操作的第四步:出版物市场调查问卷的制作。包括调查问卷的三个设计步骤:确定问卷所需信息、设计问题与答案和编制问卷。

任务1 确定问卷所需信息

【案例导入】

《楚天金报》读者调查问卷

尊敬的读者朋友：

您好！为进一步提高办报质量，为广大读者提供更多、更好的新闻，湖北省社会科学院和《楚天金报》联合课题组正在全市派出访问员进行读者问卷调查，烦请您在百忙之中参与填答。问卷填写具有匿名性，您不必有任何顾虑，务请实事求是。问卷结构十分简单，只要在每个问题下您选中的答案前的小方框内打"√"即可。请按要求填答，不要遗漏。对您所提供的所有数据，我们都会按国家《保密法》的规定加以保护。为了感谢您的积极参与，访问结束时将送您一件小礼品。除根据抽样规则安排访问员上门访问外，我们还将组织报纸和网上填答。

为了加强读者与编辑部的互动，本次问卷调查还设有四个等级的奖项：特等奖1名，奖励1000元；一等奖2名，各奖励500元；二等奖4名，各奖励300元；三等奖20名，各奖励100元。其中特、一、二等奖由专家评出，三等奖将请读者随机抽取，特、一、二等奖的评选标准为：除认真填答问卷外，还需要对《楚天金报》提出具有建设性和可操作性的书面意见。填完问卷请及时按以下地址邮寄：武汉市武昌区东湖路181号《楚天金报》编委办公室收，邮政编码：430077；网址为金网（www.ctjin.com）。本次问卷调查的答题活动截止日期为2011年12月18日（以邮戳时间为准）。咨询电话：(027)86788888。

湖北省社科院和《楚天金报》联合课题组

第一部分 订阅方式及满意度

1.您订阅《楚天金报》的方式:【单选】

☐家庭订阅

☐单位订阅

☐个人订阅

☐报刊亭浏览

☐临时购买

☐借阅

☐其他

2. 您订阅《楚天金报》的年限:【单选】

　□半年以下

　□半年

　□1 年

　□1 年以上

3. 您订阅《楚天金报》的原因:【单选】

　□在本地区同类报纸中,它的内容更全面、更权威

　□在本地区同类报纸中,它的内容更有吸引力

　□在本地区同类报纸中,它的内容更贴近现实生活

　□在本地区同类报纸中,它的内容更符合读者口味

　□其他

4. 您订阅的《楚天金报》一般传阅给几个人?【单选】

　□1 ~ 2 人

　□3 ~ 4 人

　□5 人以上

　□不传阅

　□自己作为资料保存

5. 您每天阅读《楚天金报》所花的时间为:【单选】

　□10 分钟以下

　□11 ~ 30 分钟

　□30 分钟 ~ 1 小时

　□1 小时以上

6. 您阅读《楚天金报》的目的主要是:【多选】

　□了解本地新闻

　□了解国内外大事

　□了解社会新闻

　□了解职场新闻

　□了解经济生活新闻

　□了解财经证券新闻

　□了解日常服务信息

　□阅读情感新闻

　□娱乐消遣

　□增加知识

☐寻找谈资

☐其他

7. 您对《楚天金报》的总体满意度如何?【单选】

☐很满意

☐比较满意

☐一般

☐不太满意

☐很不满意

8. 您对《楚天金报》的发行投递工作评价如何?【单选】

☐很满意

☐比较满意

☐一般

☐不太满意

☐很不满意

9.【上题填④、⑤两个答案者请填答本题】您对本报发行、投递工作不满意的原因主要是:

☐到报时间较晚

☐服务态度不好

☐经常发生投递差错

☐其他

第二部分　版式和版面

10. 从2011年11月18日起,《楚天金报》实行了改版和扩版,这一变化您注意到了吗?【单选】

☐注意到了

☐感觉有变化,没有太多关注

☐没有感觉有什么变化,因此也没有注意这件事

11. 目前,许多市民报都在尝试扩版,对这种报纸厚报化的倾向您的看法如何?【单选】

☐很赞同

☐比较赞同

☐无所谓

☐不太赞同

☐很不赞同

12. 您认为《楚天金报》的版面数量以多少为合适？【单选】

　　☐32 版　　　　☐40 版　　　　☐48 版　　　　☐48 版以上

13. 如果以 5 分为最高分，1 分为最低分，您对《楚天金报》此次改扩版的效果打几分？【单选】

　　☐5 分　　　　☐4 分　　　　☐3 分　　　　☐2 分　　　　☐1 分

14. 您认为今后《楚天金报》版面及内容的安排应该如何设置？【多选】

　　☐保持现有版面数量比例不变

　　☐增加新闻版，减少专刊副刊版

　　☐增加专刊副刊版，减少新闻版

　　☐加强对新闻的深度报道和策划报道

　　☐加强图片新闻报道

　　☐加强特色新闻报道

15. 市民类报纸应当十分注重版式的设计组合，您对此次改版后《楚天金报》色调/字体/图文等的总体协调状况评价如何？【4 个小题都要做，每小题只选 1 个方框】

	很好	比较好	一般	不太好	很不好
①色调搭配	☐	☐	☐	☐	☐
②字体大小	☐	☐	☐	☐	☐
③版式布局	☐	☐	☐	☐	☐
④图文组合	☐	☐	☐	☐	☐

16. 如果用大气/清秀/庄重/活泼等关键词来形容《楚天金报》现在的版式设计，以 5 分为最高分，以 0 分为最低分，您分别给它们打几分？【4 个小题都要做，每小题只选 1 个方框】

	5分	4分	3分	2分	1分	0分
①版式大气	☐	☐	☐	☐	☐	☐
②版式清秀	☐	☐	☐	☐	☐	☐
③版式庄重	☐	☐	☐	☐	☐	☐
④版式活泼	☐	☐	☐	☐	☐	☐

第三部分　选择与评价

17. 改版后的《楚天金报》开设了六大类新闻板块，从这几周发行的报纸内容看，您认为做得最好的是哪个板块？（限选 3 项）

　　☐要闻板块

□社会新闻板块

□经济新闻板块

□人文新闻板块

□时事新闻板块

□娱体新闻板块

18.您对改版后的上述各版面的满意度如何?【6个小题都要做,每小题只选1个方框】

	很满意	比较满意	一般	不太满意	很不满意
①要闻板块	□	□	□	□	□
②社会新闻板块	□	□	□	□	□
③经济新闻板块	□	□	□	□	□
④人文新闻板块	□	□	□	□	□
⑤时事新闻板块	□	□	□	□	□
⑥娱体新闻板块	□	□	□	□	□

19.请您对改版后的要闻板块各版面兴趣度、满意度分别打分:【以5分为最高分,1分为最低分;请注意,兴趣度是说该栏目的设置是否反映了您的关注点和需求点,满意度是说您对该栏目开办好坏的评价】

	兴趣度	满意度
①要闻·导读	5 4 3 2 1	5 4 3 2 1
②要闻·今日要点	5 4 3 2 1	5 4 3 2 1
③要闻·今日视点	5 4 3 2 1	5 4 3 2 1
④要闻·今日热点	5 4 3 2 1	5 4 3 2 1
⑤要闻·今日冰点	5 4 3 2 1	5 4 3 2 1
⑥要闻·今日评点	5 4 3 2 1	5 4 3 2 1

20.根据第19题的要求,请您对改版后的社会新闻板块各版面兴趣度、满意度分别打分:

	兴趣度	满意度
①社会·我在现场	5 4 3 2 1	5 4 3 2 1
②社会·记者出击	5 4 3 2 1	5 4 3 2 1
③社会·爱心援助	5 4 3 2 1	5 4 3 2 1
④社会·大城小巷	5 4 3 2 1	5 4 3 2 1
⑤社会·法治传真	5 4 3 2 1	5 4 3 2 1
⑥社会·健康是福	5 4 3 2 1	5 4 3 2 1

⑦社会·荆楚扫描　5 4 3 2 1　　5 4 3 2 1

21.根据第19题的要求,请您对改版后的经济新闻板块各版面兴趣度、满意度分别打分:

	兴趣度	满意度
①经济·经济观察	5 4 3 2 1	5 4 3 2 1
②经济·都市民生	5 4 3 2 1	5 4 3 2 1
③经济·生活情报	5 4 3 2 1	5 4 3 2 1
④经济·产经财经	5 4 3 2 1	5 4 3 2 1
⑤经济·生财有道	5 4 3 2 1	5 4 3 2 1
⑥经济·证券速递	5 4 3 2 1	5 4 3 2 1

22.根据第19题的要求,请您对改版后的人文新闻板块各版面兴趣度、满意度分别打分:

	兴趣度	满意度
①人文·教育在线	5 4 3 2 1	5 4 3 2 1
②人文·高校风华	5 4 3 2 1	5 4 3 2 1
③人文·阳光白领	5 4 3 2 1	5 4 3 2 1
④人文·百味人生	5 4 3 2 1	5 4 3 2 1
⑤人文·心灵百度	5 4 3 2 1	5 4 3 2 1
⑥人文·流行杂志	5 4 3 2 1	5 4 3 2 1

23.根据第19题的要求,请您对改版后的时事新闻板块各版面兴趣度、满意度分别打分:

	兴趣度	满意度
①时事·速读中国	5 4 3 2 1	5 4 3 2 1
②时事·聚焦中国	5 4 3 2 1	5 4 3 2 1
③时事·情感中国	5 4 3 2 1	5 4 3 2 1
④时事·故事中国	5 4 3 2 1	5 4 3 2 1
⑤时事·神州万象	5 4 3 2 1	5 4 3 2 1
⑥时事·环球点睛	5 4 3 2 1	5 4 3 2 1
⑦时事·环球纵深	5 4 3 2 1	5 4 3 2 1

24.根据第19题的要求,请您对改版后的娱体新闻板块各版面兴趣度、满意度分别打分:

	兴趣度	满意度
①娱体·绿茵风云	5 4 3 2 1	5 4 3 2 1

②娱体·竞技看台　5 4 3 2 1　　5 4 3 2 1

③娱体·拍客地带　5 4 3 2 1　　5 4 3 2 1

④娱体·文化守望　5 4 3 2 1　　5 4 3 2 1

⑤娱体·影视部落　5 4 3 2 1　　5 4 3 2 1

⑥娱体·演艺空间　5 4 3 2 1　　5 4 3 2 1

⑦娱体·星闻中心　5 4 3 2 1　　5 4 3 2 1

⑧娱体·文艺热事　5 4 3 2 1　　5 4 3 2 1

25. 在《楚天金报》设置的以下金刊中,您最喜欢阅读的是:【单选】

☐情感金刊

☐教育金刊

☐健康金刊

☐读吧金刊

☐证券金刊

第四部分　回顾与评价

26. 您对改版后《楚天金报》新闻内容的评价如何?【单选】

☐很满意

☐比较满意

☐一般

☐不太满意

☐很不满意

27. 您对改版后《楚天金报》新闻标题的评价如何?【单选】

☐很满意

☐比较满意

☐一般

☐不太满意

☐很不满意

28. 您对改版后《楚天金报》图片的评价如何?【单选】

☐很满意

☐比较满意

☐一般

☐不太满意

☐很不满意

29. 您认为《楚天金报》哪些板块或金刊正在成为有特色的品牌?【多选】

□要闻板块

□社会新闻板块

□经济新闻板块

□人文新闻板块

□时事新闻板块

□娱体新闻板版

□情感金刊

□教育金刊

□读吧金刊

□健康金刊

30. 在过去的 10 年中,《楚天金报》推出过数十次弘扬主旋律的大型主题策划报道和活动,在下列主题报道中,您阅读过的有哪些? 印象最好的是哪些?【限选 5 项】

	阅读过	印象最好
①将军本色·先进性楷模大型系列报道	□	□
②明荣知耻·英模风范大型系列报道	□	□
③讲正气树新风为人民·公仆情怀大型系列报道	□	□
④改革开放 30 年·时代标杆大型系列报道	□	□
⑤荆楚万人祭奠开国先烈大型系列报道	□	□
⑥湖北十大金嗓、十大金曲评选活动	□	□
⑦辉煌荆楚 60 名片推评活动	□	□
⑧湖北省四大"红色经典"推评	□	□
⑨罗田英雄父子报道	□	□

31. 在过去的 10 年中,《楚天金报》注重强化深度报道,对下面列出的主题报道,您阅读过的有哪些? 印象最深的是哪些?【限选 5 项】

	阅读过	印象最好
①告诉你一个文化武汉	□	□
②赴沿海看求职	□	□
③让市民放心过早	□	□
④老字号突围	□	□
⑤鄂商群英闯京城	□	□
⑥抗击冰雪灾害	□	□
⑦情系汶川地震	□	□

⑧"神七"飞天　　　☐　　　　☐

32.10 年来,《楚天金报》坚持将社会责任打造为媒体品牌的第一竞争力,先后推出 70 多种、近千次各类公益活动,对下面列出的公益活动,您印象最好的是哪些?【限选 5 项】

	参加过	印象最好
①金报周末晚会	☐	☐
②社区对话	☐	☐
③为特困家庭送清凉	☐	☐
④湖北金报时尚文化节	☐	☐
⑤情定漂流瓶	☐	☐
⑥金报周末义工队	☐	☐
⑦爱心自驾乡村行	☐	☐
⑧情感课堂	☐	☐
⑨荆楚责任企业荣耀榜	☐	☐

33.《楚天金报》以负责、实用、好看为办报理念,如果以 5 分为最高分,1 分为最低分,您为这一理念的实行效果打几分?【单选】

☐5 分　☐4 分　☐3 分　☐2 分　☐1 分

34.10 年来,《楚天金报》提出并实施了"四个创新"的发展举措,根据您的感受,您认为每个创新的效果如何?

	很好	较好	一般	较差	很差
①办报理念创新	☐	☐	☐	☐	☐
②新闻策划创新	☐	☐	☐	☐	☐
③公益活动创新	☐	☐	☐	☐	☐
④骨干品牌创新	☐	☐	☐	☐	☐

35.为了更好地服务读者,您认为《楚天金报》应当扩大哪些日常新闻版?【多选】

☐国际国内时政要闻

☐社会新闻版

☐经济新闻版

☐言论评论版

☐娱体新闻版

☐人文新闻版

☐其他

第五部分 信息与关注

36. 您希望从本报经济生活板块中获取哪方面的信息?【多选】

　　□最新市场动态

　　□日常生活信息

　　□深度经济分析

　　□经济生活趣闻

　　□其他

37. 您怎样看待体育彩票/福利彩票/足球彩票/股市信息和基金信息?【5个小题都要做,每小题只选1个方框】

	很感兴趣	比较感兴趣	无所谓	不太感兴趣	很不感兴趣
①体育彩票	□	□	□	□	□
②福利彩票	□	□	□	□	□
③足球彩票	□	□	□	□	□
④股市信息	□	□	□	□	□
⑤基金信息	□	□	□	□	□

38. 在《楚天金报》上,从目前的报道内容看,您认为还应当增加哪些地区的有关报道?【多选】

　　□武汉地区

　　□省内其他地区

　　□国内其他省区

　　□京津沪渝四个直辖市

　　□沿海开发开放地区

　　□发达国家和地区

　　□发展中国家和地区

　　□其他

39. 在了解上述地区的报道时,您更关注哪些方面的内容?【多选】

　　□时政要闻

　　□经济信息

　　□社会发展

　　□市场变化

　　□体育文艺

　　□医疗卫生

　　□教育事业

□劳动保障

□大案要案

□其他

40. 在湖北省内发行的市民报中，您更喜欢哪种报纸？【单选】

□楚天都市报

□楚天金报

□武汉晚报

□武汉晨报

□长江商报

□其他

41. 在《楚天金报》上，您经常阅读哪些广告？【多选】

□资讯广告

□分类广告

□知名品牌广告

□手机和电信广告

□家用电器和电脑广告

□房地产广告

□汽车广告

□旅游广告

□药品和医疗广告

□美容和化妆品广告

42. 您对《楚天金报》版面设置及改版还有哪些意见和建议，请填写在下面的横线上：

_____

第六部分 您的个人信息

43. 您的性别：

①□男　②□女

44. 您的年龄：

①□20 岁及以下　②□21～35 岁　③□36～55 岁　④□56 岁及以上

45. 您的学历：

①□初中及以下　②□高中/中专　③□大专　④□本科　⑤□研究生

46. 您的职业：

　　□党政机关人员

　　□各类专业技术人员

　　□企业管理人员

　　□企业生产人员

　　□自由职业者

　　□私营企业主

　　□个体工商户

　　□农民

　　□学生

　　□失业人员

　　□军人

　　□其他

47. 您的月收入：

　　①□1000 元及以下　②□1001～3000 元③□3001～5000 元　④□5001～8000 元

　　⑤□8001 元及以上

●请留下您的通讯地址：

　　_____ 区_____ 街_____ 社区(小区)_____ 栋_____ 号_____ 室

●请留下您的联系方式(手机或座机)：_____，以便获奖后和您联系。

【内容解析】

　　问卷是指调查者事先根据调查的目的和要求所设计的，由一系列问题、说明以及备选答案组成的调查项目表格，所以又称调查表。问卷调查中，调查者依据心理学原理，将精心设计的各种问题全部以询问的形式在问卷中列出来，许多问题还给出了多种可能的答案，供被调查者选择。这种方式有助于被调查者及时、准确地获取调查内容，领会调查意图，从而能提高调查的系统性和准确性。

　　设计问卷是一个系统的过程，设计者要根据调查目的构思各种问题的形式，考虑能描述所调查事项的一系列特征，对各种问题的措辞仔细进行推敲。因此，在制作调查问卷之前，调查人员必须将调查内容可能涉及的方方面面列出一个提纲，扎扎实实地为设计一份合格的问卷做好每一步工作。在问卷设计过程中必须遵循一个符合逻辑的程序，这样才能设计出一份好的问卷。

　　问卷设计首先要做的工作就是确定问卷的整体布局，然后根据调查目标确定在问卷中使用什么样的问题类型。

一、确定调查所需信息

确定调查所需信息是问卷设计的前提。调查者必须在问卷设计之前就弄清楚为达到研究目的和验证研究假设所需要的全部信息，并决定所有用于分析使用这些信息的方法，比如频率分布、统计检验等，按这些分析方法所要求的形式来收集资料，把握信息。这一阶段的工作与确定出版物市场调查目标的工作是密切相关的。

做好这一阶段的工作，需要注意以下几个问题：

（一）问卷内容应与委托方的需求相一致

有的时候，委托方可能自己都不清楚通过调查要获得哪些信息。例如，在某次关于某类报纸广告效果调查之前，委托方只是说想了解该类广告的影响效果，再深入说了解什么就不是很清楚了。如果仅仅根据这些就确定问卷内容，结果往往就很难满足委托方的真正需求。因此调查者应该在调查工作开展之前，积极与委托方进行沟通，深入了解其真正意图，这样才可能设计出充分满足委托方意图的问卷。

（二）正确把握调查的主题

要把握主题，深入研究具体需要哪些信息，提出正确的理论假设。与分析人员交流要得到这些信息，需要分析哪些问题，涉及哪些变量，只有这样，最终确定的问卷才能符合调查目的。

（三）确保信息的完整

反复检查或通过预调查分析有无遗漏的重要信息，确保调查所需信息的完整性，满足委托方的需要。

（四）重视获取信息的可行性分析

实践中，问卷设计者可能会忽略信息的可行性分析。例如某数字出版企业为了解竞争对手的实力和销售情况，决定对其进行调查。调查者和问卷设计者对所要了解的信息都明确，但是直到调查实施阶段才意识到要了解的许多信息都属于商业秘密，不易获知，不应列入问卷，结果不仅调查无法进行下去，还使调查对象对调查产生了敌意。

（五）信息一定要精练

委托人可能希望通过一次调查能尽可能多地获取市场信息，基于这种想法，有些调查者将一些与调查目的关系很小甚至无关的问题都列入问卷，结果问卷涵盖内容太广、拖沓冗长、结构松散，增加了调查难度，提高了调查成本，调查误差也会随之增加。因此，在确定所需获得的信息时，应全部剔除与调查目的无关的问题。

二、问卷的基本结构

问卷的基本结构一般包括标题、问卷说明、指导语、问卷主体（包括被调查者的基本情况和调查主体内容)、编码和其他资料。其中调查内容是问卷的核心部分,是每一份问卷都必不可少的内容,而其他部分则根据具体情况可取可舍。

(一)标题

问卷的标题是概括说明调查研究主题,使被调查者对其需要回答的问题有一个大致的了解。确定标题应简明扼要,易于引起被调查者的兴趣。

(二)问卷说明

问卷说明主要包括问候语及问卷填写说明,其作用是向被调查者解释和说明调查目的以及有关事项,以争取被调查者的信任,获得积极的支持和配合。说明语言要简明、诚恳,篇幅不要太长,以两三百字为宜。为了说明和解释有关调查的一切情况,在封面语言中,一般需要说明以下内容:

1.主办调查的单位、组织或个人的身份,也就是说明调查者是谁。

2.调查的内容,即调查什么。调查内容的说明要体现一致性和概括性。

3.进行本次调查的研究目的和重要性,即为什么调查。目的叙述合理得当,有利于调动被调查者配合的积极性。要尽可能说明调查对整个社会、对包括被调查者在内的普通大众的现实意义。如"我们这次调查的目的,是要了解学生在借阅图书中遇到的问题,以便为政府解决图书借阅问题提供依据,进一步改善和提高图书借阅使用效率。

4.对调查资料的保密措施。说明调查结果的保密性能减缓和消除被调查者的疑虑和戒心。

5.说明调查对象的积极配合对调查质量的作用。说明的语气要诚恳,使被调查者体会到自己的态度对调查的影响。

6.感谢。通常还把对调查者的真诚感谢写进封面语中。

◇案例4.1

关于消费者传统出版物消费状况的调查问卷

尊敬的先生/女士:

您好!

我们是南京××高校的大学生,我们正在进行关于消费者购买传统出版物情况的调查。我们希望通过了解您对传统出版物的购买状况,以预测未来传统出版物的发展前景。

本次调查只供研究之用,不需要署名,希望您不要有任何顾虑,根据真实想法作答,访问大约15分钟,访问结束后我们将赠送您一份精美的小礼品以示感谢。

我们将对您的个人信息严格保密,再次感谢您的合作!

×××大学2008级博士研究生×××

2009年11月

（三）指导语

指导语就是用来提示被调查者如何正确填写问卷或指导访问员正确完成问卷调查工作的解释和说明。

◇案例4.2

填写说明

1.本问卷每页右边的数码及短横线是供计算机使用,您不必填写。

2.请在下面每一个所给的备选答案中选择符合您的情况或您同意的答案,并在所选答案前的"（　）"内打"√"。

3.若无特殊说明,每一个问题只能选择一个答案;若要求选择多项答案,请按题后说明填写。

4.如果所列问题答案不适合您的情况,请在问题下的空白处填写您的具体情况。

5.请您按自己的实际情况填写,请不要与他人商量。

（四）调查主体内容

问卷的主体即问卷的正文,包括各类问题与答案。它们是问卷的中心部分,也是获得所需信息的关键部分。

（五）编码

编码一般用于大规模的问卷调查中,就是在问卷设计的同时设计好每一个问题及答案的数字代码,并印制在问卷上。

（六）其他资料

除上述部分外,问卷还包括一些有关资料,例如问卷发放和回收日期,以及调查员编号等。

三、调查问卷的类型

调查者所需要的信息要通过适当的问卷来获得,如果选择的问卷类型不恰当,会引起很多不良后果,增加调查误差。不同时间、不同地点、不同的调查对象,都会影响问卷类型的选择。

（一）自填式问卷和代填式问卷

自填式问卷是指向被调查者发放,并由被调查者自己填写答案的问卷。这种问卷适合于在面谈调查、邮寄调查、网络调查及媒体发放的问卷调查时使用。

代填式问卷是指向被调查者进行询问,由调查人员根据被调查者的回答代为填写答案的问卷。这种问卷适合于在面调查、座谈会调查和电话调查中采用。

（二）结构式问卷和无结构式问卷

结构式问卷又称封闭式问卷，是指问卷中不仅设计了各种问题，还事先设计出一系列各种可能的答案，让被调查者按要求从中进行选择。这种问卷适合于规模较大的调查。

无结构式问卷又称开放式问卷，是指问卷中只设计了询问的问题，不设置固定的答案，被调查者可以自由地用自己的语言来回答和解释有关想法。

（三）传统问卷与网络问卷

传统问卷是指目前在一些传统方式（如面访调查、邮寄调查、电话及媒体刊载问卷）进行的调查中仍在大量使用的纸质问卷。

网络问卷是指随着电子计算机和互联网技术的发展而出现的，网上调查使用的无纸化问卷。

任务2　问题与答案的设计

【案例导入】

上海九久读书人网站图书阅读与购买调查问卷

女士/先生：

您好！感谢您抽出宝贵的时间帮我们填写这份调查问卷。此次问卷的目的是想调查您对图书阅读与购买的看法，您的观点对我们很重要，能够帮助我们改善产品，为您提供更好的产品和服务。所有调查问卷的信息只供研究之用，不会公开。感谢您的配合！

1. 您的性别：

①□男　②□女

2. 您的年龄：

①□8岁及以下　②□8～13岁　③□14～17岁　④□18～25　⑤□25～35岁

⑥□36～55岁　⑦□55岁以上

3. 您目前的月收入：

①□2000元以下　②□2001～3000元　③□3001～5000元　④□5001～8000

元　⑤□8001～12000元　⑥□12000元以上

4. 您的学历：

①□小学及以下　②□初中　③□高中/中专　④□大专　⑤□本科　⑥□研究

生及以上

5. 您最喜欢什么类型的图书？

□小说、传记

□励志成功

□文艺、生活、时尚

□经济管理

□人文社科

□科技类

□教材教辅

□工具书

☐外文原版书

6. 您每天大约花多长时间读书(不包括阅读教材教辅的时间)?

☐没有读书时间

☐半小时以内

☐0.5～1小时

☐1～2小时

☐2～3小时

☐3小时以上

7. 您每月的购书金额:

☐不买图书

☐50元以下

☐50～100元

☐101～300元

☐301～500元

☐501～1000元

☐1000元以上

8. 您购买图书的主要渠道是:

☐新华书店

☐网上书店

☐民营书店、独立书店

☐个体书店或街道卖书小车

☐学校购书

☐其他

9. 您购书的最大影响因素是什么?

☐内容是否喜欢

☐价格是否接受

☐图书是否畅销

☐装帧是否精美

☐作者是否有名

☐购买是否方便

10. 您是否通过网络购书?

☐是　☐否

第10题回答"是"请继续作答11-13题,回答"否"请直接跳至14题。

11. 当您选择在网上购买图书时,您经常选择哪些网站?【答案可多选】

☐淘宝网

☐当当网

☐卓越亚马逊

☐上海九久读书人网站

☐文轩网

☐中国读书网

☐京东商城

☐苏宁易购

12. 您最看重网络购书的哪些特点?

☐品种丰富

☐折扣优惠

☐购买方便

☐送货到门速度快

☐售后服务好

13 在网络购书时,您最喜欢哪种促销方式?

☐满多少减多少

☐直接打折

☐满额赠券

☐礼品赠送

☐其他

14. 您了解上海九久读书人网站及其出版的图书吗?

☐了解大部分九久读书人出版的图书且在该网站上进行过购物

☐了解其出版的图书但未在该网站上进行购物

☐只听说过其出版的图书但是未听说过其网站

☐没有听说过其图书,完全不了解

15. 您是从什么渠道了解到"上海九久读书人"的?

☐亲友推荐

☐图书里面的书签推荐

☐平面媒体(包括报刊杂志、公交地铁站牌等平面广告)

☐网络媒体

☐其他

16. 您对上海九久读书人的图书满意吗?

非常不满意 ○1　○2　○3　○4　○5　○6　○7　○8　○9　○10　非常满意

17. 如果您购买过上海久久读书人网站的图书,请针对下列要素打分:

　①题材不丰富　　○1 ○2 ○3 ○4 ○5 ○6 ○7 ○8 ○9 ○10　　题材丰富

　②内容垃圾　　　○1 ○2 ○3 ○4 ○5 ○6 ○7 ○8 ○9 ○10　　内容选择过关

　③定价高　　　　○1 ○2 ○3 ○4 ○5 ○6 ○7 ○8 ○9 ○10　　定价合适

　④购买流程繁琐　○1 ○2 ○3 ○4 ○5 ○6 ○7 ○8 ○9 ○10　　购买方便

　⑤市场活动不好　○1 ○2 ○3 ○4 ○5 ○6 ○7 ○8 ○9 ○10　　市场活动好

18. 您认为上海九久读书人网站还存在哪些问题?

_____

_____

【内容解析】

出版物市场调查问卷由许多问题与答案组成,制作调查问卷的首要工作是设计问题,市场调查人员必须根据调查目标要求先设计出相应的问题,再根据信息需求,设计出相应的答案。不论是问题的设计,还是答案的设计,都应该遵循一定的原则。

一、问卷设计应遵循的原则

(一)准确性原则

准确性原则是指问卷中的问题和答案要与调查的目标和内容相互吻合,不能离题太远;同时,调查的问题和答案要含义清楚、明确,不能似是而非。如果问句偏离了调查的目标和内容,会降低所收集资料的价值、增加数据处理的难度,会使调查结果产生较大的偏差。

(二)完备性原则

完备性原则是指设计的问句应包含所有可能的备选答案,不能有遗漏,这在多项选择和排序法中非常重要。为了防止出现答案不全的情况,通常会在答案的最后一栏列出"其他(请说明)"选项,以穷尽所有的答案。但需要注意,"其他"所包含的不应是普遍性的情况,如果选择的人过多,则说明问卷的设计有问题,应对答案选项进行修改。

(三)互斥性原则

互斥性原则是指问句中所列出的答案应互不相容,不能有交叉和重复。这种错误在调查职业、籍贯等问题时经常遇到,如答案设计中有商业人员和销售员、知识分子和教师,这会导致被调查者做出重复的选择,不利于后期资料的统计处理,也会影响调查的效果。因此,在对备选答案进行分类时,调查者切记按同一口径和标准分类,要使答案互斥和无重复。

（四）精简性原则

精简性原则是指问卷中所设计的问题和答案要尽量少而精,不能拖得太长。问卷设计过长不仅会增加调查的成本,而且会引起较多人拒绝访问,降低问卷的回收率。同时,问题和答案过长,有时会使被调查者感到厌烦而胡乱做答,增加问卷的差错率。所以,问卷和问句的长度只要能保证收集到重要的资料就可以了,内容不一定要面面俱到。

二、决定问题的类型

根据问题的作答方式,可以将调查问题划分为封闭型一份调查问卷的完成时间最好控制在30分钟以内。问题、开放型问题和混合型问题。开放型问题是一种自由作答的问题,对答案没有限制。封闭型问题根据备选答案的提供方式可分为单选题、多选题、判断题、排序或赋值题等。

（一）单选题:要求从备选答案中选择唯一答案的题目。

例如:

你的受教育程度是:(　　　)

A. 中专以下　　B. 中专　　C. 大专　　D. 本科　　E. 本科以上

（二）多选题:答案不限,可以从备选答案中选择两个及以上的答案。

例如:

您所在的出版机构中,开展了如下哪些形态的数字出版业务:(　　　)

A. 光盘和其他电子出版物

B. 基于互联网的电子书/报/刊

C. 数据库出版

D. 基于电子阅读器、平板电脑等终端的电子书/报/刊

F. 基于手机的数字出版物

G. 按需出版

（三）填入式问题:一般针对只有唯一答案的问题。

例如:

关于出版单位基本情况的调查问卷

单位名称:_____

通讯地址:_____　邮政编码:_____

职工人数:_____　年出版图书种数:_____

（四）对错判断题:要求被调查者判断正误的题目。

例如:

请针对下面关于传统出版物的观点,在你认为正确的选项前划"√",相反划"×"。

（　　）1.传统出版物的价格便宜。

（　　）2.传统出版物对眼睛辐射较轻。

（　　）3.传统出版物能长久保存。

（　　）4.阅读习惯对购买传统出版物影响很大

（五）排序或赋值题:要求被调查者将所给答案按一定的顺序排序或者赋值;有的已经给好了几个程度（或几个隐含的编码值）,直接要求被调查者从这几个程度中选择。

例如:

对于出版机构的数字化转型,请您为以下几项的重要性赋值:

	1	2	3	4	5
1.内容资源	○	○	○	○	○
2.版权保护	○	○	○	○	○
3.技术开发	○	○	○	○	○
4.数字资产管理	○	○	○	○	○
5.产品和平台	○	○	○	○	○
6.盈利模式	○	○	○	○	○

（六）矩阵式问题:将若干同类问题及几组答案集中在一起排列成一个矩阵,由被调查者按照要求选择答案。

例如:

您在××图书卖场购书时,是否存在下列现象? 存在程度如何?（请在相应的表格内打"√"）

现象＼程度	经常存在	偶尔存在	不存在	没注意	不想回答
1.导购员态度不好 2.卖场过于拥挤 3.卖场环境喧器 4.等候结账时间过长					

三、决定问题的用词

不管设计什么样的问题,采用什么样的询问技术,最终都会归结到问题的措辞上。从语言文字表述来讲,问题的设计又有以下各种要求。

（一）避免提一般性和不具体的问题

例如:您对某书店的印象如何?

分析提示:这样的问题过于笼统,让被调查者不知从哪个方面回答问题,很难达到预期效果,可具体问:"您认为某书店书籍品种是否齐全、营业时间是否恰当、服务态度怎样?"

（二）避免使用专业性太强的词语

例如:某 VCD 光盘生产厂家针对市场潜力派人员进行访问调查,询问:请问您是否使用过 VCD 2.0 版本技术?

□使用过　　□没有使用过　　□不知道

分析提示:因为不知道什么是 2.0 版本技术,有些被调查者可能已使用过却选择了"没有使用过",所得的结果显然有误差。此外,即使对于专业术语或日常用语,不同人的理解也可能不同。

（三）避免用含糊不清的句子

例如:请您估计一下,您平均一个月在音像制品上花多少元钱?

分析提示:这里的"音像制品"虽然是常用词语,但是如果不对音像制品范围进行划定,被调查者对其所含物品种类的理解就会存在区别。有些人可能认为是磁带、录像带等。还有,这里的"花多少元钱",可以指购买,也可以指租借,不同人的理解显然也是不同的。

（四）避免提有双重或多重含义的问题

例如:当您看到杂志上的广告较多时或杂志版面设计很花哨时您会购买这本杂志吗?

□会　　□不会

分析提示:"杂志上的广告较多"和"杂志版面设计很花哨"是两个问题,不能用一个答案来回答。

（五）避免提有倾向性的问题

例如:加入 WTO 之后我国的书报刊产品市场会逐步走向规范化,是吗?

分析提示:问题中出现了结论性和断定性的词语和句子,这是不利于被调查者作答的,会影响被调查者的思维。

例如:你在杂志上看过哪些公益广告?例如关于保护环境的广告。

分析提示:提问时不要举例子,否则会让被调查者产生思维定势。

例如：很多人都说广告给生活带来了方便，你是怎么评价广告的？

分析提示：要注意避免问题的从众效应和权威效应，因此要避免出现"很多人都认为……"或"专家说……"。

（六）避免用否定的形式提问

例如：你不认为我国的青春文学类图书质量需要大幅度提高吗？

分析提示：不要用反问形式提问，因为其不仅带有倾向性而且在语气上加重了这种倾向性。

四、设计问题的答案

在问卷调查实践中，无论哪种问题类型，都要进行答案设计，尤其是封闭性问题，必须进行全面、系统、详尽的设计，才可以将调查内容信息准确地传输给被调查者，取得对方的充分合作，使其不带偏见地去回答有关问题。一般常用的答案可以这样操作。

（一）设计两项选择答案

所谓两项选择法也称是非法，是指所提出的问题只有两种对立的答案可供选择，被调查者只能从两个答案中选择一项。

例如：请问您有没有购买过接力出版社的图书？

□有　　　　　　　　□没有

两项选择的回答项目非此即彼，简单明了。

（二）设计多项选择答案

多项选择问题是指有些问题是为了使被调查者完全表达要求、意愿，需采用多项选择法，在所提出的问题中有两个以上的答案，让被调查者在其中进行选择。

例如：您自费购买或订阅一份报纸时考虑的主要因素是：（限选 3 项）

□订报方便手续简便　　　　□报纸价格合理　　　　□报纸能及时收到

□报纸内容丰富，信息量大　　□报纸内容紧扣社会热点，新闻性强，有深度

□报纸贴近生活、实用性强　　□报纸内容重要、大事报道多，有保存价值

□报纸内容能反映群众的呼声和意见

（三）设计顺序答案

所谓顺序法又称排序法，是指提出的问题有两个以上的答案，由被调查者按重要程度进行顺序排列的一种方法。在调查实践中，顺序法主要有两种：有限顺序和无限顺序。

1. 有限顺序

例如：请按重要程度排列出你在购买图书时考虑的前三位的影响因素：（　　）

□价格　□包装　□作者　□图书内容　□他人推荐　□出版社　□其他

2. 无限顺序

例如:请按重要程度排列出你在购买图书时考虑的影响因素:(　　　)

□价格　□包装　□作者　□图书内容　□他人推荐　□出版社　□其他

五、问题的编排

市场调查人员将问卷的问题和答案设计好之后,并不是将其随意地编排在一起就成为一份完整的问卷,而应该依据一定的心理学原理和难易顺序对问题进行排列。从问卷的整体结构来讲,问卷中每一部分的位置都具有一定的逻辑性。

心理学研究表明,问题排列的前、后顺序有可能影响被调查者的情绪。同样的题目,安排得合理、恰当,有利于有效地获得资料。编排不妥当,可能会影响被调查者做答,影响问卷的回收效率,甚至影响调查结果。在设计问卷时,应站在被调查者的角度,顺应被调查者的思维习惯,使问卷容易回答。

(一)问题编排的一般原则

1. 问卷中问题的排序应注意逻辑性

问题的编排应该注意尽量符合人们的思维习惯,这样可能使调查有一个良好的开端。如果未仔细考虑,问题排序杂乱无章,让人思维空间变幻过快,心理上会产生明显的反差,这就会影响被调查者回答问题的意愿,不利于其对问题的回答。所以,一般当面访问时,开头应采用简单的开放式问题,先营造一个轻松、和谐的谈话氛围,使后面的调查能够顺利进行。采用书面调查时,开头应是容易回答的、具有趣味性的一般性问题,需要思考的核心调查内容放在中间部分,专门或特殊的问题放在最后。

2. 问卷中问题的排序应该先易后难

一般性问题的可最先出现,然后再问具体问题。即将容易回答的问题放在前面,难以回答的问题放在后面,问卷的前几道题容易作答能够减少被调查者的反感情绪,提高其积极性,有利于建立一种融洽关系。如果一开始就让他们感到费力,容易使他们对完成问卷失去兴趣。

一般对公开的事实或状态的描述简单一些,因此放在问卷的较前面位置,而对问题的看法、意见等需要动脑筋思考的问题,应放在问卷稍后一点的位置。

从时间的角度来考虑,最近发生的事情容易回想,便于做答,因此放在问卷前面一点的位置。过去发生的事情,由于记忆容易受到干扰,不容易回想,因此放在问卷较后一点的位置。

3. 一些特殊问题置于问卷的最后

许多特殊问题如收入、婚姻状况、政治信仰等一般放在问卷的后面,因为这类问题非常容易遭到被调查者的拒答,从而影响回答的连续性。如果将这类问题放到最后,即使这些问题被拒答,其他的前面问题的回答资料仍有分析的价值。并且,此时应答者与访问者之间已经建立了融洽的关系,被调查者的警惕性降低,有助于提高回答率,从而增加了获得回答的可能性。

复杂的开放性问题一般需要较长的时间来回答,通常情况下,被调查者是不愿意花太多的时间来完成一份问卷的。如果将复杂的开放性问题放在问卷前面的位置,会使被调查者觉得回答问卷需要很长时间,从而拒绝接受调查。所以,复杂开放性问题一般放在后面,即使不做答,也不至于影响了其他问题的回答价值。

(二)问题编排

1.过滤性问题放卷首,用来识别合格应答者

企业的一些新产品有自己的目标顾客群,市场调查问卷也一样,只有合格的应答者回答的问卷,才可能对数据收集有帮助。怎样识别出合格应答者呢? 通常在问卷较前位置设计一些过滤性的问题。

问卷的过滤部分又称甄别部分,主要是先对调查者进行过滤,筛选掉不合格调查对象,然后有针对性地对特定的被调查者进行调查。通过甄别,一方面可以筛选掉与调查事项有直接关系的人,已达到避嫌的目的;另一方面,确定那些合格的调查对象,通过对其调查,使调查研究更具有代表性。

甄别部分一般包括两个方面:一是看被调查者及家人的工作性质。比如被调查者或其家人如果供职于广告公司、市场调查公司、咨询公司、媒体或与调查目标相关的行业,一般不属于被调查对象。二是看被调查者是否与被调查项目所要求的标准相符。如不相符,就不属于调查对象。

2.引发兴趣问题排次位,以便顺利开始访谈

在介绍性引导语和经过滤性问题发现合格的被调查者后,起初提出的问题应当简单,容易回答,令人感兴趣,这样能提高回答者的积极性,有利于他们把问卷答完。如果一开始就用一个收入或年龄问题作为问题发问,应答者会感到具有威胁性,不愿意透露这些个人信息并且立即会处于防卫状态,直接导致其对完成问卷失去兴趣。所以,起始问题应易回答,不需许多事先的考虑。

3.正式提问开始,先排一般性问题

"热身"问题之后,问卷应当按一种逻辑形式进行。先编排一般性问题,使人们开始考虑有关概念,然后再问具体的问题。

4.需要思考的问题放在问卷中间

调查开始,被调查者对调查的兴趣与理解是含糊、浅显的,一些能够培养兴趣的问题会为访问过程提供帮助。特别是当调查人员转到量表应答式问题时,被调查者往往会受到鼓励去理解回答的类别与选择,以便从中找到合适的答案。另外,经历较长时间的答题后,一些相关问题需要被调查者来回忆,这时,已建立起来的回答兴趣,以及与访问员形成的融洽关系,就成了这部分访问回答有效性的重要保证。

5.关键点插入提示

有时候由于访问时间长或被调查者有急事的原因,回答问题的兴趣会出现下降,优秀的访问人员应及时发现并努力重新培养起被调查者的兴趣。当然,这样的情形在问卷设计时就应考虑到。在设计与编排问卷的时候,在问卷的关键点插入一些简短、鼓励的话语,通常是吸引被调查者兴趣或重新培养兴趣的重要手段,如"下面没几个问题了"、"下面会更容易些"。另一方面,作为一部分内容的介绍,可以插入"既然您已帮我们提出了以上的意见,想再多问一些问题"这样的语句,为后面的提问做好铺垫。

6.敏感性问题、威胁性问题和人口统计问题放在最后

正如前面所提到的,当调研目标要求被调查者回答一些感到为难的问题时,可以把这些问题放在问卷最后。这样做可以保证大多数问题在被调查者出现防卫心理或中断问答之前得到回答。并且,此时被调查者与访问者之间已经建立了融洽关系,增加了获得回答的可能性。把敏感性问题放在结尾的理由是应答模式已经重复了许多次,访问人员问一个问题,被调查者答一个,此时问及尴尬性问题,被调查者会条件反射地做出回答。

任务3 问卷的修订与印刷

【内容解析】

一份经科学组织与编排的市场调查问卷初稿完成之后,还应该对问卷进行一系列的讨论与修正,在此基础上,调查人员还应该注意排版、印刷的质量,最后才能正式运用问卷。一份问卷草稿组织编排好之后,问卷设计人员应与其他调查人员做一些综合性研讨,以便修正问卷中不妥当的地方。

一、问卷的排版和布局

问卷的设计工作基本完成之后,便要着手问卷的排版和布局。问卷排版布局的总的要求是整齐、美观、便于阅读、作答和统计。

（一）版面严肃

避免使用过多的颜色、字体和不必要的插图等,要使被调查者感觉这是一次科学严谨的调查活动。如出于新闻性的宣传目的而进行的趣味调查,可以设计较为活泼的版面,让被调查者感到轻松有趣。

（二）整齐美观

问卷应使用较大的字体和间距,避免为了节约纸张而将字体和间距过分缩小,因为这样一方面会引起调查者的不悦,另一方面也容易造成调查者和被调查者阅读上的错误。

（三）纸张精美

在尽可能的情况下,应当使用较好的纸张。如果被调查者感到调查者过于节俭,必然怀疑自己所提供信息的价值,认为调查者并没有重视自己的信息,以至于不愿意在搜集资料方面多付出一些成本。

（四）布局合理

在需要填写文字的地方,应留出足够的空间,方便书写。同一个问题应当在同一个页面上,尤其是应当避免将答案和问题印在不同的页面上。

二、问卷的测试

问卷的初稿设计工作完毕之后,不要急于投入使用,因为问卷的初稿很有可能存在一些潜在的问题。因此,在正式定稿前一般要经过仔细检查和修改,反复推敲每个问题的词语。要做好这些工作,耐心、严谨和认真的工作态度非常重要。然而,即使经过认真的检查,一些潜在的问题未经过实际调查可能还是发现不了。所以,有必要在正式问卷调查之前,对问卷进行测试。在与正式调查相同的环境里进行调查,观察调查方式是否合适,询问调查者和被调查者问卷设计有何问题,对测试得到的回答进行编码和分析,检查问卷是否能够提供需要的市场信息等。出现问题马上修改问卷,必要时删除不能提供所需信息的问题。特别是对于一些大规模的问卷调查,一定要先组织问卷的测试,发现问题,及时修改。测试通常选择 20~100 人,样本数不宜太多,也不要太少。样本数太多,会加大不必要的调查成本;样本数太少,有可能发现不了问卷潜在的问题。如果第一次测试后有很大的改动,可以考虑是否有必要组织第二次测试。

三、修订问卷

问卷修订包括以下工作:

(一)检查问卷中的问题是否必要

问卷设计人员必须保证有足够数量和类型的问题包含在问卷中,以满足管理者决策的信息需求。每个具体的调查目标都应该有相应的提问,不能遗漏。而且,每个问题必须服从一定的目的。要么它是过滤性的,要么是培养兴趣的,要么是过渡用的,要么直接地或清楚地与所陈述的特定调研目标有关。如果问题不能达成上述目的中的一个,就应当删去。

(二)看问卷是否太长

研究者应该利用志愿人员充当被调查者以判断回答的时间。尽管没有严格规定,但完成问卷花费的时间尽量取 5 次最短时间的平均数。

在拦截或电话调查中使用的问卷如果访问长度超过 15 分钟,应当考虑删减。如果存在比较有吸引力的刺激物,问卷可稍长一些。入户访问如果长度超过 30 分钟,也应当提供给被调查者比较有吸引力的刺激物。一般的刺激物有电影票、钢笔、铅笔盒、现金或支票。使用刺激物实际上可以降低调查成本,因为回答率会增加。

(三)邮寄和自填式问卷的外观要求美观

邮寄和自填式问卷是由被调查者自己填写的,问卷的外观是影响被访者是否填写的一个重要因素。问卷看上去尽可能规范,应当用高质量的纸印刷,长度超过 4 页的应装订成册。

(四)问卷版面安排应该规范

问卷四周应留有足够的空白,行与列间不应太紧凑,以便访问人员或者应答者选择适当的行或列。如果把许多东西挤到同一页上,问卷就会看上去繁杂、难度大。拥挤的问卷也会对人们参与调研的意愿产生不利的影响。

开放式问题应给回答者留下足够的空间,否则,得不到多少信息。一般来讲,一个开放式问题应留有 3~5 行。调研人员要根据问题需要回答的详细程度来决定留下多少空间。

为了清晰表明哪部分是问题、哪部分是说明,应该用有区别的字体,以提醒访问员和被调查者在访谈时注意。

（五）进行问卷的预测与修正

设计人员将问卷草稿设计完成后,应发给一些相关管理部门,如调查公司的一些部门经理,他们在审核过程中可能会增加一些新的信息,促进问卷更加完美。问卷获得管理层的最终认可后,还必须进行预先测试。在没有进行预先测试前,不应当进行正式的询问调查。此外,预先测试不是一名调研员实施调查,而是让最终将进行实地调查的、最优秀的访问人员对调研的目标应答者实施调查。通过访问寻找问卷中存在的错误解释、不连贯的地方或不正确的跳跃模式,为封闭式问题寻找额外的选项以及被调查者的一般反应。预先测试也应当采取入户的方式。

对于测试取得的数据,调查人员应当考虑编码和制表。数据应当制成表格的形式,并尽可能进行一些常规的统计分析,这样调查人员对研究将产生的结果以及是否能回答调研目标有一个大概了解。测试完成后,任何需要改变的地方应当进行切实修改。在进行实地调研前应当再一次获得各方的认可。

四、印制装订问卷

问卷在印制装订时,调查人员应该将问卷的空间、数字、编码等安排好,并且监督打印、校对,装订。

（一）设计制作版面,完成版面的编排

调查人员应该根据调查主题的要求和调查对象的特点,将问卷设计为不同的版面形式。有的可以生动活泼,有的可以朴素严谨。

（二）印刷装订问卷

有的时候,印刷装订问卷工作会委托给专门的文印公司进行,调查人员应该明确讲解印制和印刷工艺要求,并认真做好校对工作;自行印刷问卷的,要有专人负责文字录入、排版、印刷、装订成册等一系列工作,以保证在问卷制作环节不出或少出差错。

问卷只有做到印刷精良、美观大方,才能引起被调查者的重视,才能充分实现调查问卷的功能和作用。

【项目小结】

根据出版物市场调查活动的顺序,本项目主要是调查重要载体——调查问卷的设计与制作。问卷在数据收集方面有不可代替的作用,问卷设计工作自然非常重要,可以说,问卷设计与编排的好坏直接关系到调查结论的客观性与科学性。

多种数据收集方式下都可能用到问卷,通过设计问题与答案,进行科学编排与组织之后,一份完整的市场调查问卷初稿就出现在我们面前。为了达到调查目标,还应该对问卷进行一系列的试用及修改,直至取得多方面的认可。这样一份问卷才能新鲜出炉,真正用于市场调查实践。了解市场调查问卷的重要作用后,我们应该认真、细致地去完成每一个任务,也只有掌握了调查问卷的设计与编排,才能开始有目的的数据收集工作。本项目围绕市场调查问卷设计与编排活动必要的程序,设计了各个环节操作的专门知识,体现了对一些重要理论知识的重组。

◆核心技能

出版物市场调查问卷的设计技巧与方法。

◆课后自测

一、选择题

1.( )就是用来提示被调查者如何正确填写问卷或指导访问员正确完成问卷调查工作的解释和说明。

A.感谢语　　　　B.指导语　　　　C.编码　　　　D.结束语

2.( )就是问卷中不仅设计了各种问题,还事先设计出一系列各种可能的答案,让被调查者按要求从中进行选择。

A.封闭式问卷　　B.开放式问卷　　C.自填式问卷　　D.代填式问卷

二、简答题

1.出版物市场调查问卷的基本结构由哪几部分组成?

2.出版物市场调查问卷设计应遵循哪些原则?

3.出版物市场调查问卷的问题编排应遵循哪些原则?

4.问卷修订包括哪些工作?

三、案例分析

《烟台晚报》全新改版大型读者问卷调查

亲爱的读者:

您好!

今年是《烟台晚报》创刊 20 周年之期。过去 20 年,我们一路同行,共同见证了港城的新闻盛宴! 20 年之际,我们决定再度踏上征途,立志向您提供更好的新闻,再次证明《烟台晚报》本土第一主流媒体的地位。

近日,我们将全新改版。在这里,我们非常真诚地征求您的意见。您的每一条意见和建议都将影响到我们的改版方案和编辑策略,并将帮助我们将《烟台晚报》办得越来越好。

姓名:＿＿＿＿＿＿＿＿　　　年龄:＿＿＿＿＿＿＿＿　　　性别:＿＿＿＿＿＿＿＿

教育程度:＿＿＿＿＿＿＿＿

职业性质:＿＿＿＿＿＿＿＿

月收入：＿＿＿＿＿＿＿＿＿＿＿＿

1. 您每天大约阅读几份报纸：

□1 份 □2 份 □3 份及以上 □偶尔读报

2. 您自费订阅或购买报纸时主要考虑：

□订阅方便 □价格合理 □投递及时 □内容丰富 □信息量大 □贴近生活 □反映群众呼声 □报纸实用性强

3. 您获得晚报的方式：

□自费订阅 □公费订阅 □报摊购买 □赠阅 □借阅 □网上阅读

4. 您坚持阅读晚报多久：

□半年之内 近 1 年 □1 年以上 □2 年及 2 年以上

5. 您阅读晚报主要是为了：

□了解烟台本地新闻 □了解国际国内大事 □获知各类服务信息 □日常消遣

6. 您最喜欢阅读下列哪些类型的新闻：

□时政类 □经济类 □社会新闻类 □舆论监督类 □评论类 □文化类 □生活服务类 □体育娱乐类 □情感生活类

7. 您看一版导读吗：

□逐条看 □粗略看 □偶尔看 □不看

8. 您对晚报一版有啥要求和希望：

□导读不要过多,选几条重要的即可 □图片要有冲击力 □希望能配以图表或漫画插图

9. 现有版面中,您最喜欢哪些版面：

□本地新闻 □国内新闻 □国际新闻 □烟台街副刊 □极速影视 □文娱 □最爱星期五 □求职教育周刊 □财经 □汽车 □楼市 □广告

10. 本地新闻版块中,您最喜欢哪些版面：

□要闻 □重点 □都市 □民生 □96110 □多看点 □每日深度调查 □生活

11. 您最希望晚报改版后,加强下列哪方面的新闻：

□本地民生、社会新闻 □本地深度报道 □新闻评论? □国内新闻 □国际新闻 □娱乐新闻 □体育新闻 □经济新闻 □生活服务类 □文化、情感等副刊类

12. 请选择 5 个您认为晚报最需要改进的方面：

□新闻缺乏深度 □新闻缺乏看点 □独家报道太少 □新闻评论太少 □语言不够生动 □标题没有吸引力 □内容缺少实用性 □图片缺乏冲击力 □信息量少,版面太少 □版式设计不美观 □文字差错多

13. 您是否期待全新改版后的晚报：

□非常期待 □比较期待 □无所谓

14. 您认为晚报目前的版式：
   □整体还可以 □比较呆板 □比较凌乱 □缺乏自身风格

15. 您认为晚报改版后是否应该增加图片：
   □应该增加 □应该减少 □保持现状即可

16. 您每天大约阅读几份报纸：
   □知道 □不知道

17. 如果您遇到您认为有价值的新闻线索，您会向晚报提供吗：
   □会，经常提供 □偶尔提供 □没提供过

18. 如果您不愿意向晚报提供新闻线索，是因为：
   □线索费太低 □反馈不及时 □记者不热情 □不知道怎么提供

19. 您希望晚报用哪种形式加强与您的互动：
   □建立读者俱乐部 □建立 QQ 交流群 □建立短信平台 □报网互动？□开辟读
   者专栏 □举办座谈会

20. 影响您自订晚报的因素有：
   □价格高低 □内容好坏 □发行效率

21. 如果您订阅了晚报，发行员每天送报及时吗：
   □早上就能收到 □过了上午才收到 □偶尔不能当天收到 □经常不能当天
   收到

22. 您明年还会继续订阅或者购买晚报吗：
   □会 □不会

23. 如果您不打算继续订阅晚报，原因是：
   □内容不好看 □广告太多 □发行不及时 □改去网上看新闻了 □有更好的其
   他报纸可供选择

24. 报纸版式应做如何调整和美化：

_____

25. 报纸内容应增加或减少哪些内容：

_____

26. 报纸栏目应设置哪些特色栏目：

_____

27. 你觉得对你影响较大、最具震撼力或你认为最有特色的报道是什么？并说明
   理由：

_____

28. 请您对晚报提一些建议或意见：

_____

谢谢您的支持！感谢您的合作！

注：本问卷请务必于 7 月 25 日前寄至：烟台日报社北大街 54 号烟台晚报。邮编 264000。请在信封正面注明：烟台晚报问卷调查。参与调查活动的读者，将有机会获得精美礼物。本问卷调查同时在水母网（http://www.shm.com.cn）进行。

请仔细阅读案例问卷，并对问卷内容进行分析评价。

【单元实训】

实训任务单

任务名称	图书宣传推广方式调查		
实训情境	某出版社推出了一本新书，新书目前已上市，但出版社还不清楚书的受欢迎程度及市场销售的情况，希望组织一次问卷调查，了解读者对此书的评价，为宣传和推广此书做好准备。		
实训目标	知识目标	1.掌握出版物市场调查问卷的结构和内容； 2.了解出版物市场调查问卷的设计原则； 3.了解出版物市场调查问卷的修订与印刷的要求。	
	能力目标	1.掌握出版物市场调查问卷的设计方法和技巧； 2.培养学生专业知识综合应用能力； 3.培养学生的组织能力； 4.培养学生的规范意识。	
	素养目标	培养学生的团队合作精神。	
实施环境	1.满足 50 位同学活动的计算机房 1 间； 2.计算机可以运行 word、excel、ppt、spss 等软件； 3.机房计算机网络通畅。		
实训过程	1.明确调查目标和调查内容； 2.根据要求确定问卷所需信息内容； 3.设计问卷； 4.修订和印刷问卷。		
实训成果	1.以小组为单位，提交一份图书宣传与推广方案的市场调查问卷； 2.调研结果形成一份 3000 字左右的实训报告提交； 3.图书宣传与推广的最终方案以 PPT 形式进行展示，并由各小组推选一名成员，分别进行 PPT 方案的演示和介绍讲述。		

【实训评价】

考核要素	评价标准	分值（分）	评分		
			自评（10%）	小组（30%）	教师（60%）
知识掌握	掌握出版物市场调查问卷的结构和内容；				
	了解出版物市场调查问卷的设计原则。				
能力训练	市场调查问卷的设计结构完整,架构合理；				
	问题与答案的设计严谨、准确；				
	问卷调查的开展有序,组织顺利；				
	问卷调查的排版与印制精良、美观；				
	问卷调研的结果分析科学严谨；				
	PPT 制作精良,演示直观清晰。				
素养培养	团队分工合作,工作任务分配合理；				
	团队合作意识良好,服从组长安排,有责任感,按质按量完成任务。				
评价人					
合计					
评语					

教师：
年　　月　　日

出版物市场调查资料的收集

引 言

在进入出版物市场调查的执行阶段后,资料通常要通过一定的手段和方法来获得,根据资料性质的不同,调查资料的获取方法大致可以分为一手资料的收集方法和二手资料的收集方法。调查者在选择调查方法时,应当根据各种方法适应的形式和领域以及各自的优缺点,而采用与调查主题和调查目的最为匹配的方法。当然,这些调查方法是相辅相成的,在不同的调查阶段完全可以采用不同的方法,以克服单一方法的局限性,从而收集关于调查对象的更加准确的信息资料。本项目将介绍说明各种不同的收集资料的方法的概念和特征,如何掌握使用这些方法的技巧,以及在何种情况下使用这些方法,希望通过本项目的学习,读者能熟练掌握收集资料的使用方法,能团结合作完成收集资料的工作。

任务1　二手资料分析法

【案例导入】

媒体议题与公众议题：基于议程设置理论的实证研究

一、研究主题及其意义

自麦克斯维尔·麦库姆斯与唐纳德·肖（Maxwell McCombs & Donald Shaw）提出"议程设置"理论至今，全世界范围内已有400多项关于议程设置的研究。议程设置理论已成为一个被全世界的新闻传播学者关注的研究领域。

过去30年的研究使议程设置理论本身得到了不断地丰富和完善。最初的研究是基于"报纸媒体议程影响公众议程"的研究，得出了报纸对议题报道量的多少和安排的版面位置，会影响公众对议题重要性的认知的基本结论（McCombs & Shaw, 1972）。

到目前为止传播学关于议程设置理论的研究，可以在三个维度上概括如下：

（一）在媒体议程方面：从最初研究媒体议程本身拓展到关注哪些因素影响了媒体的议程设置。关注的内容焦点由最初的"媒体告诉公众想什么"发展到了"媒体告诉公众怎么想"，即"属性议程设置"，认为媒体内容的价值取向影响了受众的认知。

（二）在受众议程方面：从最初的"媒体议程对公众议程的影响"延展到媒体议程以外的因素在不同主题上对受众议程的影响，如人际传播、亲身体验、受众群体的人口学特征及亚文化群体特征等对受众议题的影响。

（三）在议程内容的主题上：由最初的以总统竞选为核心的政治议题进一步延展到战争、金融、广告、AIDS等，并且在单个研究中由单一议题逐渐拓展到多个议题同时研究。

议程设置理论介绍到中国有近20年的时间，却没能在中国这块沃土上生根发芽，出现可圈可点的研究成果。真正系统运用这一理论研究中国媒体与受众关系的还属于凤毛麟角。从公开发表的文章来看，绝大多数集中在介绍理论的来龙去脉，少数学者尝试用这一理论的某个部分或者某个片段来解释中国的现实问题，或是针对某个媒体事件、或是涉猎某个议题。比较有系统的研究当属李本乾、张国良等在上海和云南所做的实证研究。他们的研究对议程设置理论的初级模型进行了检验，同时关注了受众行为变量对议程设置敏感度的影响。遗憾的是这项研究在方法上存在一定的缺憾，主要是在基础资料的收集上。其在媒体内容上采集了《人民日报》、《解放日报》和《新民晚报》半年的纵向报道内容,但是在受众议程上采用的则是一次性的截面调查。这项研究的基本逻辑是检验指定媒体在半年内关注的累计议程与受众(并没有证明是否接触过指定媒体)在某个时点上关注的议程之间是否存在相关关系。研究者就这个项目发表了几篇论文,但是由于没有解决"媒体议程是否影响到接触其内容的受众"、"媒体议程在多长时间内影响了受众议程"和"随着媒体议程的变化,受众议程是否也发生变化"的因果逻辑问题,使得研究成果的价值大打折扣。

中国传媒业高速的发展、媒体环境的复杂程度在国际上属于罕见。如何科学地使用媒体引导社会舆情、引导公众对社会的认知及在价值观多元化的现实中如何运用媒体整合社会等都是近年政府面临的难题,也是传播学者需要从理论上予以回答的课题。

二、研究假设

基于议程设置理论众多研究成果对于认识媒体与社会关系的贡献及国内媒体剧变的媒体环境,本研究试图回答如下问题。

假设1,媒体关注程度高的议题,公众关注的程度也高,两者正相关。

假设2,对于不同的议题,能否引起公众的关注受议题来源的影响。有关公共空间的议题,来自政府机构的信息对公众影响大;有关私人空间的议题,来自报料内容的影响比较大。

假设3,接触媒体程度高的公众,对各议题的关注程度也高,两者正相关。

经典的议程设置理论的基本结论是一定时期内媒体关注程度高的议题,公众关注程度也会高。并且随着媒体议题的变化,公众议题也发生变化。

如果这一假设在中国的媒体环境下得到证实,那么政府或者其他机构要想让受众关注某些议题,只要加大在媒体上的曝光率,将受众的注意力吸引到想让其关注的事情上就能达到目的。在实践层面,能够左右媒体议程设置的机构如政府或广告主,想让公众认同某种观念或者关注某个品牌产品,往往采用轰炸式传播,动用大量的媒体资源,形成极其喧嚣的媒体环境。那么,这些主题是否真的能成为公众关注的议题?这就引出了本研究的假设2,是否在不同的议题上,不同的信息来源会对公众产生不同的影响?在实践中,有些广告主会借用"消费者"的身份(网络博客)或者借助媒体的身份(大量的软文)在媒体中表达对产品的认知;有些政府的信息也会借助评论员(网评员)的口吻表达。这说明同样的信息,来源的不同,公众的关注程度不同,正是传播学中早已验证的"信源可信度对传播效果的影响"。判断信源是否可信至少涉及信源的权威性和可信性,在无法一一判断可信性的情况下,信源的权威性就成了最主要的判断依据。在公共空间领域,往往由政府主宰,因此来自政府的有关公共空间领域的议题可能对公众的影响比较大;而在私人空间领域,来自爆料(信源来自公众)的内容可能对公众的影响更大。

在媒体种类不断增加的复杂媒体环境下,公众的时间和眼球被媒体分割,公众在多种媒体的包围中生存。媒体议题能否进入公众的视野首要条件是公众是否接触这个媒体,各种媒体是否在这类议题上形成合力。假设3将媒体接触程度作为重要的变量,讨论媒体接触程度高的群体,是否能增加对某些议题的关注度。

三、研究方法

本研究资料收集的时段是从2006年11月至2008年2月底,同时收集两组资料。

受众调查:受众媒体接触及每周所关注的话题资料。这部分资料的收集是通过每周一次的固定规模受众电话调查来完成。具体方法是,以深圳6个区的55个街道所辖的643个社区委员会内居住的市民为抽样对象,使用CATI实验室(电脑辅助电话调查实验室),根据643个社区所在地固定电话前4位自动生成的电话号码库为抽样框,每个星期五做一次有效样本规模在400左右的连续电话调查,共采集了19454位不重复受众的资料。

四、样本分布

本研究抽取了在深圳地区最有代表性的两份都市化报纸——《南方都市报》和《晶报》,选择这两份报纸的原因是这两份报纸在深圳的周覆盖率分别在17.7%和18.8%(能够和这两个报相比的只有《深圳特区报》,其周覆盖率略高——不到一个百分点)。这两份报纸交叉覆盖4.8%的读者,合计周覆盖31%的公众。由于两份报纸都有网络版,即便不读纸质报纸的群体在网上也可以接触相同的内容,并且有关深圳本地的重要社会新闻,这两份报纸的内容和电视媒体有相当大的重合性,这两份报纸有关深圳的主要议题基本能涵盖深圳媒体有关本地社会新闻的内容。本研究由7名传播学研究生组成的编码小组负责对每天两份报纸上关于深圳的文章逐篇进行分类整理。共有26548篇有关深圳的报道收进了本研究的数据库。

五、分析单位

本研究的两组资料分别以"周"和"日"为单位收集资料。研究的核心是媒体议程显著度对受众关注程度的影响。根据广告效果研究的经验,在关注层面的影响多数发生在一周以内,即媒体重要议题对受众的影响在一周内会明显呈现。因此本研究的分析单位以"周"为单位,对应分析每周两份都市化报纸的媒体议程与受众议程的关系,研究期间共有56周的有效资料,这是本研究的时间序列分析单位总量。

六、数据分析

……

七、相关结论

……

上文是深圳大学新闻与传播学院教师王晓华教授带领学生做的关于深圳报纸的议题设置与深圳民众实际议题的关系的内容分析调查。新闻报道、新闻出版年鉴、广告文案、日记和回忆录等等都是二手资料的重要来源。这些文献分析是二手资料分析的最主要部分。

【内容解析】

一、二手资料是什么

一手资料是指调查者为了某种特定的目的而通过专门调查获得的资料。二手资料不是直接从调查对象获取调查活动所需的信息，而是去收集和分析由其他调查研究者出于其他研究所收集、记录和整理的，或已经存在和编撰过的资料。20世纪60年代开始，美国学者首先注意到那些搁在档案柜里的资料的潜在价值，尽管现有调查研究者和原先的调查目的并不一致，但是同样的数据能够为具有不同兴趣的调查研究者带来不一样的用途。

二、如何选取二手资料

(一)二手资料的来源

一般来说，在出版物市场调查中，二手资料的主要来源于以下几个方面：

1. 出版企业内部资料

出版企业内部资料是各出版社、图书批发商、民营书店的网站、图书订货会以及出版企业的发行部门、编辑部门、策划部门等收集的资料，这些资料往往是在企业的正常运转过程中收集、整理并使用的。这些资料包括各种记录、文件、合同、广告等营销资料、各类统计报表、会计核算等财务统计资料、客户信息和作者信息资料、竞争企业和竞争产品的优势与劣势分析资料、市场宏观环境调研资料等。

2. 新闻媒体资料

新闻媒体发布的信息资料也是重要的信息来源。这类信息量大、涉及面宽、速度快、成本低。行业性报纸和期刊更是重要信息积累与分析的重要渠道。《中国图书商报》、《中华读书报》、《文汇读书周报》是书业从业人员必读的报纸，其中既有出版业和图书市场动态，又有大量书评书介。此外，《新华书目报(社科新书目)》也能带给我们一些重要信息。另外大众媒体的书评版，以及新浪网、搜狐网的读书频道等其他媒体也对于出版发行市场信息的发布和传播起到非常重要的作用。

3. 政府统计资料

政府每年定期发布的有关国计民生的各项重要资料，如人口总数、人口结构、国民生产总值及其增长率、就业水平、经济发展布局的调整方向、地区消费者收入水平、消费结构、产业结构等,都可以在大型综合性图书馆或在线数据库中获取。

4.学术研究成果

我们还可以通过参阅过去一段时期内某一领域的期刊去查找相关研究论文,一般大规模的调查结果往往会通过论文的形式发表或者被其他研究者引用在论文中。一般都会对所使用的资料进行详细注释,包括收集时间、收集者、收集方法等。通过仔细阅读这些论文,往往能够发现目标数据资料的线索。科研单位、大专院校、学术团体等能够提供各个领域的最新研究成果。此外,我们还可以通过学术会议、成果鉴定会等获得有关学术论文、市场报告、行业研究报告、调查报告等。中国出版科学研究所组织实施的"全国国民阅读与购买倾向抽样调查"是中国图书消费领域的一项常规性调查活动。从 1999 年开始,每隔两年进行一次。从中我们可以了解读者阅读和购买兴趣、偏好、方式、需求、行为等基本状况和变动情况,分析并总结国民阅读与购买图书、杂志、音像制品、电子出版物等的变化规律和发展趋势,为国家新闻出版管理机关制定有关政策提供决策参考,为出版企业进行投资决策、制订选题计划、组织营销等方面提供市场参考,同时也为业内外资金投资新闻出版产业提供参考。

5.行业统计资料

我国出版行业归属于新闻出版总署管理,有关的新闻出版年鉴是出版行业的最新和最权威数据资料。《中国新闻出版年鉴》《中国新闻出版报》《出版与发行研究》等相关报刊也是重要的二手资料来源。

资料收集工作的面要广,要符合调查主题的基本要求,有明确的针对性,保证资料的时效性。调查人员在收集二手资料时,其基本顺序应该是先易后难、由近及远、由内到外、从一般到具体,资料的收集要从一般线索到特殊线索,即从提供总体市场概况的那部分资料入手,开始调查。资料收集尽量做到齐全、完整、及时。

(二)二手资料的选用标准

获得二手资料后,有经验的调查研究人员往往会对数据抱有一种怀疑的态度,因为它毕竟不是为了现有调查目的而收集来的。所以首先要弄清楚以下几个问题:

1.资料是谁收集的

收集数据的机构信誉可能会对数据质量有影响。另外还要考虑资料收集者与使用者之间是一种什么关系,其中可能导致数据质量有差异。例如,某家报社为了竞争广告而自行组织的读者调查数据,广告商往往会谨慎地看待,因为报社很容易不自觉地选择那些有利于自身的方法和问题去进行调查。

2.怎样收集的

收集数据所采用的全部方法包括问卷、样本性质和大小、回收率、实施的组织管理情况以及其他任何可能影响调查结果的方法。使用二手资料前要考虑这些方法中有没有可能导致非抽样误差的因素。

3. 内容的适用性如何

在确定二手资料的质量有保证后,还要求在内容上同样适应该调查活动的需要。如果调查的侧重点不一致,对概念的定义、测量单位或分类方法与当前问题不相符也不行。

4. 什么时候收集的

数据的时效性决定着数据价值的大小,如果调查结果发表的时间与数据收集的真正时间相隔很长,其利用价值就会受到较大的影响。

5. 与其他二手资料的一致性如何

经过上述四点甄别,二手数据资料得到一定程度的净化。但是要完全识别这些二手资料仍然需要再找一个另一来源的同类研究数据进行比较。一般情况下,针对相同的调查研究对象,对同一问题开展的调查活动,即使所使用的方法并不一致,但是只要抽样方法科学合理,那么两种来源的数据得到的最后结论应该是相类似的。如果经过比较后发现二者差距不大,则说明该二手资料的可信度较高,否则说明该二手资料的可信度较低,应该舍去不用。

三、二手资料分析法的功能

一方面,二手资料分析法可以帮我们做纵向比较,以揭示出版物市场发展、出版与发行管理政策、读者生活方式等多方面的变化,并做出趋势预测。在这种情况下,我们需要收集的二手资料往往是各个不同的历史时期保留下来的,具有相同或相似结构的数据资料。另一方面二手资料分析法还可以帮助我们做横向比较,以揭示在不同的研究主题上,不同的出版企业、人物、国家等所持有的不同意见与态度,并在此基础上分析这种差异产生的原因和这种差异的存在具有何种现实意义等。

另外,二手资料分析法不仅可以独立进行,也可以与一手资料收集配合进行。比如即将面临改版的某报刊在今年对读者进行调研的基础上,完全可以把往年的读者调查资料拿来做比对,以发现读者阅读兴趣的改变或者阅读方式的变化趋势等。

四、二手资料分析法的优点与缺点

(一)二手资料分析法的优点

1. 无拒访率困扰

收集一手资料的各种方法,包括问卷调查法、实地观察法、控制实验法、小组访谈法等等,往往会因被访者的不合作产生很多困难。但是二手资料分析法因其不需要与人直接打交道的无接触性特点,所以会减少这些困难。

2. 可以超越时空限制

二手资料分析法不仅具有调查对象无接触性的特点,同时又可以超越时间隧道的限制,对不同历史时期的政策、人物思想、出版物档案文献等进行纵向比较,这些都是一手资料无法完成的。而且,二手资料分析法还可以对不同国家的出版政策、出版企业、出版人物等进行横向比较,克服了进行一手资料调查需要花费大量时间和金钱的限制。一旦发现有所失误,还可以及时补充或者重新来过。这些超越时间和空间限制的特点,给二手资料分析法带来很高的可控性,便于操作。

3. 成本和花费较少,适用范围广,资料数量多

(二)二手资料分析法的缺点

1. 权威性和适用性难以保证

二手资料往往是其他调查研究人员为其他的目的而收集的资料,其个人偏见、主观意图、收集过程中人为操作所产生的误差等都会影响文献资料的准确性和客观性。甚至因为研究架构、问题的界定、抽样方法以及编码规则的不同,不同的研究者对同一个问题的结论也有可能完全不同。

2. 有的文献资料不容易获取

虽然许多公开资料是可以为公众利益服务的,但是市场调查资料中,还有很多是作为企业经营资料不会公开发布的,有的甚至属于内部机密,因而研究人员通常不易得到。

五、收集与分析二手资料的程序与步骤

(一)确定研究主题与研究假设

这就是提出研究假设的过程,例如研究者初步感觉杂志广告中男性多是事业有成的形象出现,而女性多是以家庭妇女的形象出现,便心中产生了"杂志广告中是否存在一种男女地位不平等的价值导向"的假设。针对这个假设,研究者就可以确定一个研究主题"杂志广告中男性和女性形象研究",然后对杂志广告的内容进行分析,以实证的数据解答自己的疑惑。

(二)选择样本

二手资料分析法的样本不是活生生富有个性的人,而是一些公开发表的大众媒介内容。第一步就是确定一个抽样范畴,包括时间范畴、地理范畴以及抽样规模等。因为二手资料数量是有限的,因此对所有信息进行普查是可行的。举例说,我们想要知道《读者》杂志在过去30年间价值观是否发生转变,那么这个研究的总体就是过去30年间的全部《读者》。二手资料分析这种方法使得普查成为可能。当然如果为了提高

效率,同样可以采取抽样调查的方法进行。例如将该杂志的"人物"专栏进行普查,或者在该栏目中按照概率抽样方法抽取样本。只是在抽取传媒内容时需要注意一个细节,传媒内容往往以一周为单位或一月为单位,成周期性选题规律,因而抽样时需要规避这种仅仅抽取固定星期几或者每月月底等规律性的日期。

(三)确定分析单位

二手资料分析法面对的资料是形形色色的文字、图表、音频、视频等等,要对这些形式各异的信息进行结构化的统计分析工作,首先必须确定统一的分析单位。分析单位一般是指调查对象的单位,它是对信息进行分类或测量的最小计数单位。例如,某研究人员想要对美国《时代》周刊做中国形象调查,因为封面对杂志来说意味着编辑思想的最直接表现形式,因此他抽取的样本是从 1923 年创刊至今 90 年间的《时代》周刊封面。《时代》周刊封面是以人物为主题的,所以他的分析单位为人物。此外,如果他所要调查的是美国《时代》周刊中间的所有新闻报道和新闻评论,那么分析单位就是整篇文章。如果某调查研究人员想要对新中国成立以来报纸的征婚广告专栏中对于征婚对象的需求描述来进行统计,以发现人们婚恋观的变化,那么分析单位可以定为每一则广告。

(四)对二手资料进行分析和解释

经过前三个步骤,我们得到了信度和效度相对较高的二手资料,接下来就可以进行统计和分析了。首先,重新定义变量或根据多个变量生成当前研究需要的新变量;其次,剔除一部分数据资料,例如现有资料是关于所有收入阶层的人,而当前的研究只关注高收入者,就可以过滤掉其他收入阶层的样本数据。在变量加工过程中,一定要注意其现实依据,保证该数据是合理且有意义的。

经过对二手资料的整理和加工,获得了可以用于新研究目的的干净的数据后,就可以采用各种统计分析方法去进行分析了。具体的统计分析方法见本书项目六,此处不做赘述。

六、内容分析法

(一)内容分析法的含义和特点

1.内容分析法的定义

内容分析法是二手资料分析法中使用最多,最具客观性和系统性的一种方法。内容分析法起源于 18 世纪初瑞典的宗教教派之争,并在 20 世纪 40 年代被广泛应用于社会心理学、市场营销研究和新闻宣传领域。其主要用来描述各种传播渠道(如报刊、书籍、广播、电视、人际对话、群众集会等)中传输的信息(如新闻、娱乐、广告、评论等)内容(何人、何时、何地、何事、何因等)及表现手段(正面表扬、客观报道批评贬责等)。本任务案例《媒体议题与公众议题:基于议程设置理论的实证研究》就是典型的内容分析法应用案例。

内容分析与常规的二手资料分析,都是以用文字、图形、符号、声频、视频等记录保存下来的资料内容作为分析的对象,但是它们具体的分析处理方法是有所区别的。常规二手资料分析是按某一研究课题的需要,对一系列文献进行比较、分析、综合,从中提炼出评述性的说明。而内容分析则是直接对单个样本做技术性处理,将其内容分解为若干分析单元,评判单元内所表现的事实,并做出定量的统计描述。

2. 内容分析的特点

首先,内容分析是系统的。内容或类目的采用和舍弃,必须符合始终一致的原则,包括样本的选择、类目的定义和编码规则,在整个内容分析过程中都要保持一致性,这样才能保证整个研究的信度和效度。

其次,内容分析是客观的。研究的结论不能受到研究者自身主观因素的影响,即如果有不同的研究者进行重复的研究,两者的结论应该是相同的。这要求在内容分析时,概念的操作化定义是明确的,变量取值的分类规则是全面和合理的。

最后,内容分析是定量的。内容分析是对数量庞大的结构性数据进行整理和统计,从中分析和解释某种趋势或者某两个变量之间的关系等。所以,内容分析是以定量的呈现方式,得到量化的研究结论。

(二)内容分析的程序和步骤

为了保证内容分析的客观性和系统性,内容分析在操作上可以按照以下几个独立的阶段进行:

1. 提出研究问题或假设

与其他调查研究方法一样,内容分析需要首先确定研究主题或研究假设,这是整个调查研究活动的主导思想。调查研究主题一般应该是委托机构欲知而未知的或者与读者利益有所关联的,对现实具有参照性的潜在倾向、趋势或相关关系。前文所述的案例《媒体议题与公众议题:基于议程设置理论的实证研究》对为什么提出该研究问题,以及研究假设是怎样的均提供了详细的分析解释。

2. 确定研究范围和研究总体

确定研究范围就是要说明分析的内容界限,这个界限不能太宽,也不能太窄。太宽,可能样本不具有可操作性;太窄,可能不能保证所研究的现象有足够的概率出现,并呈现出一定的数量规律性。例如,某研究者想要对中美畅销小说进行比较,看中美读者需求的差异。那么研究范围就需要确定哪些是畅销小说;时间从什么时候开始统计;什么样的发行量或者码洋才可以称作畅销书;网络文学的受欢迎程度往往不逊于传统纸质畅销书,那么网络文学是否也计算在内?这些就是对研究范围的界定。

3. 从研究总体中抽取适当的样本

完成了对调查研究总体对象的准确界定之后,研究者就可以抽取样本了。在抽样阶段,首先可以分析普查是否可行。一般来说,内容分析法相对于问卷调查法等,虽然其操作也具有较大数据量,属于量化分析,但是普查的可操作性却大大提高。如果有时间、人力、物力,对文献资料进行普查是保证数据准确的最好方法。其次,如果在时间、人力、物力等条件不允许的情况下,研究者可以在上述研究总体中进行抽取样本的工作。抽样时可以先抽取信息载体,确定从哪种形式的载体进行突破。接下来可以抽取时间,看样本的时间范围。最后再完成内容抽取工作。

4. 确定分析单位

内容分析中的分析单位就是传播内容的最小单位,比如标题、句子、词组、图片、一首诗歌、一首歌曲、一个广告片等。分析单位因调查研究对象的不同而不同。确定分析单位的一个重要原则就是要尽可能精准。具体来说,就是对分析单位的界定要明确,分类标准要清楚易辨,分析单位要在时间、人力物力允许的范围内尽量细小明确,这样收集到的信息才会更加具体。

5. 编制编码表

编制编码表是内容分析的核心环节,也是难度最大,对内容分析能否成功影响最大的一个环节。编码表与调查问卷一样,都是对内容信息进行测量和记录的工具,不同的只是普通问卷的访问对象是活生生富有个性的人,而编码表面对的是抽象的信息和文字等。

建立编码表首先要确定收集哪些方面的信息,然后给出该指标的取值范围,并划分为不同的类别。类别必须是在进行内容分析判断之前预先制订,不能一边分析,一边适应性的修改补充。这些类别应该是互斥的、穷尽所有可能的、具有信度的。这里所说的信度是指不同的编码员用同样的方法对相同的内容进行编码时,他们判断其归入哪一个类别的意见应该是一致的。这种一致性叫做"编码员信度",即研究设计人员编写类别时应该明确地限定范围,而且彼此不能重叠,避免对分析单元的判断出现既可放入这一栏目,又可放入另一栏目的现象。

◇案例5.1

从封面要目分析××文摘的价值观演变编码表

一、基本资料

Q1. 出版时期:_____年_____月_____日

二、封面要目分析

Q2. 封面要目内容涉及的领域:

时政_____条,其中新闻_____条,评论_____条;

经济＿＿＿＿＿＿＿＿条，其中新闻＿＿＿＿＿＿＿＿条，评论＿＿＿＿＿＿＿＿条；

社会万象＿＿＿＿＿＿条，其中新闻＿＿＿＿＿＿＿＿条，评论＿＿＿＿＿＿＿＿条；

科技文化＿＿＿＿＿＿条，其中新闻＿＿＿＿＿＿＿＿条，评论＿＿＿＿＿＿＿＿条；

地理历史＿＿＿＿＿＿条，其中新闻＿＿＿＿＿＿＿＿条，评论＿＿＿＿＿＿＿＿条；

娱乐＿＿＿＿＿＿＿＿条，其中新闻＿＿＿＿＿＿＿＿条，评论＿＿＿＿＿＿＿＿条；

体育＿＿＿＿＿＿＿＿条，其中新闻＿＿＿＿＿＿＿＿条，评论＿＿＿＿＿＿＿＿条。

Q3.封面要目内容涉及的国家或地区：

1.中国：

第一条，涉及领域＿＿＿＿＿＿＿（A.时政　B.财经　C.社会万象　D.科技文化　E.地理历史人文　F.娱乐　G.体育）；

评价为＿＿＿＿＿＿＿（A.正面表扬　B.客观描述　C.负面批评）。

第二条，涉及领域＿＿＿＿＿＿＿（A.时政　B.财经　C.社会万象　D.科技文化　E.地理历史人文　F.娱乐　G.体育）；

评价为＿＿＿＿＿＿＿（A.正面表扬　B.客观描述　C.负面批评）。

第三条，涉及领域＿＿＿＿＿＿＿（A.时政　B.财经　C.社会万象　D.科技文化　E.地理历史人文　F.娱乐　G.体育）；

评价为＿＿＿＿＿＿＿（A.正面表扬　B.客观描述　C.负面批评）。

……

2.美国：

第一条，涉及领域＿＿＿＿＿＿＿（A.时政　B.财经　C.社会万象　D.科技文化　E.地理历史人文　F.娱乐　G.体育）；

评价为＿＿＿＿＿＿＿（A.正面表扬　B.客观描述　C.负面批评）。

第二条，涉及领域＿＿＿＿＿＿＿（A.时政　B.财经　C.社会万象　D.科技文化　E.地理历史人文　F.娱乐　G.体育）；

评价为＿＿＿＿＿＿＿（A.正面表扬　B.客观描述　C.负面批评）。

第三条，涉及领域＿＿＿＿＿＿＿（A.时政　B.财经　C.社会万象　D.科技文化　E.地理历史人文　F.娱乐　G.体育）；

评价为＿＿＿＿＿＿＿（A.正面表扬　B.客观描述　C.负面批评）。

……

3.英国：

第一条，涉及领域＿＿＿＿＿＿＿（A.时政　B.财经　C.社会万象　D.科技文化　E.地理历史人文　F.娱乐　G.体育）；

评价为＿＿＿＿＿＿＿（A.正面表扬　B.客观描述　C.负面批评）。

第二条,涉及领域_____(A.时政　B.财经　C.社会万象　D.科技文化　E.地理历史人文　F.娱乐　G.体育);

评价为_____(A.正面表扬　B.客观描述　C.负面批评)。

第三条,涉及领域_____(A.时政　B.财经　C.社会万象　D.科技文化　E.地理历史人文　F.娱乐　G.体育);

评价为_____(A.正面表扬　B.客观描述　C.负面批评)。

……

4.法国:

第一条,涉及领域_____(A.时政　B.财经　C.社会万象　D.科技文化　E.地理历史人文　F.娱乐　G.体育);

评价为_____(A.正面表扬　B.客观描述　C.负面批评)。

第二条,涉及领域_____(A.时政　B.财经　C.社会万象　D.科技文化　E.地理历史人文　F.娱乐　G.体育);

评价为_____(A.正面表扬　B.客观描述　C.负面批评)。

第三条,涉及领域_____(A.时政　B.财经　C.社会万象　D.科技文化　E.地理历史人文　F.娱乐　G.体育);

评价为_____(A.正面表扬　B.客观描述　C.负面批评)。

……

5.俄罗斯:

第一条,涉及领域_____(A.时政　B.财经　C.社会万象　D.科技文化　E.地理历史人文　F.娱乐　G.体育);

评价为_____(A.正面表扬　B.客观描述　C.负面批评)。

第二条,涉及领域_____(A.时政　B.财经　C.社会万象　D.科技文化　E.地理历史人文　F.娱乐　G.体育);

评价为_____(A.正面表扬　B.客观描述　C.负面批评)。

第三条,涉及领域_____(A.时政　B.财经　C.社会万象　D.科技文化　E.地理历史人文　F.娱乐　G.体育);

评价为_____(A.正面表扬　B.客观描述　C.负面批评)。

……

6.德国:

第一条,涉及领域_____(A.时政　B.财经　C.社会万象　D.科技文化　E.地理历史人文　F.娱乐　G.体育);

评价为_____(A.正面表扬　B.客观描述　C.负面批评)。

第二条,涉及领域_____(A.时政　B.财经　C.社会万象　D.科技文化　E.地理历史人文　F.娱乐　G.体育);

评价为_____(A. 正面表扬　B.客观描述　C.负面批评)。

第三条,涉及领域_____(A.时政　B.财经　C.社会万象　D.科技文化　E.地理历史人文　F.娱乐　G.体育);

评价为_____(A. 正面表扬　B.客观描述　C.负面批评)。

……

7.意大利:

第一条,涉及领域_____(A.时政　B.财经　C.社会万象　D.科技文化　E.地理历史人文　F.娱乐　G.体育);

评价为_____(A. 正面表扬　B.客观描述　C.负面批评)。

第二条,涉及领域_____(A.时政　B.财经　C.社会万象　D.科技文化　E.地理历史人文　F.娱乐　G.体育);

评价为_____(A. 正面表扬　B.客观描述　C.负面批评)。

第三条,涉及领域_____(A.时政　B.财经　C.社会万象　D.科技文化　E.地理历史人文　F.娱乐　G.体育);

评价为_____(A. 正面表扬　B.客观描述　C.负面批评)。

……

8.印度:

第一条,涉及领域_____(A.时政　B.财经　C.社会万象　D.科技文化　E.地理历史人文　F.娱乐　G.体育);

评价为_____(A. 正面表扬　B.客观描述　C.负面批评)。

第二条,涉及领域_____(A.时政　B.财经　C.社会万象　D.科技文化　E.地理历史人文　F.娱乐　G.体育);

评价为_____(A. 正面表扬　B.客观描述　C.负面批评)。

第三条,涉及领域_____(A.时政　B.财经　C.社会万象　D.科技文化　E.地理历史人文　F.娱乐　G.体育);

评价为_____(A. 正面表扬　B.客观描述　C.负面批评)。

……

9.日本:

第一条,涉及领域_____(A.时政　B.财经　C.社会万象　D.科技文化　E.地理历史人文　F.娱乐　G.体育);

评价为_____(A. 正面表扬　B.客观描述　C.负面批评)。

第二条,涉及领域_____(A.时政　B.财经　C.社会万象　D.科技文化　E.地理历史人文　F.娱乐　G.体育);

评价为_____(A. 正面表扬　B.客观描述　C.负面批评)。

第三条,涉及领域_____(A.时政　B.财经　C.社会万象　D.科技文化　E.地理历史人文　F.娱乐　G.体育);

评价为_____(A. 正面表扬　B.客观描述　C.负面批评)。

……

10.(古)希腊:

第一条,涉及领域_____(A.时政　B.财经　C.社会万象　D.科技文化　E.地理历史人文　F.娱乐　G.体育);

评价为_____(A. 正面表扬　B.客观描述　C.负面批评)。

第二条,涉及领域_____(A.时政　B.财经　C.社会万象　D.科技文化　E.地理历史人文　F.娱乐　G.体育);

评价为_____(A. 正面表扬　B.客观描述　C.负面批评)。

第三条,涉及领域_____(A.时政　B.财经　C.社会万象　D.科技文化　E.地理历史人文　F.娱乐　G.体育);

评价为_____(A. 正面表扬　B.客观描述　C.负面批评)。

……

11.匈牙利…… 12.西班牙…… 13.比利时…… 14.中国台湾…… 15.波兰……

16.荷兰…… 17.挪威…… 18.中国港澳…… 19.加拿大…… 20.巴基斯坦……

21.新加坡…… 22.瑞士…… 23.奥地利…… 24.爱尔兰…… 25.以色列……

26.约旦…… 27.泰国…… 28.巴西…… 29.南非…… 30.埃及……

Q4.封面要目的稿件来源:

本刊_____条;

摘抄自国内大众文学类报刊_____条;

摘抄自国内时政、军事、新闻类报刊_____条;

摘抄自国内生活服务类报刊_____条;

摘抄自国内娱乐休闲类报刊_____条;

摘抄自国内财经类报刊_____条;

摘抄自国内法制类报刊_____条;

摘抄自国内学术期刊_____条;

摘抄自国内广播电视媒体_____条;

摘抄自国内互联网站等新媒体_____条;

编译自国外传媒机构＿＿＿＿＿＿＿条；

其中第一条编译自＿＿＿＿＿＿＿国＿＿＿＿＿＿＿（传媒机构名称）

第二条编译自＿＿＿＿＿＿＿国＿＿＿＿＿＿＿（传媒机构名称）

第三条编译自＿＿＿＿＿＿＿国＿＿＿＿＿＿＿（传媒机构名称）

……

Q5 封面要目的稿件主题：

情感＿＿＿＿＿＿＿条；

成就＿＿＿＿＿＿＿条；

性格＿＿＿＿＿＿＿条；

命运＿＿＿＿＿＿＿条；

道德＿＿＿＿＿＿＿条；

事件＿＿＿＿＿＿＿条；

轶事＿＿＿＿＿＿＿条；

观念＿＿＿＿＿＿＿条；

……

6. 培训编码员并进行编码员信度分析

完成编码表之后,接下来就是填写编码表了。但是填写编码表时,常常需要由编码员主观判断每一个信息点归入哪个类目,这个时候,对同一个分析单位,不同的编码员的判断可能会不同,为了减少这种人为误差(即编码员误差),我们需要在填写工作进行前对编码员进行培训。对编码员进行培训就是要使他们准确了解定义、明确各个类别的界定,使他们熟练掌握一些研究技巧和编码的特殊需求。对编码员进行培训的主要方式就是组织成立编码小组,成员不能太多,3～5人即可,然后组织编码小组集中学习研究者针对当前研究主题编写的《编码和录入须知》,要求编码员严格遵守。

编码员信度是指将分析单位分派给不同的类目时,编码员的一致性程度。它是编码员技术、洞察力、经验、类目设计和编码规则的清晰性等各种要素的综合体现。对编码员进行信度分析的目的有两个:一是找出分歧较大的编码员,二是找出定义不够清晰的分类。要找出分歧较大的编码员就需要做一个小型实验:在编码表中随机选择一个小样本,让所有编码员进行试编码,通过多次测量来评价每一位编码员与其他编码员的一致性。对于分歧较大的编码员,研究者可以帮助该编码员分析是由于其疲劳、粗心还是对《编码须知》理解不到位,如果问题不能解决就让该编码员退出该项目。

7. 依照编码表对所有内容进行编码

所谓编码就是将分析单位按其自身的特点划入编码表中各题的相应类别中。这是内容分析中最费时但最关键的部分。在编码时,编码员需要在对应的编码表上记录每个样本的编号。需要说明的是,编码表相当于调查问卷,同其他的测量工具一样,有多少个分析单位,就要多少张编码表。

8.数据的录入与查错

对编码表填写完毕之后,需要把数据统一录入。数据的录入工作需要细心,否则很容易出现按错键、串行、串列等人为差错,所以需要认真核对查错。

9.分析数据资料并进行解释

对资料进行分析和解释,不仅仅建立在统计图表的直观描述上,还需要结合社会宏观环境和背景资料,这样才能真正让读者深入理解该调查主题的社会意义。具体的统计分析方法见本书项目六,此处不做赘述。

任务2　一手资料调查法

【案例导入】

书媒广告的广告效果探析
——实验法比较书媒广告与报纸广告的效果①

一、研究背景

在市场经济社会里，广告正日渐渗透到我们生活的每一个角落，图书也不例外。以图书为载体的书媒广告在国外及港台地区，已经有了一定程度的发展，而在中国大陆，它还只是处于发展的初级阶段。

我国新闻出版总署和国家工商总局1990年曾联合发文，规定出版社的正式出版物可以申请广告许可证，刊登广告。虽然书媒广告在政策上并没有太多羁绊，但是这样一种具有较大开发价值的赢利业务，至今在我国没有得到应有的重视和推广。

同其他形式的广告相比，书媒广告因图书本身及其在传播过程中的一些特点，具有以下优势：定位精准、权威性高、接触周期长、成本低。并且，结合国外的经验，书媒广告在我国具有较大的发展前景。长期以来，我国图书出版业以发行作为主要收入来源，加强对书媒广告的研究，有助于我国图书出版业开拓新的营销模式，拓展图书出版利润的增长空间，促进图书出版业的繁荣。

二、理论依据

5W模式：美国学者H.拉斯维尔在《传播在社会中的结构与功能》一篇论文中，首次提出了构成传播过程的5种基本要素，即：Who（谁），Says What（说什么），In Which Channel（通过什么渠道），To Whom（向谁说），With What Effect（有什么效果）。

本文正是针对"5W模式"中渠道对于广告效果影响的研究。在其他几个要素保持一致或相似的情况下，比较5种不同形式的书媒广告（腰封、书签、赠品、封面、插页）和报纸的广告效果。

AIDMA法则：由美国广告人E.S.刘易斯提出的消费心理模式，其总结了消费者在购买商品前的心理过程。英语表述即为"Attention（注意）——Interest（兴趣）——Desire（消费欲望）——Memory（记忆）——Action（行动）"，简称AIDMA。

---

①欧璐.书媒广告的广告效果探析——实验法比较书媒广告与报纸广告的效果.青年记者.2010(11).

DAGMAR 模式:由美国广告学家 R. H. 科利提出,其将广告作用的心路历程归结为 4 个层次,即从不知名到知名,进而理解、信服,然后行动。

综合以上两个理论,本研究将广告效果分为三个阶段进行分析,分别为认知阶段、情感阶段和行为阶段,并作为测量书媒广告效果细分的主要依据。

三、实验过程

为了控制实验对象个体差异对结果的影响,笔者力图保证样本的高度同质性,从中国人民大学新闻学院 2008 级、2009 级学生中选择 120 名,其中男女比例为 1:2。

为避免实验对象对测试产品既有认知度的不同和对广告本身态度的不同而对实验结果造成影响,笔者通过两次前测,选择出奔驰汽车广告作为测试产品。

笔者选择 2010 年 3 月 11 日的《南方周末》(刊有奔驰汽车广告)和《明朝那些事儿》作为实验广告载体。

四、实验结果与分析

1. 认知阶段广告记忆效果比较

测试对象阅读过后,填写三个联想到的三个汽车品牌,在第一个选项填写目标品牌(奔驰汽车)的人数占该组总人数的比率,即为第一提及率。结果显示,书签组的第一提及率在六组中最高,达 40%,五种书媒广告的平均第一提及率(26%)高于报纸(20%)。

2. 情感阶段的广告效果比较

测试项分为被试者对产品的态度、对品牌或企业的态度以及对该种广告形式的态度。笔者采用李克特 5 级量表进行打分,然后比较分值,分值越高,结果越正面。

总体而言,报纸广告在关于产品的态度上说服效果要强于书媒广告,但其广告形式以及宣传品牌或企业形象的效果上,不如书媒广告。在这一阶段的比较中,广告效果从优到劣的排序依次为:书签、封面、腰封、插页、报纸、赠品。

3. 行为阶段的广告效果比较

主要测量被试者的购买行为倾向性。

报纸头版广告在行为阶段的广告效果同样并不理想,其总平均值 2.41,低于书媒广告的 2.62。封面和腰封广告在这一阶段的广告效果相对较好。此外,总体来看,在行为阶段的广告效果方面,不论是报纸头版广告还是五种书媒广告形式,得分均比较低,平均值都在 3 分以下。说明被试者对于购买和推荐该广告产品持偏抵制的态度。

4. 方差分析

方差分析有助于了解不同广告媒介形式对被试者的产品和品牌态度、购买行为倾向性的影响。分析分成三个组别:对产品和品牌的情感态度、对广告形式的态度和行为倾向性。其中关于对广告形式的态度的方差分析为验证组,以反映本次试验的信度。

通过方差分析,有关对广告形式的态度的检验,对应 P 值接近 0,表明广告形式的不同对被试者对广告形式的态度有十分显著影响,与实际情况相符,一定程度上表明本次试验的信度较为可靠。

由表中数据可知,不同的广告形式对被试者关于产品和品牌的态度有非常显著的影响(P 值接近 0),对被试者购买倾向性有一定影响,却不显著。

五、广告效果比较总结

一系列量化的指标的数值结果显示,在记忆效果、情感效果和行为效果上,书媒广告均优于报纸头版广告,其中在行为倾向方面,二者的差异不大,均处于比较低的水平。因此书媒广告的广告效果优于报纸(头版)广告。

而在五种形式的书媒广告当中,书签广告在记忆效果和情感效果上排名最高,对帮助广告主宣传产品和品牌形象有较大帮助,但其在行为阶段的广告效果不如封面和腰封广告。此外,综合各项数据显示,赠品广告在 5 种书媒广告当中,效果最差,广告主在选择这种广告形式时,应慎重考虑。

上文是实验法在书媒广告效果调查中的应用案例,从实验的提出、设计、执行、结果与总结等方面,综合论述了研究者运用实验法对书媒广告和报刊广告效果进行比较的全过程。此外,在出版物市场调查时,问卷调查法、实验法、实地观察法、访谈法等都是收集一手资料的常用方法。

【内容解析】

一、运用问卷调查法进行资料的收集

问卷调查法是指利用从总体中抽取的部分样本,以及设计好的结构式问卷,从被访者中获取所需的具体信息的方法。问卷调查法是出版物市场调查中最常用的一手数据收集方法。在定量研究方法中,问卷调查法是操作最为简便、应用范围最广的一种调查方法。

(一)问卷调查法的数据收集渠道

设计出版物市场调查问卷的程序与注意事项,已在本书项目四中详细表述,此处不再赘述。从数据的获取渠道来看,问卷调查法通常使用的有面访、电话调查、邮寄调查、网络调查等四种。

1. 面访调查

首先,面访调查有两种基本渠道,那就是入户面访和街头拦访。

入户面访是指在被访者家里采用结构式问卷进行一对一的交流,是访问实施最常

用的方式。这种形式一般是在抽样环节中已经确定了需要访问的家庭的具体地址,访问员可以根据地址找到需要访问的家庭,说明来意,请求接受访问。居民是否接受访问,是自愿的,作为访问员要努力说服居民接受访问,访问能否成功,在很大程度上取决于访问员的访问技巧和人际沟通能力。访问员为了取得受访者信任,最好佩戴有效身份证件和调查机构的证明材料。

入户面访方式的回收率较高,可以出示卡片等来辅助访问,而且可以通过观察来判断被访者的答案是否真实,但是这种方式也有它的缺点,那就是费时费力,而且很多人因为戒备心理拒绝开门,所以拒访率也比较高。近几年在北京、上海、广州等城市的入户面访拒访率高达80%以上。

街头访问是访问员在某个特定的场所寻找并拦截现场的目标人群进行访问的一种方法。拦截的地点一般是目标访问对象比较集中的地点,如街道、商场、医院、公园、车站、停车场、餐厅等。

街头拦访没有固定的访问场地,访问员分散在街头某个区域附近,手里拿着问卷,只要甄别到合格的被访者,当场就可以进行访问。相对来说这种方法较为简单方便、易于操作,并且它的时效性强、周期短,访问实施成本也较低。但是这种访问比较容易受到天气状况的影响,而且也很难做到事后复核。

2. 电话调查

电话访问是以电话为中介与被访者进行交谈以获取信息的一种问卷访问方法,是一种结构式的,且可以通过培训访问员实现标准化的访问。传统的电话调查就是访问员使用传统的电话,拨通被访者的电话,并用笔在问卷上记录被访者的回答。传统的电话调查完成之后,还需要进行数据录入环节,数据收集工作的效率不高。

电脑辅助电话访问(Computer Assisted Telephone Interviewing System)是对传统电话调查方式的改进,由一个硬件系统和软件系统的综合组成。

首先,硬件要求有专门的机房,至少有一台总控服务器,有若干台和服务器相连的电脑终端或工作站,终端或工作站之间要用隔板隔开,形成一个个独立的访问空间。每一台电脑一般都应该连接有若干条电话线、耳机式电话机、用于对访问全过程录音的双向录音设备。

其次,软件要求系统应有专门的问卷设计模块,访问时每个问题按照顺序显示在屏幕上;该模块应当支持跳答和逻辑判断功能;按照给定的原则,电脑应该自动进行那个电话号码的抽取,自动拨号;电脑支持线上访问,访问员直接面对电脑显示屏进行访问;屏幕可以按顺序显示所有的问题,也可以完成一个问题再显示另一个问题,访问时,随时用鼠标或键盘把答案记录到电脑中,电脑自动进行逻辑判断,如果答案中有逻辑错误则自动提示;电脑还要支持双向录音功能,系统一方面给访问员施加压力,保证访问质量,另一方面也可以根据录音对访问结果进行复核;督导员可以随时对任意一个访问的访问过程进行监视和监听;软件系统应该支持对完成的访问结果进行及时的简单统计和分析,系统能自动记录每个访问员完成的人数、拒访情况、访问时间并进行分析。

电脑辅助电话的流程一般包括以下几个步骤:

(1)确定访问对象和样本量;

(2)确定抽取电话的原则,比如是利用计算机随机生成号码,还是利用已有的电话号码库,如何实现不同项目的具体要求等;

(3)生成问卷,电话调查问卷要求使用口语化的语言风格,问卷的长度不宜太长,最好控制在20分钟之内,在软件中同时设计跳答模式和逻辑判断标准;

(4)对系统进行测试,检验能否按照要求生成电话号码,能否正常拨号,跳答模式是否正确实现,逻辑判断起不起作用等;

(5)挑选和培训访问员,访问员要求口齿清楚,有一定的语言表达和沟通能力;

(6)实施访问;

(7)访问结果传回服务器整合;

(8)访问结束,数据导出。

这种访问方式周期短,能够迅速得到结果,省去了路途奔波、问卷印制等费用和数据录入和查错等环节,具有显著的优点。但是电脑辅助电话访问方式对调查对象范围有所限制,局限于电话普及率较高的城市地区,而且因为无法向被访者出示卡片和图片等辅助性访问工具,因而涉及广告效果测试和图书封面装帧设计等相关主题的问卷往往无法采用这种调查方式。

3.邮寄调查

邮寄调查指的是将调查问卷及相关资料寄送给读者,由读者根据要求填写问卷并寄回的一种调查方法。邮寄调查这种读者调查方式广泛出现在报刊和图书领域中,往往以读者意见表或者改版读者调查问卷等方式呈现。

邮寄调查一般需要遵循一定的程序与步骤:

第一步,就是收集调查对象的通信地址。要完成这一步工作必须首先确定调查总体的特征和样本要求,通过什么渠道和方法获得关于样本的名单和通信地址。这些样本的名单常常是借用一些现成的资料进行专项研究的,例如报纸杂志的订户名单、分类广告客户资料、购书时客户留下的送货地址和电话等。如果调查总体非常大,则需要按照一定的原则从中抽取一定数量的样本。抽样工作可以在获得地址资料前进行,然后针对样本去寻找资料,也可以在已有的全部地址资料总体中直接抽取。

第二步,一般是事先和被访者打招呼,这样可以提高答卷的质量和回收率。虽然

《温州晚报》改版读者调查问卷

EVENING NEWS 温州晚报
读者调查标识

2007 年 7 月 10 日，《温州晚报》进行了创办以来最大程度的改版。为了及时了解读者的意见和要求，我们特开展此次读者调查，希望得到您的支持和配合，对您认可的，请在有关选项前的空格内打“√”。

请将调查问卷填好后邮寄至：**新城大道温州晚报大厦 1303 室**（请贴上读者调查标识，邮资总付）；或登陆《温州晚报》网站 www.wzwb.com.cn，直接在网上填写问卷内容。有效答卷的读者将获赠精美礼品一份。

读者资料

姓名　　性别　　地址　　电话
身份证号码：　　（仅供领取礼品时核对用）
本人年龄：□25 岁以下　□26~35 岁　□36~45 岁　□46~60 岁　□60 岁以上
学　　历：□初中或以下　□高中　□大专或本科　□研究生以上
职　　业：□在校中学生　□在校大学生　□普通职员　□自由职业者
□职业白领　□公务员　□中高层管理者　□其他

1、您认为改版后的《温州晚报》：
□好看多了　□有进步
□差不多　□改版不成功

2、您对改版后《温州晚报》的总体评价：
①报头设计
□很好　□好　□一般　□较差
②版面内容
□很好　□好　□一般　□较差
③版式设计
□很好　□好　□一般　□较差

3、您喜欢阅读改版后《温州晚报》的哪些版面内容（可多选）：
□要闻版　□昨夜今晨　□社会新闻
□民生新闻　□财经新闻　□热点新闻
□教育新闻　□浙江新闻　□文娱新闻
□体育新闻　□中国新闻　□世界新闻

4、您喜欢改版后《温州晚报》系列周刊中的哪些周刊（可多选）：
□汽车周刊　□旅游周刊　□房产周刊
□健康周刊　□消费周刊
□城市周末　□家庭周刊

5、《温州晚报》改版后哪些栏目给您留下了较好的印象（可多选）：
□雪君工作室　□流动编辑室　□点题调查
□新闻服务站　□24 小时说吧　□寻找
□其他（请注明）

6、《城市周末》是《温州晚报》改版后新推出的周刊，您最喜欢阅读哪些内容（可多选）：
□封面　□要闻深读　□印象城市
□人物广场　□心灵深巷　□话题讲坛
□风情故园　□探秘快客　□池上楼
□春草池　□天下风云　□环球关注
□异国扫描　□军事博览

7、“有家的地方，就有《温州晚报》”，因此，《温州晚报》改版后保留了《家庭周刊》，你喜欢《家庭周刊》哪些版面（可多选）：
□温州人家（即封面版）　□亲情客厅
□美食过道　□持家窗口

8、您希望从改版后的《温州晚报》上更多地阅读到哪些内容（可多选）：
□全国综合新闻　□世界新闻　□体育新闻
□温州综合新闻　□文娱新闻　□科技知识
□财经新闻　□股市行情　□法制新闻
□房产信息　□旅游信息　□人物新闻
□言论时评　□读者来信　□汽车信息
□健康信息　□其他（请注明）

9、您通常阅读《温州晚报》的习惯是：
□先看头版导读，然后再慢慢看其他文章
□先读自己喜爱的版面，再匆匆阅读其他内容
□只看几个固定版面，其他不看
□先浏览各版标题，然后选看自己感兴趣的内容
□每次或大多只将全报浏览一遍
□从头到尾仔细阅读
□好文章反复看，有时还做剪报
□没有固定的阅读习惯

10、您准备继续订阅明年的《温州晚报》：
□继续订阅　□临时购买
□不打算订阅　□看情况再定

11、您对进一步办好《温州晚报》有何建议（敬请附言）：

图 5－1　《温州晚报》读者调查问卷

这种打招呼通常仅仅是通过打电话或者寄送一张明信片等来说明，但是往往能在一定程度上满足被访者的情感需求，激发其合作的热情，具有较好的效果。

第三步，就是寄出或者随刊发行调查问卷。

第四步，为了鼓励调查问卷的填写和寄回，调查活动的组织者往往为寄回问卷的受访对象准备好致谢的小礼品，或者给被访者提供一个中大奖的机会。

邮寄调查是最早使用的一种数据收集方法。其优点非常明显，那就是调查空间范围广，随刊寄送问卷成本低廉，节省了访问员劳务费等费用，而且被访者出于主动配合，题目可以回答的更加认真负责，也可以回答部分深入性的或者开放性问题。但是邮寄调查的缺点同样突出，那就是样本的代表性不强，问卷的回收周期较长，效率不高等。特别是样本的代表性是我们进行调查活动时首先考虑的问题，如果样本缺乏代表性就不能应用于描述性调查，可以作为大型调查前的探索性调查或者个案调查等。邮寄特别是随刊发行的问卷调查活动往往收集到的信息是来自积极受众，他们的意见容易使调查活动的组织者得出偏于乐观的结论。

4. 网络调查

网络调查是随着互联网的兴起而发展起来的一种新型调查方式，其分为以下几种类型：

第一类,电子邮件调查

随着互联网的发展,我国过亿网民平均拥有 1.5 个电子邮箱,这使得电子邮件调查成为可能。电子邮件调查与传统的邮寄调查有一定相似之处,先要收集目标调查对象的电子邮件地址,然后将电子版的说明信和问卷打包发送到这些地址,必要时可以多次追踪催促,也可以通过电话或者电子邮件事先通知被访者。这种方式操作简单,时效性强,避免了邮路往返,节省了打印费用,但是需要注意的是,目前上网网民年龄在 30 岁以下的占到 70% ,而且未婚者比例在一半以上,这样一个总体并不适合大多数调查研究活动。

第二类,自选的网上调查

自选的网上调查是指将调查问卷放在互联网页面上,然后在门户网站或者某网站入口处发出调查邀请,网民根据个人兴趣主动访问该页面并填写问卷。这是目前运用网络进行调查时被广泛应用的,由于是被访者自愿填写,也更能够体现网民的真实想法。但是,这种方法的缺点就是无法随机抽样,是一种非概率抽样方法,参加者往往是众多读者中间的积极分子,即便有时参加调查的样本数量很大,但是也无法对网民总体具有代表性。

第三类,网民的自愿者盘奴

盘奴(Panel)是调查中一个术语,是指一个可供在不同的时间多次调查的固定样本。网民的自愿者盘奴一般是通过在访问流量较高的网站中召集的一些自愿者组成的。自愿参加调查的人,需要注册个人资料,在每次调查前,通常以电子邮件和密码来确认个人身份。这种调查仍然不能消除样本代表性不强的问题。

与其他数据获取渠道相同,网络调查方式这种数据获取方式优点与缺点并存。

首先,网上市场调查的实施可以充分利用 Internet 作为信息沟通渠道所具有的开放性、自由性、平等性、广泛性和直接性等特性,使网上市场调查具有一些传统的市场调查手段和方法所不具备的特点和优势。

及时性和共享性:网上调查是开放的,任何网民都可以进行投票和查看结果,而且在投票信息经过统计分析软件初步自动处理后,可以马上查看到阶段性的调查结果;

便捷性和低费用:实施网上调查节省了传统调查中耗费的大量人力和物力;

交互性和充分性:网络的最大好处是交互性,因此在网上调查时,被调查对象可以及时就问卷相关问题提出自己更多看法和建议,可减少因问卷设计不合理导致调查结论偏差;

可靠性和客观性:实施网上调查,被调查者是在完全自愿的原则下参与调查,调查的针对性更强,因此问卷填写信息可靠、调查结论客观;

无时空、地域限制:网上市场调查是 24 小时全天候的调查,这就与受区域制约和

图 5 - 2 出版物市场网络调查示例

时间制约的传统调研方式有很大不同;

可检验性和可控制性:利用 Internet 进行网上调查收集信息,可以有效地对采集信息的质量实施系统的检验和控制。

当然,网络调查方式也存在明显的缺点,在短时间内其仍然不是主流的调查方式。这是因为虽然这种方式效率高、成本低,但是它的样本不具有代表性,样本通常集中于年轻人群,对儿童和老年人的调查不可行。而且网络调查方式回答率不高,网络中的虚拟身份也可能导致不真实的回答。以上缺点使得网络调查方法在描述性调查时无法推断出总体的面貌,所以使用需谨慎。但是随着互联网的普及,相信网络调查会越来越受到欢迎,样本的代表性也会逐渐提高。

表 5 - 1　主要调查方式以及他们的优缺点

	面　访	电话访问	邮寄访问	网络调查
成　　本	高	中	低	很低
速　　度	中	快	慢	很快
前　　提	必须能接触到受访者	都必须有电话	都必须识字	必须能够上网
主要问题	组织访问员	获取电话号码	处理不完整的答卷	年轻人居多

（二）访问员的培训与管理

1. 访问员的选拔

挑选访问员是决定一项调查成功与否的重要工作。访问员一般可以分为专职访问员和兼职访问员。专职访问员是专门以实施访问为职业的人,一般在调查公司有少量专职访问员,同时也存在针对某个具体项目而临时招募的兼职访问员。

一个优秀的访问员应该具备这样的素质:

（1）通常是友善的,善于表达的,对外界社会拥有很强的好奇心。

（2）具有较强的心理缓释能力,当遭受别人拒绝时,心情能得到较好控制。

（3）身体素质过硬,能够长时间步行,不受恶劣气候的影响。

（4）具有诚实而认真的优良品质,在访问中不作弊,对受访者的个人信息能保守秘密。

（5）拥有令人愉快的外表和形象。访问员的形象要给人一种愉快、可信任的感觉,着装要符合身份,不要过于张扬,也不要毫不讲究。

2. 访问员的培训

不管针对专职访问员还是对临时招募的兼职访问员,为期两天的培训工作都是必要的。培训是访问标准化的开始,是把访问员集中到同一个地点、在同一时段内进行的。培训一开始,要给每个访问员分发一份访问必需的问卷、卡片、访问中需要出示的材料等物品。

常规培训通常先向访问员介绍本次调研活动的目的、对象、方法、时间进度安排、访问实施在整个研究中的地位和重要性,介绍负责调查活动的联络人等。接下来提出对访问员的职业道德要求:要求他们保持诚实、客观、认真、负责的态度,不弄虚作假;要求访问员为受访者和访问结果进行保密;在访问过程中,不要和受访者闲聊,保持中立态度,不要对受访者进行暗示或误导。再讲解本项目中如何实施具体抽样,怎样和被访者打招呼,如何避免拒访的发生以及怎样引导进入访问、怎样询问和追问、怎样记录、怎样结束访问和离开访问地点等。

项目培训是在常规培训的基础上,项目负责人以每个问题的指导语为核心,让访问员理解跳答、顺序轮换、记录等是如何具体操作的;还要针对每个问题访问中可能出现的情况分别给出处理方法;接着应该主持现场的模拟,并对问卷进行试填。

访问的技巧培训通常包括确定访问的时间、开场白、追问技巧、记录答案和结束访问的注意事项等。访问时间一般在周末和晚上进行,可以保证访问的成功率;避开可能打扰被访者的时间段,如早上太早、晚上太晚和午休及吃饭时间;开场白一般按照问卷上的封面信进行,提问时语速要慢,吐字清楚,被访者不理解时再重复提问;若需要出示卡片,则在问题读完之后再出示,并且在不同的受访者面前采取轮换顺序出示卡片;当受访者答案不确定时,访员可以重复提问或者沉默以鼓励受访者进一步陈述意见;在结束访问的时候,应该记录被访者的地址和电话,为了复查工作提供方便,并承诺保密;赠送礼品后再次检查确认所有材料没有遗落在受访者家中。

（三）访谈调查的监督与绩效评价

完成对访问员的培训之后,一般要留一定的时间让他们练习和充分熟悉问卷及访问流程,然后组织统一领取访问所需的问卷、材料、给受访者的礼品、证件等物品。访问实施周期不能太长,一般集中在一个周末完成。

在访问的全过程中,都要有一定的监督管理措施,目的是保证访问员严格按照培训要求实施访问,具体负责监督管理的人称为督导员。督导员对访问的管理主要体现在对访问实施质量进行全面管理,具体来说包括:督导员每人至少陪访一次;每天回收当天完成的问卷,对所有回收问卷进行检查、校订,有缺项、漏项或填写错误的找出错误原因,让访问员重新入户补填;对所有回收的问卷进行一定比例的复核;随时解决访问员所遇到的问题,包括问卷中的问题和问卷以外的问题,都需要调查活动的组织者及时予以帮助。

（四）问卷的发放与回收

督导员对问卷的复查工作主要包括:检查问卷是否完整,也就是该填的都已填写正确,没有错项漏项;是否按要求进行了记录;记录的清楚完整与否;问卷的回答是否存在逻辑错误。如果出现上述现象,需要找出原因设法补救。

督导员在接收问卷时,有下列情况的问卷不予接收:

问卷明显是不完整的,如缺页或破损;

问卷的回答是不完全的,有相当多的地方没有填写;

回答的模式说明访问员或被访者没理解和遵循要求去访问,如没有按要求跳答、没有按要求记录等;

访问员没有按要求筛选被访者,问卷是由不合要求的被访者回答的;

问卷中有明显的错误或前后矛盾的地方;

问卷完成的不认真、不严肃,字迹潦草难辨,问卷被涂画得非常乱;

答案几乎没有什么变化,如在用李克特量表中无论正向还是反向都选了"2"等。

（五）问卷调查法在读者阅读意愿、阅读行为与满意度调查中的运用

问卷调查法在出版物市场调查活动中使用率最高，应用面最广。特别是涉及对出版物市场现状的客观描述而不是涉及因果关系等验证的项目，譬如读者的接触率、接触行为与偏好、满意度等调查项目，是问卷调查法在出版物市场调查的主要应用案例。下面以读者满意度调查为例做出说明。

满意度调查实际上是对读者的媒介消费态度和传播效果进行测量，赵彦华在其《媒介市场评价研究——理论、方法与指标体系》一书中指出，"'读者满意度'是指读者需求获得怎么样程度的满足"。并分析了读者满意度与市场占有率之间的相关性，指出研究报纸受众的满意度，对扩大报纸的市场占有率意义重大。她还说，"将读者满意度数值化就是'读者满意度指标'"。

影响报纸满意度评价的因素包括相互关联的四个方面：报纸报道内容评价指标、报纸版面设计评价指标、广告评价指标和报纸印刷/发行评价指标。

这四个方面又可以具体分出 21 个影响满意度的具体因素：报道的时效性、报道的真实性、报道的准确性、报道的全面性、报道的深度、报道的趣味性、报纸的知识性、报纸的文化品位、生活类信息实用性、报纸的可读性、与受众的互动；版面编排水平、图片使用、标题制作、文章编辑水平；广告数量、广告吸引力、广告可信度；印刷质量、投递时效、零购方便等等。

这 21 个因素贯穿于报纸满意度评价的始终，基本涵盖了影响满意度的各个环节。认识并使用这 21 个指标来构成满意度评价指标体系对于了解受众与报纸之间的内在规律大有裨益。

1. 报纸报道内容评价指标

在报道内容方面，报道的时效性、真实性和准确性无疑是必不可少的因素，而其他因素体现的是更高的报纸运作水平，对受众来说，满足了报道的时效性、真实性和准确性是起码的要求，这些因素只能使受众认识到它是一份报纸，并没有起到刺激阅读的功效。

报道的全面性、深度、趣味性、知识性、文化品位、实用性、可读性和互动性，对受众的阅读和购买行为有很强的刺激作用。一份报纸能够全面深入地报道新闻事件，比那些所谓"易碎品"的新闻更能引起受众的阅读兴趣，因为其告诉受众的是新闻的来龙去脉，有故事的成分，这是采写手法上对受众的激励作用；趣味性、知识性和文化品位分别对应的是新闻事业的娱乐性、教育功能和引导功能，这些功能可以进一步使受众得到收获和教益，也很有激励作用；至于实用性、可读性和互动性，都是为了照顾受众心理而设置的，因为对生活有帮助的报纸更能赢得受众的喜爱。

2. 报纸版面设计评价指标

较高的文章编辑水平是确保报纸内容准确的必要保证；而版面编排、图片和标题

制作都会在受众的视觉上产生某种冲击,诱发受众的购买动机。

3. 广告评价指标

刊登广告是现代媒介的一项基本功能。广告数量的多寡不会成为受众阅读和购买该报的影响因素,它只是维持着报纸作为信息载体的功能;而广告的吸引力和可信度,从视觉和心理上都会给受众留下深刻印象。

4. 报纸印刷/发行评价指标

投递时效和零购便利程度、印刷质量等都是构成读者满意度的重要指标。

所以,在设计满意度评价指标体系时,应当看到价格所处的具体位置,必须与内容的质量相联系来考量。

(六)问卷的审核

1. 问卷审核的原则

首先,真实性原则。对问卷中的答案要根据实践经验和常识进行辨别,看其是否真实可靠地反映了被访者的客观情况。尤其是对于具有逻辑关系的指标,要检查其是否合乎逻辑。

其次,准确性原则。就是说对于同一个调查指标,不同的访问员理解是否一致、记录的方式能不能保证其具有可比性。例如,对于每天收看报纸的时间,问卷中明确规定采用"分钟"为记录单位,而某个访问员却采用记录为 10"小时",用什么单位记录看上去是等价的,但录入时,录入员一般就只看数字,很可能就会录入为 10"分钟",这样就导致了很大的误差,一个常看报纸的人被误作为不太看报纸的人对待,整张问卷的其他答案都变得不准确。这种情况下审核员可以直接在问卷上用红笔把 10"小时"改为 600"分钟"。

最后,完整性原则。要检查问卷是不是按照规定的方式填写完整,有无该填写而空着未填的地方,要求跳答的位置是否正确。

2. 问卷审核的主要内容

资料审核应该对每份问卷认真审查,其中应对以下内容重点对待:

被访者的背景材料,即检查被访者是否属于规定的抽样范围;问卷是否完整清楚;问卷是否真实可信;问卷中是否存在明显错误或疏漏。

3. 对审核后问卷的处理

第一种处理方式是按作废处理。一般来说,对于出现问题较多的问卷,应该作废处理。不过如果作废数量太多,就不能保证研究所需的样本量和估算的精度要求。因此,当不满意的问卷和满意的问卷相比,被访者之间没有明显差别并且不满意的问卷占总问卷的比例小于 10% 的情况下,才酌情作废。

第二种处理方式是退回实施现场补救。

第三种处理方式是进行无回答处理。如果有些问卷无法退回现场进行补救,校订人员可以把不满意的答案按缺失数据处理。

最后一种处理方式是校正。校正就是校订和修正的意思,例如某处的记录不够清楚或者单选题选择了多个答案或者该跳过不问的问题也询问了,这些存在小问题的问卷可以由审核人员向访问员核实后对错误进行校订和修改。

(七)问卷的编码

审核工作完成之后,就可以进入问卷的编码阶段。编码是将问卷中原始答案转换为容易录入和分析的格式的过程。

1. 事前编码

事前编码一般在设计问卷的同时就已经进行了,因为大部分的问卷是结构式的,每个问题都有固定的顺序。除了对每个问题进行编码,还有必要对每一份问卷编号,一般在问卷分发给访问员去实施前就进行了统一编号,这样在实施中遗失的问卷马上可以发现。

2. 事后编码

在数据收集结束后进行的事后编码,目的是给某个没有事先编码的答案分配一个代码。比如"其他"可能包括很多内容,特别是开放题中事后编码的工作量很大。

(八)数据的录入与查错

数据录入是指将问卷或编码表中的每一个项目对应的代码通过一定的方式输入计算机。录入是按问卷进行的,一份问卷就是一条记录,在录入界面就是一行。但是无论录入人员责任心有多么强都不能完全保证没有手误的发生。为此,我们还要进行数据查错。

数据查错主要包括:

首先,一致性查错。例如性别的取值范围是 1 和 2,而结果中如果出现了 3,这说明一定有错。其次是逻辑查错,例如年龄在 20 岁的人职业竟然是退休,从不收看某个频道电视节目的人却对该频道的某个节目评价很高,这些都是不符合逻辑的。

(九)数据分析前的统计预处理

1. 缺失数据的处理

在许多情况下,小量的缺失回答是可以容忍的。但是如果缺失值比例超过 10%,就可能出现严重问题。处理缺失值的方法有以下几种:

第一种处理方式是可以用样本统计量去代替缺失值,最典型的做法就是使用变量的均值。例如一个被调查者没有回答其收入,我们就用整个样本的平均收入或用该被访者所在子样本的平均收入去代替。

第二种处理方式是利用某些统计模型计算得到的比较合理的值来代替。

另外还可以将存在缺失值的样本整个删除。

2. 加权处理

如果样本分布和总体分布有显著的差异,用这样的样本数据去推断总体肯定是不合理的。在加权处理时,要给数据库中的每一个样本一个权重,用于反映其相对于其他样本的重要性。加权处理广泛地应用在具体的特征指标方面,使样本对总体更具有代表性。例如某儿童出版社在全省范围内进行了一次读者抽样调查,农村样本占30%,城市样本占70%,而总人口分布中,农村人口占60%,城市人口占了40%,由于样本对总体没有代表性,因此要对样本进行加权处理。

$$加权系数(权重) = \frac{总体比例}{样本比例}$$

按照加权系数的计算方法,农村样本的权重为2,城市样本的权重为0.5715。

加权处理的另一个作用是调整样本,使具有某些特征的被访者被赋予更大的重要性。如果研究的目的是某家报社进行改版,那么专家的意见就可能比一般读者的意见更加重要,因此赋予他们较大权重;经常阅读该报的读者和很少阅读该报的读者的意见的重要性也不同。通过加权处理,我们可以给专家的意见赋予权重3,给经常阅读该报的读者的意见赋予权重2,而不常阅读者的意见就是1。

二、实验法资料的收集

(一)实验法的含义和设计步骤

1. 实验法的含义

实验法是用来研究传播现象之间的因果关系的一种调查方法,是在受控的环境中研究一个或几个变量的变化引起另一个或几个变量的变化情况。实验法是在人为设计的一个特定、非自然的状态下进行,换言之,就是在研究者的控制下进行的。

2. 实验主题设计、步骤设计

(1)创造实验的条件

要做到这一点,必须具备以下三个条件:

首先,尽量消除外部因素的影响。为了达到正确的结论,必须使实验对象置身于外部干扰较少的情境之中。

其次,保证研究者可以操纵实验刺激的强度。

最后,在试验中能够产生对照和比较。控制实验中,往往把对象分成两组,一组接受各种刺激实验,另一组不给刺激,过一段时间后进行比较。

(2)确定实验的假设

要进行控制实验,首先必须明确目的,否则实验将无法开展。实验法也和其他调查方法一样,首先要提出一定的假设。

(3)选择实验的对象

在选择实验对象时,需要尽量选择具有某种同质性,即具有年龄、性别或教育程度等相同特征的对象,把其他因素的差别所造成的外部影响减少到最小。另外选择实验对象还应该注意不能给实验对象造成伤害。

(4)完成实验设计

在明确研究目的是什么、调查对象是谁以及本次试验涉及哪些因素后,将实验对象分组,对控制实验小组成员实施刺激,观察效果并作记录到特定时间进行最终数据比较,分析出现这种差异的原因,即某两个或两个以上变量间的因果关系或者相关关系。

3. 常用的实验设计方法

实验设计是整项实验的架构,它的具体形式多种多样。但是一些符号和表格通用的。几乎所有的实验记录,我们都采用这样的方式和方法描述。我们常常使用的符合如下:

R 表示实验设实验组和控制组,需要对研究对象随机化分组。

X 表示实验处理的过程,即对实验组进行自变量刺激的过程。

O 表示对因变量进行测量;通常用数字脚注表示是第几次测量,如 O_2 表示第二次测量。

下面就一些常用的实验设计做简要介绍。

(1)准实验设计

所谓准实验设计就是没有严格地进行随机分组和严格控制实验刺激的实验设计方法。准实验往往是利用某些自然状态下的便利条件进行的,实验者无法采用随机抽样方法选择实验对象并分组,有时也不能进行前测,它的实验设计不太严格,因此准实验并不是严格的科学实验,它的实验假设不一定是因果关系。

首先,准实验设计中比较简单的是相关设计。它的记录可以采用表 5 - 2 的形式。

表 5 - 2　相关性实验设计记录表

非随机分组	前测	实验	后测
实验组	无	X	O
控制组	无		O

其次,等时间序列设计也是一种常见的准实验设计形式。

等时间序列设计只有一个实验组。它的实施方法是对实验对象先进行测量,然后再实施刺激,再测量,再刺激,依此类推。这个过程可以用表 5 - 3 来表示。

表 5 - 3　等时间序列实验设计记录表

非随机分组	测量	实验刺激	测量	实验刺激	测量	实验刺激	测量
实验组	O_1	X_1	O_2	X_2	O_3	X_3	O_4

在日常实践中,作家常常把初步完成的部分内容朗读给样本读者,然后根据这些读者的反应对作品情节进行修改,如此反复修改最终才能确保其作品是具有市场号召力的畅销作品。

（2）简单实验设计

简单实验设计是为了考察一个自变量和一个因变量之间的因果关系,它一般分为1个组或者2个组,引入的自变量只有一个取值。其实验过程用表5-4表示。

表5-4　简单实验设计记录表

无随机分组	前测	实验刺激	后测
实验组	O_1	X_1	O_2
控制组	O_1		O_2

例如,为了配合世界艾滋病日的宣传,我们随机选取100名读者,使用量表测量他们对艾滋病和艾滋病患者的态度。然后分成两组,实验组阅读某部反映艾滋病的科普读物,控制组不进行任何刺激,两个小时后,再次测量所有被试者的态度。如果测量的结果发现,完成阅读读物的读者对艾滋病和艾滋病人的态度接纳程度明显高于后者,这就说明收看反映艾滋病题材的科普读物对艾滋病的社会接纳程度能够产生影响。

（3）多组实验设计

上面介绍的实验设计方法都只推断了一个自变量和一个因变量关系,但在现实生活中,这种单一因素的关系基本上不存在,常常是多个变量对另一个变量共同起作用。多组实验设计就是同时考虑多个自变量对一个因变量的影响以及自变量间交互作用的实验设计。

三、观察法资料的收集

观察法是起源于人类学家对少数民族的文化研究,继而被社会学、心理学和传播学采用的一种定性研究方法。观察法也是出版物市场调查中应用得比较广泛的一种基本研究方法。所谓观察就是观察者根据研究课题,借助眼睛、耳朵等感觉器官和其他仪器与手段,有目的地对研究对象进行考察,以取得研究所需资料的一种方法。

（一）实地观察的分类

实地观察分为人员观察和机器观察,这是根据观察者的"身份"来分类的。

在人员观察中,由人来观察实际发生的行为,人为地记录说看到、听到的现象。例如在书店内观察人们购书的决策过程,以及在书店附近观察人流量,以确定该商店选址是否正确。

在机器观察中,是机器设备而不是人在记录观察到的现象,机器可以连续地记录发生的行为,但需要研究者判断是否进行分析。在广告研究中,发达国家就常常借助现代化的测量仪器。

1. 视向测定器

视向测定器又称眼睛照相机,这种仪器可以在一秒钟内拍摄十几个视线动作,测出视线停留的位置和时间,用以探测被调查者对广告的反应,由此来分析构成广告各要素的被注意的程度。

2. 瞬间显露器

瞬间显露器可以向被调查者做瞬间性的广告提示(提示的时间可以从千分之五秒到十秒作适度调整),然后询问对广告的记忆程度,逐步对提示时间进行增减调整,由此决定构成广告的记忆时间。瞬间显露器可以测试平面广告各要素的"显眼程度"、平面广告中广告语、图片、细文、公司名称等位置、广告的色彩搭配与构图等。

3. 心理反应记录器

个人感情变化的强度与脉搏跳动的速度、血压的高低、呼吸的快慢以及出汗的多少息息相关。理论上认为,当一个人受到感兴趣的广告画面时,体内的电流脉冲会变得活跃。所以广告研究者常常利用这种机器,根据被调查者的感情变化,测定出他们受到某种信号刺激后心理反应的状况,由此来发现广告的优缺点。

4. 记忆鼓

记忆鼓用于测定被调查者在一定时间内对广告的记忆程度。

(二)实地观察法资料收集的程序

1. 确立研究问题

在开展出版物市场调查时,研究问题的确立一般是出版企业出于特殊需求而进行的。当提出调查主题的时候,调查研究的设计人员应该首先确定需要采用什么方法进行调查。观察法适合于一项重大调查活动开始前的探索性调查活动。

2. 选择观察地点

观察地点取决于研究问题,一旦确定了研究对象或者说研究领域,就要针对所观察的行为或现象,选择具有一定的发生频率的观察环境。这个地点要能容纳观察者计划使用的记录设备,并可以保持相对持久和稳定。如果经费和时间允许,最好选择一个以上的地点,不仅可以对比评估,还可以作为备选地点。

3. 进入观察环境

观察地点确定之后,观察者就可以进入观察环境了。进入观察环境时,可以根据研究问题的需要,与被观察者建立适当的关系。进入观察环境的困难程度与观察环境的公开性和被观察对象的意愿紧密相关。最容易进入的观察环境是向公众开放的校园、机场、车站、医院、马路等公开场合,最难进入的观察环境是有关单位或组织的内部。

进入观察环境的方式分为非参与式观察和参与式观察两种。非参与式观察是指观察者以旁观者的身份置身于观察对象的活动之外的观察方式。参与式观察是指观察者不仅仅进入观察环境,还以内部成员的角色参与各种活动,并在活动中开展观察。非参与式观察常常被用来作为探索性调查的方法。比如出版发行专业学生到印刷车间进行观摩,就是一种典型的非参与式观察。参与式观察因为能够了解到观察者的内心,往往能够获得一些较为深入的资料,所以常用于有深度的专题调查中。

4. 选择观察样本

与其他调查方法相比,观察法的样本并不明显。首先,样本量没有标准,没有抽样原则。所以观察法的样本并不适合用随机抽样。但是观察者还是应该心中对样本的代表性做出整体性的构想,即观察法的抽样设计一般采用主观抽样方法,由观察者根据自己的知识结构和主观判断来确定。

5. 确定观察内容和观察计划

参与观察的资料整理并非在离开观察环境之后再进行,而应该是事先制定观察计划,列出观察内容。观察内容一般从情境条件、人物活动、人际关系、目的动机四个方面来展开。情境条件包括被观察者身处的自然环境和社会环境;观察人物活动是指被观察者的饮食起居、服饰打扮、禁忌喜好、礼仪应酬、言谈举止等行为发生的频率如何,这些行为发生的过程以及结果是怎样的,人们采取怎样的对策或态度等;人际关系也是观察的重要内容,它是指读者群中有没有形成非正式群体,群体中谁是核心,谁最活跃,谁较孤立,他们决策的过程是怎样的等等;目的动机是指通过实地观察可以了解被观察者的某种行为是否具有明确的目的或深层动机,各观察对象的目的和动机有没有一致性。

6. 收集资料

观察法与问卷调查法、访谈法等调查方法不同,其没有明确的调查问卷,没有访谈提纲,非参与式观察甚至与被观察者没有直接交流。非参与式观察如果采用传统笔记本在现场记录容易引起注意或怀疑,会使观察对象感到不安和受到侵犯。为了解决记录和整理笔记的麻烦,观察者可以采用机器观察,具体的机器在上文已做介绍。参与式观察法可以由观察者主要听被观察者说话,不要轻易打断研究对象的话语和思路,但要注意因势利导,谈话的大方向需要研究者心中有数,避免跑题。

7. 离开观察环境

离开观察环境需要事先做好安排,设定一个退出观察环境的时间表,避免观察者被环境同化而丧失完成调研的能力。如果是隐匿身份的观察活动,突然离开有可能在被观察者中引起不安,所以离开观察环境要比较机智地处理。

8. 分析资料和撰写观察结论

结构式观察的资料分析工作比较简单,直接按照事先设计好的观察表格把资料录入到电脑中,再借助软件进行汇总和统计就可以了。对于事先没有严格计划的观察,资料分析主要包括归类和内容分析,需要根据记录下来的内容建立归类系统,把原始资料组织成有序的信息。

根据资料分析的结果,应该形成观察结论。在形成观察结论方面,观察者应该注意以下几点:

主观偏见,观察者避免从自己认为有意义的方面来解释观察对象的行为,使结论缺乏客观性;

分类误差,避免观察者通过对观察资料的简单分析就匆匆作出结论,应当仔细检查度量尺度的正确性和有效性;

原因误差,观察者可能会简单地把某一个因素作为另一个因素产生的原因,忽略了可能存在的其他多种原因,这样会使结论简单化;

潜在因素,观察者通过直接观察访问和在图书馆中查阅资料,积累了大量信息,但在作结论时没有对这些信息进行筛选和淘汰,使结论存在潜在误差;

观点片面,观察结论形成时,研究者往往会只强调某一观点而排斥其他一切观点,这样得出的论断由于忽略了其他可能性而犯了片面性的错误。

(三)实地观察法资料的适用范围

参与观察法应当谨慎使用,如果观察者被当成入侵者或与被观察者在观点上完全不相同时,可以考虑其他调查方法。如何规避伦理困境是观察法需要面对的现实问题。

当参与观察法可以在公开场所进行时,往往可以起到问卷调查法所不能起到的作用。比如,书报亭、书店、户外广告牌等销售终端选址是否恰当,往往对销售成绩具有显著影响。而选址恰当与否的一个重要表现就是经过该处的人流量大不大。计算人流量可以采用人员观察,把总调查时间按照某种标准划分为若干个子时间段,从中随机抽取几个子时间段,那么从每个子时间段内经过的人数就可以估计出总时间段内的人流数量了。具体计算方法,如同案例5.2所示:

◇案例5.2

书店人流量调查

某家连锁书店在某十字路口设立分店已经一年,生意一直不够理想,上级命令该分店店长写出一份市场分析报告,在会议上讨论。该店长立刻想到分店位于新的居民小区,虽然有很大的市场潜力,但是目前人流量还无法与繁华街区相比。那么怎样才能更加量化地说明问题呢?

如何计算书店的人流呢?可在周一至周五中抽样挑选几个时段,如可分别挑选10:00AM～1:00PM、1:00～4:00PM、4:00～7:00PM、7:00～10:00PM,每时段中挑选1个小时,以秒表计算经过该店面人数,得出4个数字,将4个数字分别乘以3再相加,便是一般工作日的过客客流量。以同样的方法也可计算出周六、周日的过店客流。

一般工作日,4个时段各选1个小时以秒表测得制过店客流:

100 人(周一 10:00~11:00AM)×3+50 人(周二 1:00~2:00PM)×3+150 人(周四 4:00~5:00PM)×3+250 人(周五 8:00~9:00 PM)×3=1650 人/天;

周六周日,4 个时段各选 1 个小时,以秒表测得制过店客流:

200 人(12:00~1:00PM)×3+300 人(3:00~4:00PM)×3+400 人(6:00~7:00PM)×3+600 人(8:00~9:00 PM)×3=4500 人/天;

月过店人数推算:1650 人×5 天/周×4 周+4500 人×4 周+4500 人×4 周=69000 人。通过计算过路客流量,就可以乘以一定比率,推知消费人数,进而推知书店营业额。

四、访谈法资料的收集

(一)访谈法的含义与特点

访谈法是由访谈者根据调查目的,按照访谈提纲,通过个别访问或集体交谈的方式,向调查对象进行系统且有计划地收集资料的一种定性研究方法。

顾名思义,这种方法是通过交谈来实现信息搜集的,这种交谈既包括面对面的直接交谈,也包括借助电话、电视、电子邮件、QQ、微博、论坛等通信手段进行的远距离交谈,以及通过翻译进行的使用不同语言交谈。

面对面的交谈是访谈法中最常用的收集资料的方法。在这种访谈中,调查者可以看到被访者的表情、神态和动作,有助于了解更深层次的问题。

表 5-5　访谈记录表

姓名		性别		专业		学历		籍贯	
爱好						业余生活			
问题及回答					计时	非语言信息			
						平静	微笑	沉默	手势

电话访谈是调查者借助某种通信工具(电话或电视电话)向被访者收集有关资料,

是间接访谈的一种形式。电话访谈可以降低面对面访谈带来的巨大人力、物力和时间需求,提高了访谈的效率。但是不能观察被访者的非语言信息,因而无法判断被访者的回答是否为样本本人回答或者回答内容是否认真负责。

网络访谈是访问者与被访者通过 QQ、电子邮件、论坛等多种途径,以文字、声音、图像等多种形式进行交流的一种新型访谈形式。网络访谈在时间、空间、人力、物力和金钱方面比电话访谈更加节约,效率更高。同时,调查资料的记录由电脑完成,可供日后反复研究参考。以语言形式还是视频形式进行,可以由双方共同确定,不影响观察记录的同时进行,所以这种调查形式会成为未来访谈法发展的重要形式。

与其他调查方法相比,访谈法具有某些相似性,又具有自己独特的优点。

1. 访谈法与其他调查方法的相似之处

访谈法有时会运用访谈提纲对调查对象进行访谈,这在形式上容易与问卷调查法相混淆。但实际上,访谈法所使用的访谈提纲并不是调查问卷,它一般是开放式的,对每个问题不设定备选项供访谈对象选择,而是鼓励访谈对象发挥主动性和创造性,因而可以获得比普通调查问卷更多、更深入的信息。

访谈法虽然主要通过交谈形式进行,但是也往往设计访谈记录表,来实施对访谈对象的观察、记录。访谈中调查活动的主持人可以通过观察来了解访谈对象的非语言信息,因而又具有观察法的某些特点。

2. 访谈法与其他调查方法的区别

与问卷调查法等调查方法相比,因为访谈法这是一种社会交往活动,鼓励访谈对象的主动性和创造性,因而可以得到一些相对深入和具体的信息,从而弥补问卷调查法等方法因为样本量较大以及标准化问卷不够深入的缺陷。在开放式的深入访谈中,调查者可以根据访谈对象的具体情况来决定是否选择较为私密和安静的环境,以及对交谈内容进行灵活掌控,因而可以获得信度和效度相对较高的信息和数据。

但是,与其他调查方法相比,这种调查方法也存在样本量小,耗时,花费高等缺点,并且访谈法是一种基于主观抽样方法的小型访问活动,其调查对象的产生并不能保证对调查总体的代表性。

(二)深层访谈法

深层访谈法(In-depth Interview)是依据开放的访谈提纲进行一对一访问的形式。深层访谈避免了小组访谈法中随着群体反应而态度摇摆不定的现象,还可以针对一些保密性的、敏感的话题进行讨论,例如了解某品牌图书企业的成功经验或者某竞争对手的态度等。

1. 深层访谈法的适用范围

因为访谈法的费时、费力特点限制,深层访谈法比较适合调查对象较少的小范围调查,特别是个案调查。深层访谈法适合于对个案的历史、态度、决策过程等进行深入了解。另外,某两个变量之间是否存在因果关系或其他相关关系,也可以通过深层访谈法进行探索性调查。

2. 深层访谈法的实施过程

深层访谈法与普通问卷调查法的实施过程很相似,都基本可以归纳为确定研究问题、招募受访者、实施访问和分析资料等几个部分。具体可以分为:

第一步,明确研究目的。在这个阶段,研究者必须理清当前的困境和问题,即明确调查活动的委托方"欲知而未知"的到底是哪方面的信息。

第二步,进行访谈设计。在这个阶段,调查活动的研究者应该明确被访者应该具备哪些筛选条件,即从人口统计学、心理学、社会学的意义上选择使用哪些年龄段、性别、民族、学历、职称、人文背景等因素作为选择标准。接下来,调查活动的设计者要将研究目的转化为一系列的访谈问题,将这些问题按照逻辑顺序排列后形成访谈提纲。虽然深层访谈法常常使用的是无结构式交流方式,但是一个较为具体和详细的访谈提纲仍然是主导整个访谈活动的"线索"。

第三步,选择、筛选访谈对象。深层访谈活动的对象与普通问卷调查法中样本的产生方法不同,不是由一系列抽样方法产生的,而是通过调查活动的设计者主观判断产生的或者由调查项目的委托方指定产生的。因为样本量小,选择样本的时候需要特别强调其典型性。

第四步,联系访谈对象,提供访谈提纲,创造融洽的氛围,开始访谈。

第五步,实施深层访谈。访谈过程以访谈提纲为参照,一个问题接一个问题的开展,但是可以根据访谈对象的反应而改变顺序或者增减问题。如果征得访谈对象的同意,可以进行录音或者录像的话,尽可能做好资料保存工作。访谈过程中要注意运用访谈技巧,诱导访谈对象进一步发挥主动性,使话题深入发展。访谈完成后,应该感谢被访者的配合与支持,并给予事先约定的物质奖励。

第六步,整理、分析访谈记录表。访谈结束后,调查活动的设计者应该根据录音或现场记录,进行整理和统计,并使用事前设定的分类系统,将原始数据进行编码。

第七步,将结果写成摘要报告。

3. 访谈技巧及注意事项

深层访谈形式上往往是一对一的访问,访问员需要注意以下访问技巧:

(1)问题应该尽可能简明扼要。提问时,避免从否定形式进行提问。

(2)应该使用简单易懂的词语,避免使用专业术语或者网络用语、外来音译词,或者某些专有名词的简称。

(3)访问提纲应该尽量客观中立,访问过程中尽可能表述中立,避免强烈感情色彩。

(4)在不会引起被访对象反感的前提下,适当运用追问的形式,引导被访对象继续谈话。

（5）运用沉默与短暂停顿的办法，给被访者一定的思考时间，同时也向被访者传达一种"期待对方回答"的信号，刺激对方回答问题。

（6）必要时重复被访者的回答，同样可以刺激对方思考自己的回答，或者对自己的回答做出解释。

（三）小组访谈法

小组访谈法也叫集体访问法或者座谈会法，常常用来测量受众的态度和意向等方面的信息。一般是 8～12 人作为一个小组，在特定的地点，由主持人主导，针对某个主题进行深入讨论。所以，访谈法通常用来找出某种传媒现象背后的原因等。

按照调查的主要目的不同，调查会可分为两类：一类是以了解情况为主的调查会，一类是以研究问题为主的调查会。

按照调查的内容不同，调查会也可分为两类：一类是综合性调查会，其内容比较全面、广泛，但往往不够深入；一类是专题性调查会，其内容比较集中、专一，往往能较深入地了解情况和探讨问题。

按照会议的形式不同，调查会议亦可分为两类：一类是讨论式的调查会，即与会者互相研讨、互相争论，既可互相补充，又可互相反驳；一类是各抒己见式的调查会，即与会者可以充分发表自己的意见，但不允许批评别人的意见。

按照调查的方式不同，调查会也可分为两类：一类是口头访谈方式，即面对面的直接调查；一类是书面咨询方式，是指背靠背的间接调查。

1. 小组访谈法的适用范围

小组访谈法虽然最早应用于社会学研究，但是现代社会中市场研究也常常使用小组访谈法。在出版物市场调查中，研究者用这种方法了解读者对图书、报纸、期刊的使用情况、评价以及意见态度，借以洞悉其深层的心理动机。以期在产品设计、改进和新产品开发等方面做出更为正确的决策。

2. 结构式小组访谈法

结构式访谈又称标准化访谈（Standardized Interview），是按照统一设计的有一定结构的问卷所进行的访谈。这种访谈是严格控制和标准化的。访谈中问题空间及其顺序、提问的方式、对疑问的解释以及调查结果的记录都严格遵守问卷的要求或者访谈任务书的要求，甚至访谈的时间、地点、环境等外部条件也要求同访谈任务书保持基本一致。

结构式小组访谈法虽然也是定性研究方法，但是可以有一定样本量，具有某些定量研究方法的特点。而且，它还便于对不同的访谈者的回答做出比较。结构式访谈的另一大优点是回收率高，一般的结构式访谈回收率可以达到 80% 以上，而且回收问卷的应答率也高。但是这种访谈内容缺乏弹性，形式呆板，限制了访谈法本身具有的深入和灵活的特点,得到的信息不如普通访谈法深入,也不如问卷调查法的样本量大和对总体的代表性好。

结构式小组访谈法的组织实施步骤是这样的:

第一步,明确访谈主题。例如,广告设计人员希望通过了解某个作品是否成功,就可以通过小组访谈的形式来了解目标消费者对该广告作品的评价。

第二步,抽样。访谈法一般采用主观抽样方法,由研究者根据自己的判断决定由谁参加。例如关于洗涤用品的广告一般会招募一些家庭妇女等。

第三步,准备访谈提纲。在召开访谈会之前,主持人需要做好准备工作,特别是准备好提问提纲,同时也要准备一些展示的实物或者卡片等。访谈提纲也称访谈进度表。访谈提纲的主要内容就是一份想了解的问题清单。问题的先后顺序取决于访谈目的、访谈对象、访谈要点以及访谈话题的敏感程度。较敏感的问题往往放在访谈的后期。

◇案例5.3

下面是针对普通员工开展的一项关于企业文化的访谈活动的提纲示例。

一、您的人生经历可分为几个阶段? 对您有影响的大事有哪些? 对您有重要影响的人物有哪些? 对您最有影响的著作或文章有哪些? 为什么?

二、请您谈谈您的个人工作经历,以及个人的感悟。

三、您最喜欢的人生格言是什么? 以及您的人生观和价值观是什么? 为什么?

四、请您简要地介绍一下本企业的发展历史,您认为可概括为几个发展阶段? 每个阶段的特点都是什么? 为什么?

五、您认为本企业的传统文化的优秀成分有哪些? 在现代市场经济形势下,存在哪些思想观念、文化传统、行为习惯在阻碍着本企业的快速发展,应予以改良和提升?

六、您自从上任以来,坚持经营本企业的思想或原则是什么? 为什么?

七、请您谈谈本企业存在优势和劣势,以及发展战略。为什么?

八、请您仔细分析一下本企业所面临的机遇与挑战? 为什么?

九、您对当前企业文化建设的目的、要求和期望各是什么?

十、请问本企业的竞争者都有哪些? 他们都有哪些特点? 以及本企业面对现实,如何去竞争制胜?

十一、您总结一下,本企业在生产经营过程中,始终坚持的价值取向是什么? 为什么?

十二、请您用一句话概括一下本企业的特征。

第四步,选择恰当的时间和地点。时间上,访谈应该尽量避开国庆节等重大节日或者其他重要日子,以免访谈内容会牵扯到日期有关的内容上。访谈会最好安排在周末的白天或者工作日的晚上,访谈对象能以相对轻松的心情袒露真实想法。地点上,一般建议选择访问对象居住集中的地区。如果需要投影设备,投影屏幕则最好放置在主持人身后。

第五步,在集体访谈过程中应注意以下几个问题:打破短暂沉默;创造良好气氛;开展民主、平等的对话;把握会议的主题;做一个谦逊、客观的主持人;做好被调查者之间的协调工作;做好会议记录;及时结束会议。

第六步,小组访谈会后注意及时整理会议记录,查证有关事实和数据,并做出必要的补充调查。

另外,在进行小组访谈时,常常需要注意以下几点:主持人应该态度中立客观,融入气氛,而不是高高在上;访谈过程中注意做好记录或者录像等;及时做好资料整理并撰写分析报告。

3. 头脑风暴法

头脑风暴法(亦称直接头脑风暴法),是按照一定规则召开的鼓励创造性思维的一种会议形式。头脑风暴法是一种非结构式访谈会。这种会议形式的主要规则是:首先,会议主持人简要说明会议主题,提出讨论的具体要求,并严格规定讨论问题的范围;接着,鼓励与会者自由发表意见,但不得重复别人的意见,也不允许反驳别人的意见,以便形成一种自由讨论的气氛,激发与会者创造性思维的积极性。

会议中,支持与会者吸收别人的观点,不断修改、补充和完善自己的意见;鼓励与会者在综合别人意见的基础上,提出自己的新想法;对要求修改或补充自己想法的人,提供优先发言权;会议的主持者,特别是高级领导人和权威人士,不发表自己的意见,不表示自己的倾向,以免妨碍会议的自由气氛。

与头脑风暴法相映成趣的是反向头脑风暴法(亦称质疑头脑风暴法)。它是对已经形成的设想、意见、方案进行可行性研究的一种会议形式。它的主要规则,与头脑风暴法有一致之处,也有不同之点。它的特点是:会议的参加者对已提出的设想、意见、方案,禁止进行确认论证,而只允许提出各种质疑或批评性评论。反向头脑风暴法的一般程序是:首先,对已经形成的设想、意见、方案提出质疑或批评性评论,一直进行到没有可质疑或批评的问题为止;其次,把质疑或批评的各种意见归纳起来,并对其进行全面的分析、比较和评估;最后,形成一个具有可行性的具体结论。

4. 小组访谈法的优点与缺点

与访问调查法相比较,小组访谈法的突出优点是了解情况快,工作效率高。人多见识广,是小组访谈法的另一个优点。小组访谈法的最大特点是集思广益,有利于把调查与研究结合起来,把认识问题与探索解决问题的办法结合起来。

此外,小组访谈法简便易行,可适用于文化程度较低的调查对象,有利于与被调查者交流思想和感情,有利于对访谈过程进行指导和控制等。

与个别访问相比较,小组访谈法的最大缺点是无法完全排除被调查者之间社会心理因素的影响。另一个缺点是,有些问题例如敏感话题等不宜于集体访谈。此外,小组访谈法占用被调查者的时间较多。

【项目小结】

本项目是出版物市场调查活动的关键部分。在本项目中,我们一共讲授了二手资料分析法、问卷调查法、实验法这三个定量研究方法的资料收集方法以及观察法和访谈法这两种定性研究方法的资料收集方法。这些调查方法都可以从不同的角度对整个出版物市场的各种现象进行观察、测量,各有优缺点,各有适用范围,研究者在选择调查方法时,应该根据他们各自的调查目的和调查主题而定。

◆核心技能

1.能根据问卷调查方法的要求,有效培训和管理调查员;

2.能对同一则平面广告开展不同对象间的效果测量或者对一册直投广告杂志(DM)开展小样本量效果测量实验;

3.能根据历年畅销书排行榜进行内容分析探讨中国畅销书发展趋势,并说明其背后读者观念的变化;

4.能根据中外不同报刊对同一新闻事件的报道,进行比较分析,并说明造成这种差异的原因。

◆课后自测

一、选择题

1.访问结束时,访员应该注意做好的三件事是:记录受访者地址和电话、赠送礼品以表示感谢和(　　　)。

A.检查材料有无遗漏

B.对受访者书写不清的地方进行补充或修正

C.记录受访者答案

D.解释问题和答案

2.对读者数量及购买力、购买欲望、潜在需求量、投入、支出比重及变化趋势等等的调查称为(　　　)。

A.市场基本状况调查　　　　　　　B.读者及阅读行为调查

C.市场商品需求调查　　　　　　　D.销售情况调查

3.直接资料与间接资料相比,(　　　)。

A.直接资料可以节省费用　　　　　B.直接资料可信程度高

C.间接资料适用性更强

4.观察法的局限性表现在(　　　)。

A.可靠性低　　　　　　B.适应性不强　　　　　　C.明显受时空限制

5. 非标准化访问一般不宜用于(　　　)。

A. 重点调查　　　　　　　　B. 全面调查　　　　　　　C. 典型调查

二、问答题

1. 如何评价二手数据?

2. 如何组织小组座谈法?

3. 深度访谈中提问有什么技巧?

4. 调查法分为那几种方法? 它们一般如何操作?

5. 观察法有哪些具体的方法?

6. 实验设计的主要内容有什么?

三、案例分析

《美容大王》是当代世界出版社出版的一本畅销书,由台湾地区超人气天后大S徐熙媛根据自己的亲身经历撰写的一本美容保养书。在这本书出版之前,出版社曾经做一系列的市场调查。通过调查了解可能购买这本书的读者是哪些? 通过何种途径对读者表述卖点? 如何更好地满足这群特定的读书人? 可能主推这本书的卖书人是哪些? 最后根据调查获得的信息资料,出版社成功推出这本书,仅仅两个多月,发行18万册,荣登各家畅销排行榜。

阅读上述案例材料,假设你是出版社工作人员,请问你会采用什么方法进行市场调查以解决上述案例中提出的问题,请具体说明采取的市场调查方法的情况。

【单元实训】

实训任务单

任务名称	长沙某都市报读者调查资料的获取	
实训情境	长沙某都市报为了提高办报质量,调整办报思路,为读者提供更好的服务,特组织了一次读者调查。在上一个项目实训中,已获得了相关的样本,现需进行数据资料的收集工作。项目组将在报刊亭摊主中组织座谈会进行深层访谈,另外针对广大读者和潜在读者群进行大型问卷调查活动。	
实训目标	知识目标	1.了解问卷调查法、访谈法的特点和适应范围; 2.识记 CATI、盘奴等专业名词; 3.了解访谈法和问卷调查法实施过程的注意事项。
	能力目标	1.掌握访谈提纲的撰写技能; 2.能运用头脑风暴法等方法进行访谈会主持; 3.能挑选调查员并进行项目培训; 4.能组织实施调查并回收、整理问卷。
	素养目标	1.培养学生的团队合作精神; 2.培养学生的组织协调能力。
实施环境	1.小型会议室; 2.居民社区。	
实训过程	1.选取访谈对象; 2.拟定访谈会主持人提纲; 3.准备时间、地点、发放访谈材料; 4.会场控制和结束; 5.挑选调查员和培训调查员; 6.调查实施; 7.问卷回收和整理。	
实训成果	1.访谈提纲; 2.访谈会记录表; 3.已经填写完毕的调查问卷; 4.调查实训个人小结。	

【实训评价】

考核要素	评价标准	分值（分）	评分		
			自评（10%）	小组（30%）	教师（60%）
知识掌握	对问卷调查法、访谈法的特点和适应范围应用准确；				
	遵守访谈法和问卷调查法实施过程的注意事项。				
能力训练	访谈提纲的撰写符合调查目的的要求，较为全面和客观；				
	头脑风暴法等方法进行访谈会主持自然得体，既掌控局面又鼓励受访者发言；				
	对调查员进行项目培训，全面准确，符合项目需要；				
	调查实施过程对调查员要求严格，调查员态度认真负责；				
	问卷回收、整理工作细致。				
素养培养	团队分工合作，工作任务分配合理；				
	服从组长安排，有责任感，按质按量完成任务。				
评价人					
合计					
评语					

教师：
年　　月　　日

整理分析出版物市场调查资料

引言

在项目三的单元实训项目中,小王首先要通过抽样的方式来确定他的调查对象,然后可以利用问卷来收集这些对象的有关资料。小王调查的对象也许是 100 人,也许是 200 人。无论哪种情况,小王都会收集到大量调查对象的数据资料。这些初始的数据资料是杂乱无章的,通过初始数据资料小王也许并不能对于他书店商圈内的潜在购书者的情况有更清楚多的了解。为了解决这一问题,小王就需要对这些初始数据进行一番整理,包括对于所收集资料的审核、分组等,并借助于图形、表格来更直观地呈现这些数据资料,同时他还可以利用一些常用的分析指标来更深入地了解这些数据背后隐藏的信息。只有这样,小王才有可能对于商圈内所有潜在购书者的情况了解得更加深入、透彻,并为他的书店经营提供支持。在这个项目中,我们将告诉读者整理、分析调查资料的基本方法,同时也希望读者能运用这些方法整理、分析所获得的调查资料。

任务1　整理调查资料

【案例导入】

山西省新闻出版产业调查实施方案

为全面贯彻落实全国新闻出版统计工作会议精神,指导全省科学开展新闻出版产业调查工作,结合我省新闻出版统计工作实际,由山西省新闻出版局与山西省统计局合作协调,制订本方案。

一、调查目的

在新闻出版统计年报和新闻出版单位年度核验的基础上,全面、准确掌握全省范围内从事新闻出版业务的单位和个体经营户的数量、地区分布、从业人员、经营状况、产业规模等基础数据,建立新闻出版统计数据库,为科学判断产业发展态势与结构特征,制定新闻出版业"十二五"发展规划,调整新闻出版产业政策,改进宏观调控,加强行业管理提供可靠的数据支撑;为完善新闻出版统计制度、改革统计工作方法、提高统计数据质量,实现全行业统计创造条件;为新闻出版单位准确判断形势,科学制定发展战略提供数据服务,推动新闻出版业又好又快发展。

二、调查对象和业务范围

本次调查的对象是全省范围内从事新闻出版业务的单位和个体经营户。

业务范围包括:图书出版、期刊出版、报纸出版、音像出版、电子出版物出版、网络出版、手机出版,图书批发、报刊批发、音像电子出版物批发、图书零售、报刊零售、音像电子出版物零售,印刷、复制、排版打字复印、印刷物资供销、出版物出口、出版物进口、版权贸易、版权代理,电子书等阅读终端制造、电子书等阅读终端销售,网络游戏、网络动漫、手机动漫;广告,内容的策划、制作与提供,行业服务,其他新闻出版业务活动,新闻出版单位的非新闻出版业务等。

三、调查内容和调查时点

本次调查是在新闻出版统计年报和新闻出版单位年度核验基础上开展的补充调查。调查内容包括:

1.主要经济指标:资产合计、净资产、利润总额、营业收入、主营业务收入、主营业务成本、主营业务税金及附加、本年应缴增值税、本年应缴所得税、经营税金、业务支出、工业总产值、出版单位总产值、总产出、增加值。

2.行业活动主体数量:企业法人数量、事业法人数量、事业兼企业法人数量、社会团体法人数量、非法人单位数量、个体经营户数量、企业集团数量、非集团多成员单位数量。

3.从业人员人数:全部从业人员人数、企业从业人员人数、事业单位从业人员人数、社会团体从业人员人数、其他单位从业人员人数、个体经营户从业人员人数、企业集团从业人员人数等。

调查的标准时点是 2009 年 12 月 31 日,时期资料为 2009 年度。

四、组织机构(略)

五、调查方法与数据质量控制

本次新闻出版产业调查工作,是结合新闻出版统计年报和各级新闻出版行政部门年度核验、出版单位评估等工作,辅以必要的补充调查而开展的一次行业情况摸底调查。调查工作按照"省局指导协调、部门分工协作、地方分级负责、各方共同参与"的原则开展,重点要摸清新闻出版产业中非国有、数字出版、出版服务等行业主要经济指标、行业活动经营主体、从业人员等数据。

(一)调查方法

1.对于图书、报纸、期刊、音像制品、电子出版物出版,发行,出版物印刷等已纳入新闻出版统计年报全面调查范围,从事新闻出版业务的单位,由计财处会同出版管理处、新闻报刊处、科技与数字出版处、印刷复制业管理处确定调查对象后,通过在年报表中补充加入调查指标的方式随统计年报上报。

2.对于图书批发、报刊批发、音像电子出版物批发、图书零售、报刊零售、音像电子出版物零售业务的调查,由出版物发行管理处会同各市局确定调查对象,并结合年度核验向被调查单位发放、催报新闻出版产业基本情况调查表。

3.对于印刷、复制、排版打字复印、印刷物资供销业务的调查,由印刷复制业管理处会同各市局确定调查对象,并结合年度核验向被调查单位发放、催报新闻出版产业基本情况调查表。

4.对于网络出版、手机出版、电子书等阅读终端制造、电子书等阅读终端销售、网络游戏、网络动漫、手机动漫业务的调查,由科技与数字出版处会同各市局确定调查对象,并向被调查单位发放、催报新闻出版产业基本情况调查表。

5.对于版权贸易、版权代理业务的调查,由版权管理处会同各市局确定调查对象,并向被调查单位发放、催报新闻出版产业基本情况调查表。

6.关于广告。主要指出版单位在其出版的期刊、报纸等纸质载体或开办的网站等数字载体,以及拥有的建筑物等出版物以外的载体上刊登他人广告的业务活动。这项业务的调查对象主要是报刊出版单位。其他出版单位有广告业务的,也要进行调查。

7.关于内容的策划、制作与提供。指出版单位以外的单位或个人就出版物内容进行的策划、写作、制作并将其提供给出版单位采用的业务活动,以及出版单位将其出版物的内容提供给网络出版者、手机出版者等开发、使用,但自身并不参与制作加工的活动。这项业务调查对象的确定由出版管理处和新闻报刊处、科技与数字出版处负责,并分别向被调查单位发放、催报新闻出版产业基本情况调查表。

8.关于行业服务。行业服务主要指为新闻出版单位提供版式与封面设计、校对、印刷或复制业务代理、短期培训、市场调查、行业研究、咨询、数据服务、会展服务、认证服务等活动。对这项业务的调查,请各处室都认真进行清查,尽可能地将相关单位纳入调查对象。

数据填报采用网上直报方式,由样本单位登录全国新闻出版统计网站填报《全国新闻出版产业基本情况调查表》。对于没有条件采取网络直报的,由各市局根据基层单位上报的纸质报表统一录入,上交电子版与纸质汇总表各一份(纸质汇总表加盖市级文广新局公章)。对于印刷业中从事复印、打字、影印的个体经营户和发行业中的个体经营户,可结合实际,以县(市、区)为单位汇总后上报(要附个体经营户名录)。上报数据必须符合总署统一规定的数据结构,满足统一规定的数据审核要求。

(二)数据质量控制

调查数据质量控制贯穿于调查工作的全过程。为保证数据质量,各级调查工作机构要建立数据质量控制机制,指定专人负责,落实岗位责任制。特别要做好调查方案设计、调查对象清查、调查人员培训等基础工作,加强对数据填报质量监测、数据质量抽查、数据审核验收等关键环节的控制,采用动态趋势分析、结构对比分析、相关指标关联性分析等多种方法对数据质量进行综合评估。

六、实施步骤

按照工作小组的工作部署,本次调查分三个阶段实施。

(一)调查部署及准备阶段

1.动员部署。我局会同山西省统计局召开统计工作会议,制订并下发实施方案,统一部署全省新闻出版产业调查工作。

2.组建机构。各级文化广电新闻出版局要成立新闻出版产业调查指导和工作机构,负责本辖区内的调查工作。指导和工作机构由分管领导和有关业务部门负责同志组成。

3.组织培训。我局组织对全省各地市新闻出版产业调查工作人员的集中培训。培训重点为产业调查方法、调查指标解释、调查软件(特别是填报系统)的使用等。

(二)调查开展及数据上报阶段

4.确定调查对象。各地区要根据方案确定的调查范围,组织对各类调查对象认真清查。要按照属地原则,充分利用行业年度核验、出版单位评估等材料和行政记录,对辖区内各类新闻出版行业从业主体进行逐一清查,确定调查对象的总体数量和名录,最大限度避免遗漏。

市级新闻出版产业调查工作机构要将印刷,发行等方面最近年度核验的资料按照《新闻出版单位年检基本项目表》格式整理后,将 Excel 文件格式的电子文本上报山西省新闻出版局办公室。

5. 确定调查方法。各市新闻出版产业调查工作机构根据本方案要求,确定本地区采用全面调查的范围,并组织实施。

6. 数据填报。调查对象通过网络直报系统完成数据填报。上报数据须符合工作小组办公室统一规定的数据结构,满足统一规定的数据审核要求。各市新闻出版行政管理部门负责本地区基础数据催报工作。

7. 数据核验。各级新闻出版产业调查工作机构负责本辖区内数据的核验工作。数据核验可采取与年检资料进行核对,与单位会计资料核对,与上年度统计资料核对等方法,采用全面检查与重点核查相结合的方式进行。核验重点是:调查单位是否有重复和遗漏、填写是否完整、数据质量是否可靠、计量单位是否准确、逻辑关系是否合理等。

8. 审核验收。工作小组将组织有关人员对各地区上报的调查资料进行审核验收。各地区未通过审核验收的数据,须重新复核,汇总上报,并进行说明。

9. 督促检查。为保证调查数据质量与工作进度,要建立工作督查制度。对在调查工作中违反实施方案相关规定的调查工作机构和统计人员,应提出批评教育,情节严重的,进行通报批评。山西省新闻出版局将对各地区产业调查工作分阶段进行实地督查。

七、调查数据管理与使用

本次调查取得的数据资料,严格限定用于新闻出版产业调查的目的。各级调查机构和调查统计人员,要严格遵守《中华人民共和国统计法》、《全国新闻出版统计管理办法》及其实施细则的有关规定,做好调查资料的保存、管理及开发应用工作,认真履行对调查对象资料保密义务。

我们从上述《山西省新闻出版产业调查实施方案》可以看到,该项调查涉及的对象包括从事各类出版物出版、批发、零售、供销、出口、版权贸易等 32 个方面业务的从事新闻出版业务的单位和个体经营户,调查内容包括各单位及企业的主要经济指标、行业主题数量、从业人员人数三大类主要内容。在调查的过程中会取得大量数据资料,如果这些数据不加以整理,浏览、阅读必定是杂乱无序、令人眼花缭乱的,更不必说分析、发掘隐藏在表象之后的信息。下面我们就来学习调查资料整理的基本程序及方法。

【内容解析】

通过市场调查收集到的资料来自于各调查单位的方方面面,往往是分散的、不集中的;零碎的、不系统的;是反映个体的、不是反映总体的。正如引例所示,按照山西省出版业调查实施方案进行调查所收集到的数据是来自各个不同的业务单位和个体经营户,反映的是各"个体单位"的经营业务情况。直接根据这些资料对总体即整个山西省出版业进行分析,一方面难于找出规律;另一方面也无法对总体做出全面的判断和结论。尤其是在这一过程中会收集到大量的二手资料,这些二手资料在分组方法、总体范围或指标涵义、口径、计算方法等方面都有可能不符合本次市场调查的目的和分析的要求。因此,在使用调查资料进行研究、决策之前,必须对资料进行整理。

一、确认数据资料

由于收集的调查资料分散、零碎,甚至可能还有许多错误的数据与信息,为了保证调查资料的真实、可靠,我们在整理市场调查资料时首先要确认调查资料与数据的可靠性,即对数据资料进行确认,这主要包括三个方面的工作:

(一)数据资料审查

资料的审核是资料处理的第一步工作,是指研究者对调查所收集回的原始资料(主要是问卷)进行初步的审查和核实,校正错填、误填的答案,其目的是使得原始资料具有较好的准确性、完整性和真实性,从而为后续资料整理录入与统计分析工作打下较好的基础。在引例中,数据核验和审核验收工作的主要内容就是对数据资料的审查,从而更好地控制数据质量。

数据资料的审查通常采用两种方法:一是逻辑检查,二是计算检查。这两种检查都可以通过自查、互查或专家抽查的形式来进行。

1.逻辑审查

所谓逻辑检查是通过检查问卷中是否存在逻辑性错误来更正数据。在问卷设计时,各个问题之间常常具有逻辑关系,表明现象的相互关系及特征。例如:

◇案例6.1

Q1. 请问您最近三个月买过书籍杂志吗?

(1)经常买 (2)不经常买 (3)偶尔去买 (4)从没买过(跳答 Q5)

Q2. 请问您一般在什么地方买书籍杂志?

(1)书店 (2)杂志报刊亭 (3)路边书摊 (4)网上

Q3. 请问您通常为什么人买书籍杂志?

（1）自己　（2）小孩　（3）配偶　（4）其他家庭成员

上述三个问题之间是有密切联系的,只有第一个问题选择前三项这才能继续回答接下来的问题,如果在第一个问题中调查者回答从来没买过,则接下来的两个问题都不必回答,否则就犯了逻辑错误。这类错误通过直接浏览问卷就能发现。

2.计算审查

有时候仅通过逻辑检查难以根除问卷中的错误,需要通过计算才能发现其中的错误。

◇案例6.2

Q1.请问您的月平均收入在下列什么范围?

（1）2 000 元以下　　　（2）2 000~2 500 元　　　（3）2 500~3 000 元

（4）3 000~3 500 元　　　（5）3 500~4 000 元　　　（6）4 000~5000 元

（7）4500 元及以上

Q2.请问您平均每月购买书籍杂志的支出在下列什么范围?

（1）50 元以下　　　（2）50~100 元　　　（3）100~150 元

（4）150~200 元　　　（5）200~250 元　　　（6）250~300 元

（7）300 元及以上

Q3.请问您平均每月购买书籍杂志的支出占全部收入的比例在下列什么范围?

（1）1% 以下　　　（2）1%~3%　　　（3）4%~6%

（4）7%~9%　　　（5）10%~12%　　　（6）13%~15%

（7）16% 及以上

如果一份问卷罗列的是上述情况,则可以看出它存在逻辑错误,利用计算也可以算出其书籍杂志购买支出额与所占收入的比例存在问题。

从引例中我们可以看到,数据核验的重点是调查单位是否有重复和遗漏,填写是否完整、数据质量是否可靠、计量单位是否准确、逻辑关系是否合理等内容,其实也就包含了对调查所获得数据的逻辑审查和计算审查。比如在主要经济指标一项中,调查对象所填写或提供的资产合计、净资产、利润总额、业务收入、主营业务收入等指标有可能出现错误,通过判断各指标间的逻辑关系或通过简单的计算就能发现其中的错误,如各项业务收入都为正,而主营业务收入却大于业务收入。

（二）数据资料复查

为了确保调查资料的真实性、准确性,除了要对原始资料进行上述审核工作外,通常还要进行复查工作。所谓资料的复查,指的是研究者在调查资料收回后,再由其他人对所调查的样本中的一部分个案进行第二次调查,以检查和核实第一次调查的质量。

复查的基本做法是:由研究者自己或研究者重新选择另外的调查员,从原来的调查员所调查过的样本中,随机抽取5%～15%的个案重新进行调查。一方面核实原来的调查员是否真的对个案进行过调查(有的调查员会由于各种原因自编自填问卷答案,而实际并没有给被调查者填写或访问被调查者);另一方面可将两次调查的结果进行对比,以检查第一次调查的质量。在市场调查中,这种复查工作是必不可少的。

需要说明的是,并非所有的调查都能十分方便地进行复查。这是因为,复查必须依据第一次调查结果所提供的被调查者姓名、地址等等信息才能进行。对于一些缺少上述信息的调查样本来说,要进行复查往往是比较困难的。但作为研究者,在对调查方案、抽样方案及资料收集方法进行设计时,就要考虑到复查的问题,有意识地创造一些可以进行一定程度复查的条件。比如,对大学生阅读倾向做调查,可以先抽好学校、院系或年级,调查时,只由调查员从院系或年级中抽取一个班的学生作为对象进行调查。这样,研究者只需要每个调查员提供所抽取的班级名称,就可以对调查情况进行复查了。

(三)处置有问题问卷

无论是在初始调查所收集到的问卷还是复查中所收集到的问卷,都会存在逻辑错误、计算错误或回答缺失过多的问卷,针对这些问题,可以如下处理:

1. 返回现场重新调查

此方法适用于规模较小、被调查者容易重新找到的情形。但是,调查时间、调查地点和调查方式可能发生变化,从而影响二次调查的数据。

2. 视为缺失数据

在无法退回问卷,不能重新调查的情形下,可以将这些不满意的问卷作为缺失值处理。所谓缺失值也称缺失数据,指被调查者错答、漏答或者由于访问人员的原因造成的数据奇异值或缺失。如果不满意的问卷数量较少而且这些问卷中令人不满意回答的比例也很小,涉及的变量不是关键变量,在此情况下这些错答、漏答的数据可以视为缺失值。我们可以用平均值、相关推测值代替这些数据。

3. 视为无效问卷

当存在样本量很大、问题问卷占总问卷数量的比例在10%以下、问卷中令人不满意回答的比例较大、关键变量的回答缺失等情形时,可以将有问题的问卷视为无效问卷。

二、进行资料分组

市场调查资料的分组,就是根据市场调查的需要,按照一定的标志,将调查总体划分为若干个组成部分的资料整理方法。通过分组使得同一组内的各单位在分组标志上具有同质性,不同组之间的单位具有差异性。因此通过分组可区分市场现象的类型,反映市场现象总体的内部结构,研究市场现象之间的依存关系。

比如,我们可以收集调查对象的年收入数据以及年均购书支出两方面的数据,以此了解收入与购书支出之间是否存在某种依存关系。

(一)分组标志的选择

对市场调查资料分组的关键在于正确地选择分组标志。分组标志就是进行分组的标准或依据。分组标志选择是否正确,是资料分组能否发挥其作用的基本前提。分组标志一旦确定,在整理中就会突出单位在该标志下的差异,而掩盖单位在其他方面的不同。因此,调查总体由于选择的分组标志不同,得出的结论也会有所不同,甚至是相反的结论。为此,在进行分组时应遵循以下原则选择分组标志。

1. 依照调查研究的目的选择分组标志

对同一调查对象总体,由于调查目的的不同,需要采用不同的分组标志。例如,在研究某地区的消费品零售市场时,如果研究的目的在于分析某种商品的市场供应结构,分组时应当采用该种消费品的生产厂商或品牌作为分组标志;如果研究目的在于分析该种商品的消费结构,分组标志应当选择居民的户型或收入水平等。根据不同的研究目的,选择合适的分组标志,才能使分组资料更好地满足研究的需要。

2. 依据反映现象本质的特征选择分组标志

反映事物差异的标志很多,分组时应当抓住反映其最具本质区别的关键性标志作为分组标志。例如,在研究城镇居民购书支出时,可以了解户均购书支出,也可以了解平均每户每人的购书支出。考虑到每户家庭成员人数的差别,采用家庭人均购书支出作为分组标志要更加的合理。

3. 结合现象所处的历史条件和经济状况选择分组标志

事物都处于不断地发展和变化之中,在不同阶段研究对象所表现出的性质和特征都会有所不同。比如,原来研究工业企业规模时,一般以职工人数为分组标志,把企业规模分为大、中、小型三类。随着机械化、自动化水平的提高,这种分类方法已经不科学,因为有些机械化、自动化水平较高的企业,虽然规模很大,但职工人数却较少。

(二)资料分组的方法

根据资料分组标志的不同,对资料的分组可以是品质标志分组也可以是数量标志分组。

1. 品质标志分组

按品质标志分组,就是按照反映事物属性差异的品质标志进行分组。如按照读者的性别分组、按照婚姻状况分组、按照受教育程度分组等。这种分组能直接反映事物性质的不同,给人以具体明确的概念。按品质标志分组有的比较简单,如上面所举之例均如此,它们随着分组标志的确定,组别也就基本确定了;有的则比较复杂,如对人口职业分类就比较复杂,其类别繁多,且各组界限很难划定。对于比较复杂的重要品质标志的分组,国家往往编有标准分类目录,以统一全国分组口径。

2. 数量标志分组

按数量标志分组,就是按事物的数量特征进行分组。如分析收入与支出的关系,就要按收入数据分组。按数量标志分组,必须以分组结果能够反映被研究现象的不同类型和性质差异为前提。

引例中,如果对出版业经营单位按照所有制形式进行分组,就是按照品质标志分组,而如果按照业务收入进行分组则是按数量标志分组。在很多情况下,为了更好地弄清总体的全貌,会将调查对象既按照品质标志进行分组又按照数量标志进行分组。

(三)资料分组的形式

1. 简单分组

简单分组就是对研究对象只按一个分组标志进行的分组。如对被调查读者按性别分组,或按收入分组,或按学历分组,或按婚姻状况分组等。它们分别只能从一个角度说明现象的分布状况和内部构成。对于同一总体采用两个或两个以上的标志进行简单分组,形成平行分组体系。在平行分组体系中,各简单分组的分组标志是平等的关系,无主次之分。

2. 复合分组

复合分组就是对所研究对象选择两个或以上的标志进行层叠分组。即先按一个标志分组,然后,再对每一个组别按另一个标志作进一步分组。比如我们可以先对读者按照性别分为男性读者、女性读者;然后再在此基础上按照学历分组,分别了解在男、女读者中各种学历层次的读者分别有多少。复合分组在分组时,应根据分析的要求,确定分组标志的主次顺序,主要标志在先,次要标志在后。

在山西省对出版行业进行的调查中,如果将出版业经营单位一方面按照业务类型进行区分,同时又要搞清楚同一业务类型的经营单位中不同企业或个体的经营实力,就可以采取复合分组的方法。

三、编码和录入数据

要对实地调查中所收回的成百上千份问卷资料进行分析,还必须进行一项资料转换工作。这是因为,现在市场调查资料的统计分析工作已全部由计算机来承担了。为了便于利用计算机来处理和分析调查资料,首先要将调查所得的资料录入计算机。而要方便录入资料,其前提是对调查资料进行编码。

（一）资料的编码

所谓编码就是指设计一套规则，并且按照规则把以文字形式记录的资料转化成数码符号形式的资料的全部过程。

1.问卷编码

问卷编码就是给每个问题及答案一个数字作为它的代码。从资料处理的角度看，编码就是用阿拉伯数字来代替问卷中每一个问题的编号或者每一个问题的回答，或者说将问卷中的文字答案转换成数字的过程。关于问卷编码可以分为以下两类情况。

（1）预编码

一般来说，调查问卷中的大多数问题都是封闭式的，预先已经设计出可供选择的答案。有时，为了方便计算机处理，在设计问卷时就预先给这些答案设计了编码，这种编码方式称为预编码。对于大型问卷调查来说，由于调查的范围、对象、所调查的内容、问题的形式等都比较复杂，为了便于统一处理，一般会对某些问题答案进行预编码。预编码印在问卷每页的右侧，用竖线将其与问题及答案隔开。例如，一份读者基本信息调查的问卷中问题与相应地编码安排如图6-1所示。

此外，还有一种编码方式，即在问卷之外另行制作登录卡。登录卡是一个空白的数码矩阵，编码员根据编码说明书的编码方案将问卷所载的答案转化成数码填入适当的矩阵单元内，经过审核后，计算机就可以直接读取数码了。

表6-1　读者基本信息编码安排

A.读者性别	1.男　　2.女	1(此栏1表示该编码的码宽)
B.读者年龄	年	2～3
C.读者文化程度	1.博士　　2.硕士 3.大学　　4.大专 5.高中　　6.其他	4

（2）后编码

后编码是整理开放式问题答案并对其进行编码的有效方法。开放式问题的提出，是补充封闭式问题的不足，为深入追问被调查者对待特定问题的一些深层次看法而设计的。因为，调查设计者事先对问题不可能遇见到所有可能的答案，无法在问卷中给出数目不太多、又能互斥、穷举的一组可供选择的答案。对这类问题所给的答案进行编码时，首先要阅读部分（最好是全部）答案，记录和分析出包括多少类别，这些类别应该是相互独立的和穷尽所有可能的，然后对这些类别进行编码。

对开放式问题的答案进行整理和编码，不是机械性的作业。它所依据的不应该仅是答案的文字，更重要的是这些文字所能反映出来的被调查者的思想、认识和心理。如何将各种角度、依据不同标准给出的叙述性和评论性文字答案，整理成按同一尺度计量的单一系列答案编码,是对开放式问题的答案进行整理和编码工作的难点。正因为这种编码只能在对答案进行整理归纳之后进行,所以叫做后编码。

后编码可以按照下列步骤进行:

①挑选少量具有代表性的问卷,对答案进行全面的阅读和初步分类,以便初步判断答案的分布状况。通常会抽取全部问卷数的20%来实施这一步工作。

②将所有有效的答案列成频数分布表。

③拟定适宜的分组数。要从调查的目的出发,考虑分组的标准是否确实能符合调查目的;同时也要考虑计算机的处理能力和数据处理软件的处理要求。

④根据拟定的分组数,对列在答案频数分布表中的答案进行选择和归并。在不影响调查目的的前提下,保留频数多的答案,然后把频数分布较少的答案尽可能的归并成意义相近的几组。对那些含义相距甚远,或者虽然含义相近但合起来频数仍然不够多的,一律并入"其他"一组。

⑤为所确定的分组选择正式的分组标志。

⑥根据分组结果为数据制定编码规则。

⑦对全部回收问卷(开放式问题答案)进行编码。

2. 编码说明书

编码说明书是一份说明问卷中各个问题(即变量)及其答案与数据文件中的编码值之间一一对应关系的文件。在制定编码说明书时,要注意以下几个问题:

(1)所有资料都必须转换成数值,不允许使用字母或其他字符。

(2)使编码的内容保持一致性,通常的操作技巧是,用固定的数字顺序表示回答项的次序。例如,对所有测量等级、程序内容的项目答案,都以从小到大的原则分派编码。例如"1"表示最不喜欢;"2"表示不太喜欢;"3"表示喜欢等。

(3)每个数值码占据一列。要为每个变量留出足够的码位。

(4)对无信息的答案赋予标准代码。例如,可以用"0"表示"不知道";"0"表示"无回答";"0"表示"不适合"。

(5)尽可能用真实的数字做编码。例如,对于年龄、收入等在调查时获得的数据,在编码时,就以元数据作为编码。如"35"岁,编码就为"35";收入为"3000"元,编码就为"3000"。这样可以保持数据库的原始资料性质。

总之,制定编码方案是组建数据库关键的一步,其质量决定今后计算机处理的效率和速度。要依据编码方案,编制出编码说明书,以准确的语言和清晰的格式说明每一个问题、每一种回答的编码是什么,含义是什么。

在诸如类似山西省出版业调查这样的大型调查中,由于涉及的调查单位数量众多,调查内容庞杂,往往会事先根据调查的要求和内容制定好调查表。为了便于填写和录入,在调查表中就已经对一些调查内容进行了分组和编码,如本项目最后附录所示。

（二）数据录入

经过编码处理,调查收回的问卷中的一个个具体答案都已成功地、系统地转换成了由 0 ~ 9 这 10 个阿拉伯数字构成的数码,接下来的任务就是将这些数据输入计算机内,以便进行统计分析。

数据录入的方式主要有两种:一是直接从问卷上将编好码的数据输入计算机;另一种是先将问卷上编好码的数据转录到专门的登录表上,然后再从登录表上将数据输入计算机。登录表的横栏为问题及变量名,且都有给定的栏码(所谓栏码,是指定该问题的编码值共几位,以及它们在整个文件数据中所处的位置。比如,"性别"可以用"1"或"2",占据 1 位码宽,是第 6 号栏码;紧接其后的是"年龄"的编码,占据 2 位码宽,是第 7 ~ 8 号栏码),纵栏为不同个案的记录数据。表 6 - 2 就是登录表的一部分。

直接从问卷输入的好处是避免了再次转录中可能出现的差错,但它的不足是录入时要不断翻动问卷,录入的速度相对较慢一些。特别是当一份问卷问题较多、内容较长时,直接输入比较麻烦,效率较低。将问卷上的数据先转录到登录表上,再输入计算机的做法,录入速度较快,但要冒增加差错的风险。

无论是直接录入还是转录到登录表后再录入计算机,都涉及采用何种软件来输入及进行统计分析的问题。目前运用较普遍的统计分析软件主要有 SPSS、SAS、SYSTAT等,尤其是 SPSS 的应用更为广泛。

表 6 - 2   数据登录表(部分)

	城区	个案号	A1	A2	A3	A4	A5	$A6_1$	$A6_2$	……
	1	2 - 5	6	7 - 8	9	10	11	12	13	
个案 1	2	0387	2	39	3	2	2	1	1	
个案 2	4	0441	2	41	2	3	4	1	0	
个案 3	3	1024	1	50	2	5	2	2	1	
个案 4	6	0036	1	28	3	7	1	0	0	
个案 5	1	0189	2	30	4	1	1	0	0	
个案 6	3	0816	2	44	1	6	2	2	1	
……	……	……	……	……	……	……	……	……	……	

注:在上表中,城区一栏中的"1"代表××市××区,"2"代表××市×××区,……;在个案号一栏中,"0387"代表第 387 号被调查者,其余依此类推;A1 栏为性别代码栏,"1"表示男性,"2"表示女性;A2 栏为年龄代码栏,"39"表示第 387 号被调查者为 39 岁,其余依此类推;A3 栏为文化程度代码栏,"1"表示小学及以下文化程度,"2"初中文化程度,……;A4 栏为职业代码栏,"1"表示从事生产、运输工人和有关人员,"2"表示商业人员,……;A5 栏为婚姻状况代表栏,"1"为未婚,"2"为已婚,……;$A6_1$ 栏是孩子数量代表栏,所填数字表示孩子数;$A6_2$ 代表有几个孩子和你同住,其所填数字为和被调查者同住的孩子数量。

四、列示调查资料

市场调查的原始资料和次级资料加工整理的最终结果,通常需要借助一定的形式呈现或表现出来,以供调研者和用户阅读、分析和使用。市场调研数据呈现的方式主要有统计表和统计图。

(一)统计表

1.统计表的含义与构成

统计表是以绘制表格的方式来呈现数据的一种形式。用统计表呈现数据资料有两大优点:一是能有条理地、系统地排列数据,使人们阅读时一目了然,印象深刻;二是能合理地、科学地组织数据,便于人们阅读时对照比较。

统计表从形式上看,是由总标题、横行标题、纵栏标题、指标数值四个部分构成。如表6-3所示。

总标题:统计表的名称,概括统计表的内容,写在表的上端中部。

横行标题:横行的名称,即各组的名称,写在表的左方。如表6-3中的"经常购买"、"偶尔购买"和"很少购买"。

纵栏标题:纵栏的名称,即指标或变量的名称,写在表的上方。如表6-3中的"男性"、"女性"及"大学及以上"、"大学以下"。

指标数值:列在横行标题和纵栏标题交叉对应处的数值。

表6-3　性别、学历与书籍购买频率分布表

书籍购买选择	男　性			女　性		
	小计	大学及以上	大学以下	小计	大学及以上	大学以下
经常购买	171	125	46	169	114	55
偶尔购买	219	164	55	203	135	68
很少购买	130	29	101	108	18	90
被调查者人数	520	390	130	480	300	180

统计表从内容上看,由主词或宾词两大部分构成。主词是统计表所要说明的总体的各个构成部分或组别的名称,列在横行标题的位置。宾词是统计表所要说明的统计指标或变量的名称和数值,宾词中的指标名称列在纵栏标题的位置。有时为了编排的合理和使用的方便,主词和宾词的位置可以互换。

2.统计表形式

(1)按作用不同分为统计调查表、汇总表、分析表。

(2)按分组情况不同分为简单表、简单分组表、复合分组表。

①简单表,即不经任何分组,仅按时间或单位进行简单排列的表。

②简单分组表,即仅按一个标志进行分组的表。

③复合分组表,即按两个或两个以上标志进行层叠分组的表。

3.统计表编制规则要点

(1)统计表一般为横长方形,上下两端封闭且为粗线,左右两端开口。

(2)统计表栏目多时要编号,一般主词部分按甲、乙、丙;宾词部分按(1)、(2)、(3)等次序编号。

(3)统计表总标题应简明扼要,符合表的内容。

(4)主词与宾词位置可互换。各栏排列次序应以时间先后、数量大小、空间位置等自然顺序编排。

(5)计量单位一般写在表的右上方或总栏标题下方。

(6)表内资料需要说明解释部分,如:注解、资料来源等,写在表的下方。

(7)填写数字资料不留空格,即在空格处划上斜线。统计表经审核后,制表人和填报单位应签名并盖章,以示负责。

(二)统计图

统计图是根据统计数字,用几何图形、事物形象和地图等绘制的各种图形。它具有直观、形象、生动、具体等特点。统计图可以使复杂的统计数字简单化、通俗化、形象化,使人一目了然,便于理解和比较。因此,统计图在统计资料整理与分析中占有重要地位,并得到广泛应用。

在计算机应用非常普及的今天,Excel统计图的应用越来越普遍、简便。常用的有线型图、条形图、柱形图、饼状图或面积图等。

1.制作柱形图

柱形图通常用于显示某一项目在某几个特定的时间段内的数据变化特征以及比较某几个项目在某几个特定的时间段内的差异。

柱形统计图的特点在于图形显示比较清晰、直观,并能同时对比各个项目在某特定时间内的差异。但对于单个项目来说,因各个时间段的变化不是连续的,所以不能反映出项目变化的明显差异及变化规律。

2.制作折线图

折线图显示了相同间隔内数据的连续变化情况。比如我们要表示某市居民不同金额年购书支出的人数分布情况,就可以用折线图来表示。

3.制作饼状图

饼状图显示了一个数据系列中各项目相对于项目总和的比例大小。

常用的统计图除了上述几种外,还有散点图、面积图、圆环图和雷达图等,我们可以根据需要选择合适的图形。

出版物市场调查

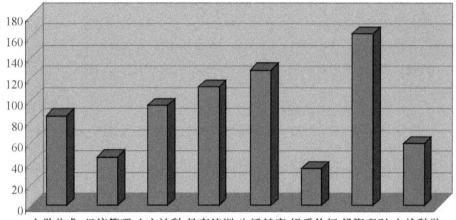

图 6-1 某小区读者对不同类别书籍喜爱人数分布图

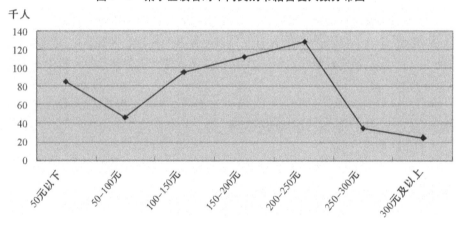

图 6-2 某市居民年购书支出金额分布折线图

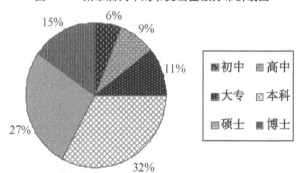

图 6-3 某杂志读者学历构成比例图

任务2　分析调查资料

【案例导入】

发现调查数据表象后的秘密

从本项目任务一的引入案例我们可以了解到,通过对于山西省新闻出版产业的调查,我们获得了从事新闻出版业务单位和个体经营户的三大类数据资料:

1.主要经济指标:资产合计、净资产、利润总额、营业收入、主营业务收入、主营业务成本、主营业务税金及附加、本年应缴增值税、本年应缴所得税、经营税金、业务支出、工业总产值、出版单位总产值、总产出、增加值。

2.行业活动主体数量:企业法人数量、事业法人数量、事业兼企业法人数量、社会团体法人数量、非法人单位数量、个体经营户数量、企业集团数量、非集团多成员单位数量。

3.从业人员人数:全部从业人员人数、企业从业人员人数、事业单位从业人员人数、社会团体从业人员人数、其他单位从业人员人数、个体经营户从业人员人数、企业集团从业人员人数等。

经过对这些数据资料的审核、分组并以恰当的方式列示后,我们可以比较容易地阅读这些数据,这些数据可以向我们描述山西省新闻出版产业的发展的概貌。但如果我们要发掘数据背后隐藏的信息,比如同一业务领域内不同企业之间发展水平的差异,不同业务领域之间发展水平的差别,行业的平均发展状况,行业发展的集中分散程度如何,整个新闻出版产业乃至产业内不同业务领域的发展是否健康、适度,仅仅通过对数据资料的整理是不能向人们揭示这些信息的。要想获得隐藏在数据背后隐藏的这些信息,就离不开对于调查数据的分析。

对调查资料进行分析可以找出事物之间的内在联系,使人们对调查结果形成清楚的概念,从而指导人们的实践活动。对调查资料进行整理和分析是提出调查报告的前提,是市场调查的深化和提高,是从感性认识到理性认识的飞跃。整个市场调查工作能否出成果,在很大程度上取决于这两项工作。按照调查资料分析方法的性质,可以将资料分析分为定性分析和定量分析两大类。下面我们将结合引入案例和其他事例分别对这两种分析方法进行阐述。

【内容解析】

一、定性分析

资料定性分析是对调查所收集资料的质的分析,是确定研究对象是否具有某种性质、特征的分析。其基本内容主要是识别属性(识别属性就是分辨事物具有哪种或哪些特征,使之得以存在并与其他事物区别开来。识别属性的结果,通过形成明确的概念或定义表现出来)、要素分析(要素分析是对构成事物的诸要素及其联系进行分析,以确定某一事物的性质,必须以确定其各组成要素的性质为前提,因此,实现了研究对象各组成要素及其联系的认识,也就基本把握了研究对象本身的特征及性质)和归类(归类就是将事物归入具有相同属性的一组事物中。它是以识别属性为基础的,通过对各类事物的识别和比较,既可以明确事物之间的联系,又可以认清事物之间性质的差异)。常用的定性分析方法有以下三种:

(一)归纳推理法

归纳推理法是将一系列分离的事实或观察到的现象放在一起研究从而得出结论的方法。归纳推理法首先产生一系列个别的前提,然后把这些前提与其他前提组合在一起,得出结论。这些个别的前提可以从观察、实验、调查中获得。例如:某市的都市类报刊(晨报和晚报)购买调查表明,在连续 5 天对 500 个被调查者进行的调查中,分别有 200 人、198 人、202 人、205 人、200 人购买 A 报。根据这 5 天的个别调查,可以得出下面的结论:该市大约有 40%的消费者购买 A 报。再比如,如果在对山西省国有和私营出版行业企业的各项主要经济指标进行对比,如果对比的结果是国有出版单位的各项主要经济指标、活动主题数量以及从业人员都要大大超过私营出版企业,那我们就可以得出结论:国有出版企业在整个山西省出版业领域内占据主导地位。这种得出结论的方法就是归纳法。

在归纳推理法中,任何结论都是从观察、实验或调查的事实中得出的。市场调查中通过对大量个体进行调查和研究而得出一般性结论的方法,就是归纳推理方法。

(二)演绎推理法

演绎推理法是从一般的前提推出个别结论的方法,其结论取决于大前提和小前提。

例如:贷款利率上升时,居民按揭还款压力会增加(大前提)。2011 年 5 月,贷款利率增加(观察到的事实,小前提),因此,居民按揭购买二套房会减少(结论)。其中最后一句是结论:它是从前提逻辑地推理出来的。前提的正确性决定结论的正确性。

又如:某市 40%的读者的订阅或购买 A 报(大前提)。预计明年该市都市类报刊(晨报和晚报)的年总消费量为 1000 万份(事实预测,小前提),则明年该市 A 报的年订购量可能是 400 万份(结论)。在上述两个例子中,结论是从大前提和小前提逻辑推理出来的。但实际结果常常与上面的结论有一些差别,有时甚至差别很大。例如,虽然存款利率下降,但人们对未来预期不乐观,在医疗、保险、教育、住房等方面需要很大的支出,因此,银行的存款可能不会下降,反而会上升。又如,由于 A 报纸竞争对手实力的增强、办报质量的提高,结果使得在 1 000 万份的都市类报刊的年订购量中,A 报的年订购量只有 300 份。因此,尽管演绎推理法可用在资料分析中,但必须明白其使用的前提常常是较脆弱的,不能作为制定经营决策的唯一参考依据。

归纳推理法和演绎推理法常是相互作用、相互补充的。演绎推理法中的前提常是从归纳推理中得出的。比如通过归纳推理得出的结论"第一季度是卷烟消费旺季"可以作为演绎推理的前提,因为这个归纳结论是通过观察数年来每年各季度卷烟销售量而得出的。

(三)对比法

对比法是将不同的事物和现象进行对比,找出其异同点,从而分清事物和现象的特征及其相互联系的方法。在市场调查中,就是把两个或两类问题的调查资料相对比,确定它们之间的相同点和不同点,或是对反映同一事物的调查资料进行历史比较,以揭示其发展变化趋势和特点。在运用对比法时要注意以下几点:对比可以在同类对象间进行,也可以在异类对象间进行;要分析可比性;对比应该是多层次的。

例如:我们通过对比 A、B 两份都市类报刊在 K 市历年报刊市场占有率及广告收入走势(见图 6-4、6-5),可以得出以下结论:

1. B 报在 K 市的市场占有率逐年较快下滑,而 A 报则逐年上升,说明 A 报正越来越受到该市读者的欢迎。

2. B 报广告收入由于其市场占有率的下降,导致其传播效果下降,因而其广告收入也呈逐年下降的趋势。至 2010 年已不到该市全部报刊、杂志广告总收入的 25 %,而 A 报的广告收入逐年上升,至 2010 年已达约 40 %。A 报的实力地位已超过 B 报,A 报已取代 B 报在 K 市都市类报刊市场中占主导地位。

同样,我们可以将任务 1、2 引例中从事报纸、期刊、音像制品出版等不同业务类型企业的主要经济指标进行对比,从而判断从事哪种业务类型的企业经营实力更为强大。

二、定量分析

定量分析是指从事物的数量特征方面入手,运用一定的数据处理技术进行数量分析,从而挖掘出数量中所包含的事物本身的特性及规律性的分析方法。

定量分析包括描述性统计分析和解析性统计分析。描述性统计分析主要包括了集中趋势分析、差异性指标分析以及分布形状指标分析。而解析性统计分析(也是常

出版物市场调查

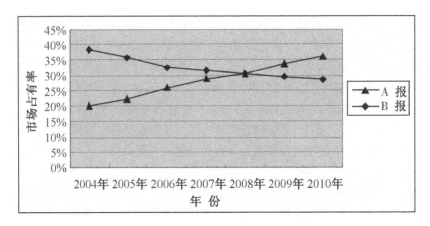

图 6-4   A、B 两报市场占有率对比图

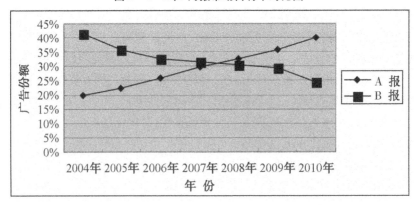

图 6-5   A、B 两报广告份额对比图

用的高级统计分析方法）主要方法有假设检验、相关分析以及回归分析。鉴于该门课程的要求以及知识结构所限，在定量分析中我们仅针对描述性统计分析做出介绍。

（一）集中趋势分析

集中趋势分析用于描述分布的中心，即总体或样本单位向均值靠拢的趋势。对调查资料的集中趋势进行分析是准确描述总体数量特征的重要内容。以下是其常用指标的计算：

1. 算术平均值

算术平均值是集中趋势指标中最常用的一个统计量，用于评估一个用定距或定比尺度衡量的数据的均值。算术平均值又分为简单算术平均值和加权算术平均值。

（1）简单算术平均值

$$\bar{x} = \frac{\sum_{i=1}^{n} X_i}{n}$$

式中：Σ——求和或连加符号；

$\qquad$ X_i——X 变量观测值；

$\qquad$ n ——样本规模。

（2）加权算术平均值

$$\bar{x} = \frac{\sum\limits_{i=1}^{n} X_i f_i}{\sum\limits_{i=1}^{n} f_i}$$

比如，要了解某城市居民平均每年的书籍阅读量，经调查取得如下数据：

表6-4　被调查者年阅读量

年阅读量	组中值	被调查者人数 f（人）
3～5 本	4	15
5～9 本	7	35
9～13 本	11	25
13～15 本	14	10
合计	－ －	85

利用加权算术平均值可计算得：

$$\bar{x} = \frac{\sum\limits_{i=1}^{n} X_i f_i}{\sum\limits_{i=1}^{n} f_i} = \frac{4 \times 15 + 7 \times 35 + 11 \times 25 + 14 \times 10}{90} = \frac{720}{85} \approx 8.5（本）$$

算术平均值或加权算术平均值的优点是计算方法简单，容易掌握。其缺点是容易受到极大值、极小值或组中值的影响，代表性不强。

2. 众数

众数是出现最频繁的数值，代表分布中的高峰。它是总体中最常遇到的标志值，是最普遍、最一般的标志值。用众数可以表明被调查对象的一般水平。

在实际工作中，众数应用是较广泛的。例如，要说明读者平均每天阅读的报刊份数，反映书籍的价格水平等，都可以通过市场调查、分析，了解阅读多少份报刊是最普遍的水平，哪一价格水平的书籍成交量最多。人们的这种一般需求，即为众数。

（1）根据单项式数列确定众数。在单项式数列的情况下，确定众数比较简单，只需要通过观察找出次数出现最多的那个标志值即可。例如，对于一列数，4，4，5，7，7，7，8，9，10，7，9，6，4，8。在这列数中"7"出现的频次最高，所以"7"就是众数。需要注意的是，对于单项式数列，众数可以不止一个。

（2）根据组距式数列确定众数。根据组距式数列确定众数，需要采用插补法。一般步骤是：先确定中数组，然后计算众数的近似值。

◇案例6.3

2010年某地区家庭年均购书支出(包括书籍及报刊)资料见表6-5：

表6-5　被调查家庭年均购书支出

家庭年均购书支出(元)	家庭户数(户)
50元以下	60
50~100元	120
100~150元	280
150~200元	420
200~250元	300
250~300元	150
300~350元	80
350~400元	60
400以上	40
合计	1510

从表6-5中的家庭户数列可知,家庭户数最多的是420户,它所对应的家庭年均购书支出是150~200元。因此,150~200元这一年均购书支出组就是众数组。它反映了该市居民家庭年均购书支出的一般水平。然后利用下限公式或上限公式计算众数的近似值。

下限公式：

$$M_0 = L + \frac{\Delta_1}{\Delta_1 + \Delta_2} \times i$$

上限公式：

$$M_0 = U - \frac{\Delta_2}{\Delta_1 + \Delta_2} \times i$$

式中:M_0——众数；

　　U——众数组的上限；

　　L——众数组的下限；

　　Δ_1——众数组次数与前一组次数之差；

　　Δ_2——众数组次数与后一组次数之差；

　　i——众数组的组距。

根据表6-5中的资料,将有关数字带入下限公式,得到众数的近似值：

$$M_0 = 150 + \frac{140}{140 + 120} \times 50 = 176.92(元)$$

相较于平均数而言,众数不会受到极端值的影响。另外,对于组距式数列要求各

组组距相等。但我们在确定众数时,还需要满足以下两个前提:

①总体单位数较多。若总体单位数不多,虽然可以从中得到一个具有较大频率的数值,但其价值不一定具有"最普遍价值"的意义。

②次数分布具有明显的集中趋势。若数列中各个数据出现的频率都差不多,则所得到的"众数"缺乏代表性。

3. 中位数

中位数是指将总体各单位标志值按大小顺序排列后,处于中间位置的那个标志值。由于它的位置居中,其数值不受极端值的影响,也能表明总体各单位标志值的一般水平。

和众数一样,确定中位数的方法也有两种。即根据单项式数列或未分组资料确定中位数以及根据分组资料确定中位数。

(1)根据未分组资料确定中位数

根据未分组资料确定中位数,首先要将所取得的数据由大到小或由小到大的顺序进行排列,然后确定中位数所在的位置,与中位数位置相对应的标志值即为中位数。

如果未分组资料的项数是奇数,那么中间位置的那个标志值,就是中位数。如某班 7 位男生的英语考试成绩按顺序排列如下:68、72、75、77、81、84、88,则中位数所在的位置为第 4[(7+1)/2]位,第 4 为所对应的标志值,即 77 就是中位数,它代表了这 7 位男生英语考试成绩的一般水平。

如果标志值的项数是偶数,那么出于中间位置左右两边的标志值的算术平均数,就是中位数。假如该班级还有 1 名男生重修,他们英语期末考试成绩按顺序排列为 68、72、75、76、77、81、84、88,此时中位数位置为第 4.5[(8+1)/2]位,则中位数为 76.5[(76+77)/2],即第 4 位和第 5 为所对应的标志值的算术平均值。

(2)根据分组资料确定中位数

①根据单项式数列确定中位数,首先要考虑标志值的分布情况,按一定方法累计次数。计算累计次数的方法有向上累计和向下累计两种。当标志值是按从小到大的顺序排列时,前者是指向上累计,后者是指向下累计;相反,当标志值是按从大到小的顺序排列时,前者是指向下累计,后者是指向上累计。

◇案例 6.4

某学院 2009~2010 学年共有 30 名同学获得奖学金,其分布情况见表 6-6,试确定中位数。

由表 6-6 中的资料计算得中位数位置为:$\frac{30}{2} = 15$

即中位数在第 15 人位置上。无论是向上累计法还是向下累计法,所选择的累计人数数值都应是不小于 15 的最小数值。表 6-6 中的 17 和 21 符合这一要求,它们对应的都是第三组,即 800 元/人就是中位数。

表6-6　学生奖学金分布情况及计算表

奖学金金额(元)	人数(人)	人数累计	
		向上累计(人)	向下累计(人)
300	3	3	30
500	6	9	27
800	8	17	21
1 000	7	24	13
1 500	6	30	6
合计	30	-	-

②根据组距式数列确定中位数。根据组距式数列确定中位数相对比较复杂。

◇案例6.5

表6-7是2009年30个杂志社收入资料,试确定中位数。

表6-7　2009年30个杂志社收入资料及计算表

按销售收入分组 (万元)	杂志社数(家)	人数累计	
		向上累计(人) S_{m-1}	向下累计(人) S_{m+1}
5000 以下	4	4	30
5 000 ~ 15 000	9	13	26
15 000 ~ 25 000	8	21	17
25 000 ~ 35 000	5	26	9
35 000 以上	4	30	4
合 计 $\sum f$	30	-	-

确定中位数的基本步骤是:

第一步,确定中位数所在的组。

$$中位数位置 = \frac{\sum f}{2} = \frac{30}{2} = 15$$

由此可知,中位数在销售收入为15 000 万元 ~ 25 000 万元这一组里。

第二步,确定中位数的近似值。确定了中位数所在的组以后,可以采用比例插入法,求得中位数的近似值。这里需要假定销售收入在15 000 ~ 25 000 万元的8家杂志社是均匀分布的。故可采用以下两个公式估算中位数的值:

下限公式:

$$M_e = L + \frac{\dfrac{\sum f}{2} - S_{m-1}}{f_m} \times i$$

上限公式：

$$M_e = U - \frac{\dfrac{\sum f}{2} - S_{m+1}}{f_m} \times i$$

式中：M_e　——中位数；

　　　L　——中位数组的上限；

　　　U　——中位数组的下限；

　　　S_{m-1}　——中位数组以前各组的累计次数；

　　　S_{m+1}　——众数组次数与后一组次数之差；

　　　f_m　——中位数组的次数；

　　　i　——众数组的组距；

　　　$\sum f$——总次数。

按下限公式可得到中位数：$M_e = 15000 + \dfrac{15 - 13}{8} \times 10000 = 175000$（万元）

同样我们可以对引例中所收集到的数据进行集中性指标分析，如山西省出版行业经营企业年均主营业务收入是多少、各经营单位平均资产规模是多少，通过计算主营业务收入的众数，判断各个出版企业主营业务收入集中在哪个数据段。

（二）差异性指标分析

差异性指标也称标志变异指标，是反映总体中各单位标志值差异程度的综合指标。标志变异指标可以说明平均指标的代表性。标志变异指标越大，平均指标的代表性越小；标志变异指标越小，平均指标的代表性越大。主要的差异性指标包括全距、四分互差、方差或标准差以及变异系数。

1. 全距

全距测量的是数据的分散程度，就是样本中最大值与最小值之差，也称极差。因此，全距直接受到奇异值的影响。

$$全距 = X_{最大值} - X_{最小值}$$

如果数据中所有取值乘以一个常数，那么全距也会以相同幅度变化。

2. 四分互差

把所有数值由小到大排列并分成四等份，处于三个分割点位置的数值就是四分位数。第一四分位数 Q_1 又称25%分位数或下四分位数，第二四分位数 Q_2 又称50%分位数或中位数，第三四分位数 Q_3 又称75%分位数或上四分位数。对于一组按照大小排列的数据，$p\%$ 分位数就是指有 $p\%$ 的数据点的值小于它。有 $(100 - p)\%$ 数据点的值大于它。四分互差是第75%分位数与第25%分位数之间的差值，如果所有的数值乘以一个常数，四分互差也会乘以这个常数。

我们要确定四分互差,首先就要确定上、下四分位数所在的位置,分别与其对应的标志值就是上、下四分位数。上、下四分位数的确定还与数列的项数 n 有关。上、下四分位数的位置可以由下式确定。

$$Q_1 \text{ 的位置} = (n+1)/4 \qquad Q_3 \text{ 的位置} = 3(n+1)/4$$

(1)当项数为奇数项

例如,一列从小到大排列的数据 6、7、15、36、39、40、41、42、43、47、49,一共 11 项。

我们由此可以确定 Q_1 的位置为第 3[(11+1)/4=3] 位,Q_3 的位置为第 9[3(11+1)/4=9] 位,其对应的标志值分别为 15 和 43,则四分互差为 28[43-15]。

(2)当项数为偶数项

例如,有一列从小到大排列的数据 7、15、36、39、40、41,由上、下四分位数的位置确定公式可知,下四分位数为第 1.75[(6+1)/4] 位,上四分位数为第 5.25[3(6+1)/4] 位。我们看到,它们都不是出于整数位。其中下四分位数位于第 1、2 位标志值之间更靠近第 2 位标志值的位置,而上四分位数位于第 5、6 为标志值之间更靠近第 5 位标志值的位置。我们可以采用下列方式确定它们。

$Q_1 = 7 + (15-7) \times (1.75-1) = 13$,$Q_3 = 40 + (41-40) \times (5.25-5) = 40.25$,则四分互差为 $Q_3 - Q_1 = 40.25 - 13 = 27.25$。

确定上、下四分位数还有另外一种方法。

该方法规定下四分位数项数为 $L = 25\% * n$(n 为数列的项数),当 L 为整数时,下四分位数为第 L 个数和第 $L+1$ 个数的算术平均值;当 L 为小数时,下四分位数为第 $L+1$ 个数。上四分位数与此规定相同。

差异性指标除了全距、四分互差之外,还包括方差或均方差,由于在项目三中已有阐述,在此仅就加权形式的方差公式表述如下:

$$S^2 = \frac{\sum_{i=1}^{n} (x_i - \bar{x})^2 f_i}{\sum_{i=1}^{n} f_i}$$

结合引例分析,通过计算差异性指标中的全距,我们可以得到同一业务领域内如图书出版企业经营得最好的与最差企业之间主要经济指标之间的差距,从而更好地帮助我们分析造成这些差距的主要原因。再比如,以主营业务收入这项指标为例,通过计算图书出版领域和期刊出版领域该项指标的方差,帮助我们判断哪个领域内各企业间主营业务收入分布较为均衡,哪个领域内企业间主营业务收入差别较大。

(三)分布形状指标

分布形状指标被用于了解数据的分布形态。数据分布形态通过偏度和峰度来测量。

1. 偏度

数据分布可能是对称的,也有可能是偏的。在对称式分布中,位于中心两侧的数据值一样多,并且均值、中位数、众数也相等,对于均值的正负偏差也应该相等。而在有偏的数据分布中,对于均值的正负偏差是不相等的。偏度就是指中心一侧的均值偏差趋势比另一侧大。可以认为分布图一侧的尾部大于另一侧。对于偏度可以进一步说明如下:

(1)对称分布情况下

$$\bar{x} = M_o = M_e$$

(2)偏态分布情况下

①右偏(正偏)分布:　$M_o < M_e < \bar{x}$

②左偏(负偏)分布:　$\bar{x} < M_e < M_o$

2. 峰度

峰度是测量频数分布曲线相对平滑或凸起程度的指标。正态分布的峰度应该是0。如果峰度为正,说明曲线分布比正态分布突出;峰度为负,说明曲线分布比正态分布平缓。

【项目小结】

调查资料分组是指运用科学的方法,将调查所得的原始资料按调查目的进行审核、汇总与初步加工,使之系统化和条理化,并以集中、简明的方式反映调查对象总体情况的过程。

资料的确认是对资料的总体检查,发现资料中是否出现重大问题,以决定是否采纳此份资料。包括资料的审核和资料复查两方面的内容。资料的确认是保证资料之正确性和完整性的过程。

资料的分组是根据市场调查的需要,按照一定的标志,将调查总体划分为若干个组成部分的资料整理方法。资料的编码就是用一个规定的数字或符号代表一个种类回答,即将资料中的信息数字化。对资料进行编码是为了便于进行统计分析,有助于计算机的进一步存储和分析。资料录入时将经过编码的资料输入并存储在计算机中,以便于计算机分析的过程。

列示调查资料就是将调查资料的结果显示出来的过程。为了便于人们阅读这些结果,我们常常采用图表的方式来将结果呈现出来。应注意统计表的基本构成以及统计表的编制规则,还要掌握利用 *Excel* 绘制常见统计图的方法,如绘制柱形图、折线图和饼状图等。

经过整理的调查资料,含有许多描述调查总体属性的分布态势和相互之间关系的信息,市场调查人员应该进行一些基本的数据、信息分析。常用的分析方法有两大类,即定性分析和定量分析。定性分析的方法包括归纳法、演绎法和对比法;定量分析有描述性分析和解析性分析两种。描述性分析包括了集中趋势分析、差异性指标分析以及分布形状分析;而解析性分析则包括了假设检验及相关分析等。

◆核心技能

1. 整理出版物市场调查资料;

2. 分析出版物市场调查资料。

◆课后自测

一、简答题

1. 简述资料分组的作用。

2. 什么是数据资料的编码?

3. 简述统计表的基本构成。

4. 中位数相比平均数在描述集中趋势时有什么优势?

5. 有些什么常用的资料分析方法?

二、判断题

1. 资料的整理是指将经过编码的资料输入并存储在计算机中,以便于计算机分析的过程。   （   ）

2. 样本中位数就是把所有数据按升序排列后居中的数值。   （   ）

3. 如果无法返回现场复查编辑人员不可补填不合格问卷中缺失值。   （   ）

三、案例分析

2009 年新闻出版产业分析报告(节选)

二、产品结构分析

(一)整体结构

品种数量:在 35.0 万种图书、期刊、报纸、音像制品和电子出版物中,图书的品种最多,占总量的 86.3%,其后依次为录像制品(3.7%)、录音制品(3.5%)、电子出版物(3.1%)和期刊(2.8%),报纸最少,占总量的 0.6%。

总印数(出版数量):在 547.2 亿册(份、盒、张)图书、期刊、报纸、音像制品和电子出版物中,报纸的总印数位居榜首,占总量的 80.2%,其次分别为图书(12.9%)和期刊(5.8%),三者合计占到总量的 98.9%;录音制品、录像制品和电子出版物的出版数量在总数中所占比重均不足 0.5%,录像制品最少,占 0.3%。

总印张数:在 2701.1 亿印张图书、期刊和报纸中,同样是报纸所占比重最大,为72.9%,其次为图书,占总量的 20.9%;期刊最小,占 6.2%。

各类出版物在全部出版物总量中所占比重表

单位:%

出版物类型	品种	总印数(出版数量)	总印张	定价(出版)总金额
图 书	86.30	12.86	20.94	59.59
期 刊	2.82	5.76	6.15	14.22
报 纸	0.55	80.24	72.91	24.71
录音制品	3.52	0.43	——	0.76
录像制品	3.74	0.28	——	0.72
电子出版物	3.06	0.42		——
合 计	100.00	100.00	100.00	100.00

说明:音像制品和电子出版物采用出版数量和出版总金额,出版总金额数值的测算公式为出版数量×(发行金额/发行数量)。

(二)图书结构

其中,书籍①的品种、总印数、总印张数和定价总金额最多,分别占总量的79.2%、53.8%、55.3%和66.9%;其次为课本②,分别占总量的20.6%、46.0%、44.7%和33.0%;书籍和课本合计,分别占到总量的99.7%、99.8%、100.0%和99.8%。新版图书与重版、重印图书品种之比为1.3:1。

书籍:社科人文类书籍在品种数量、总印数、总印张数和定价总金额中所占比重分别为61.6%、48.9%、47.3%和54.7%,居首位;与科学技术类书籍的品种数量之比为3.6:1,总印数之比为10.5:1,总印张之比为6.5:1,定价总金额之比为5.1:1。

课本:大专及大专以上课本的品种最多,占图书种数的12.3%;中学课本的总印数、总印张数和定价总金额最大,分别占总印数、总印张数和定价总金额的21.3%、21.0%和12.7%;小学课本的总印数和总印张数名列第二,分别占图书总印数和总印张数的18.7%和11.7%,定价总金额少于大专及大专以上课本(8.7%),占图书定价总金额的7.9%,居第三位。

---

①系指使用中国标准书号或统一书号,但不属于课本和图片的出版物。

②系指使用中国标准书号或统一书号的大专及以上课本、中专技校课本、中小学课本、扫盲课本和教学用书。详见图书产品结构表说明2。

图书产品结构表

单位:种,亿册(张),亿印张,亿元,%

类 型	品 种		总 印 数		总 印 张		定价总金额	
	数量	比重	数量	比重	数量	比重	数量	比重
书 籍	238868	79.17	37.88	53.84	312.46	55.25	567.27	66.89
社科人文	185923	61.62	34.40	48.89	267.53	47.31	463.61	54.67
科学技术	51059	16.92	3.29	4.67	41.25	7.29	91.61	10.80
综 合	1886	0.63	0.19	0.27	2.28	0.40	7.33	0.86
课 本	62024	20.56	32.35	45.98	252.77	44.70	279.4	32.95
大专及大专以上	37151	12.31	2.71	3.85	48.17	8.52	73.52	8.67
中 学	5623	1.86	14.97	21.28	118.95	21.03	107.34	12.66
小 学	5184	1.72	13.12	18.65	66.41	11.74	67.15	7.92
其 他	14066	4.66	1.55	2.21	19.23	3.40	31.38	3.70
图 片	827	0.27	0.13	0.18	0.28	0.05	1.37	0.16
合 计	301719	100.00	70.36	100.00	565.51	100.00	848.04	100.00

说明:

1. 书籍系指使用中国标准书号或统一书号,但不属于课本和图片的出版物。本表中,社科文艺类书籍系指属于中国图书分类法马克思主义列宁主义毛泽东思想、哲学、社会科学总论、政治法律、军事、经济、文化科学教育体育、语言文字、文学、艺术、历史地理11大类(A—K)的书籍,科学技术类书籍系指属于中国图书分类法自然科学总论、数理科学和化学、天文学和地理科学、生物科学、医学卫生、农业科学、工业技术、交通运输、航空航天、环境科学和劳动保护科学(安全科学)10大类(N—X)的书籍,综合类书籍系指属于中国图书分类法最后一类(Z)的书籍。

2. 课本系指使用中国标准书号或统一书号的以下各类出版物:(1)由国家教育行政部门和中央各部委、各地区审定、规划的,列入教材征订目录,供高等学校、电视大学、函授大学等高等教育机构,中等专业学校(包括中等师范学校),技工学校使用的教材、教材习题解答集,以及对成人进行政治、业务、文化教育所使用的课本,包括广播电台、电视台举办或与其他单位合办的业余讲座使用的课本及其他业余教育课本;(2)在国家教育行政部门每年春秋两季颁发的《全国普通中小学教学用书目录》和由各省、自治区、直辖市教育行政部门审定、补充下达的《中小学教学用书目录》中所列的课本、教学挂图和随课本作教材用的习题解答集,以及由省、自治区、直辖市以上教育行政机关统一规定为各级学校教员必须采用的"教学参考资料"及"教学大纲"(包括少数民族自治州出版社出版,由少数民族自治州教育行政机关规定的此类出版物);(3)专供扫盲使用的课本。本表中,其他课本系指中专技校课本、成人教育课本、扫盲课本和教学用书。

3.图片系指单张或折页的美术画片,包括绘画的印制品和摄影的印制品,年画也归入图片。

(三)期刊结构

品种数量:自然科学、技术类期刊最多,占期刊种数的50.0%;其次为哲学、社会科学类期刊和文化、教育类期刊,分别占24.9%和12.2%;三者合计,占到期刊种数的87.2%;画刊最少,占0.5%。

总印数和总印张数:哲学、社会科学类刊物最多,分别占期刊总印数的34.8%和总印张数的35.0%,其次为文化、教育类期刊和自然科学、技术类期刊,分别占期刊总印数的18.3%和14.7%、总印张数的19.2%和18.9%;三者合占期刊总印数的67.8%和总印张数的73.1%;画刊最少,占期刊总印数的0.8%和总印张数的1.6%。

期刊产品结构表

单位:种,亿册,亿印张,%

类　　型	品　　种		总　印　数		总　印　张	
	数　量	比重	数　量	比重	数　量	比重
综　　合	485	4.92	4.52	14.35	19.43	11.69
哲学、社会科学	2456	24.93	10.96	34.76	58.22	35.02
自然科学、技术	4926	50.01	4.62	14.66	31.39	18.88
文化、教育	1204	12.22	5.77	18.31	31.87	19.17
文学、艺术	631	6.41	2.99	9.47	15.70	9.45
少儿读物	98	0.99	2.41	7.65	6.97	4.19
画　　刊	51	0.52	0.25	0.79	2.66	1.60
合　　计	9851	100.00	31.53	100.00	166.24	100.00

(四)报纸结构

品种数量:地、市级报纸最多,占报纸种数的45.0%;其次为省级报纸,占42.6%;两者合计,占到报纸种数的87.6%;县级报纸最少,所占比重为0.8%。综合报纸和专业报纸品种数量之比为1:1.4.

总印数和总印张:其中,省级报纸最多,分别占报纸总印数和总印张数的54.1%和57.7%;其次为地、市级报纸,分别占报纸总印数和总印张数的31.2%和32.6%;两者合计,占总印数的85.3%和总印张数的90.3%;县级报纸最少,占报纸总印数的0.2%和总印张数的0.1%。综合报纸和专业报纸总印数之比为2.2∶1,总印张数之比为4.9∶1。

报纸产品结构表(各级报纸)

单位:种,亿份,亿印张,%

类　　型	品　　种		总　印　数		总　印　张	
	数　量	比重	数　　量	比重	数　　量	比重
全国级报纸	225	11.62	63.86	14.54	189.61	9.63
省级报纸	825	42.59	237.52	54.09	1135.33	57.65
地、市级报纸	871	44.97	136.83	31.16	642.78	32.64
县级报纸	16	0.83	0.90	0.20	1.67	0.08
合　　计	1937	100.00	439.11	100.00	1969.40	100.00

报纸产品结构表(综合报纸与专业报纸)

单位:种,亿份,亿印张,%

类　　型	品　　种		总　印　数		总　印　张	
	数　量	比重	数　　量	比重	数　　量	比重
综合报纸	806	41.61	301.43	68.65	1636.26	83.08
专业报纸	1131	58.39	137.68	31.35	333.14	16.92
合　　计	1937	100.00	439.11	100.00	1969.40	100.00

阅读以上资料,回答下面的问题:

1.通过调查所获取的原始数据如何才能提高其可读性?

2.可以通过什么样的方式来显示经过整理后的调查数据?

3.根据案例所提供的资料,试对我国2009年新闻出版产业的状况进行简要分析。

四、计算题

1.调查100名学生《出版物市场调查与分析》成绩,得到以下资料,求成绩的平均数、众数和中位数,并判断其分布形态是否有偏,如果有偏,是正偏还是负偏?

成绩	人数
41～60	20
61～80	50
81～100	30

2.调查 100 名公务员和 100 教师的年均购书数量,得到下列资料。问公务员相互之间购书数量的差别与教师相互之间购书数量的差别哪个更大?

购书数量	公务员人数	教师人数
6	30	20
10	20	30
14	30	40
18	20	10

【单元实训】

实训任务单

任务名称		出版物读者调查资料的整理和分析
实训情境		对项目五单元实训所搜集到的出版物读者资料进行整理和分析。
实训目标	知识目标	1.了解市场调查整理、分析的作用; 2.掌握市场调查资料整理的一般程序及方法; 3.掌握如何正确使用市场调查资料分析方法。
	能力目标	1.能灵活运用市场调查资料整理的具体方法; 2.会使用定性分析技术和定量分析技术。
	素养目标	培养学生的团队合作精神。
实施环境		1.满足 50 位同学活动的计算机房 1 间; 2.计算机可以运行 word、excel、ppt、spss 等软件; 3.机房计算机网络通畅。
实训过程		1.对项目五单元实训收集到资料进行审核、分组; 2.用图表列示资料; 3.对资料进行定性分析; 4.对资料进行定量分析。
实训成果		1.学生每人一份资料审核情况说明书; 2.学生每人一份列示图表; 3.每组一份资料分析说明。

【实训评价】

考核要素	评价标准	分值（分）	评分		
			自评（10%）	小组（30%）	教师（60%）
知识掌握	了解审核的内容；				
	掌握资料分组的方法。				
能力训练	能对资料进行简单及复合分组；				
	能用 Excel、Word 制作统计表；				
	能用 Excel 制作统计图；				
	能对资料进行简单分析。				
素养培养	团队分工合作,工作任务分配合理；				
	服从组长安排,有责任感,按质按量完成任务。				
评价人					
合计					
评语					

教师：
年　　月　　日

项目七

撰写出版物市场调查报告

引 言

在上一项目的实训操作中,我们已经收集好了出版物市场调查的资料,并对这些资料进行了整理分析,获得了相关的分析资料、调查结果资料以及依据这些资料所得到的结论和建议,那么如何把这些资料简洁、明了地呈报给使用者呢?出版物市场调查报告就是一种最合适的表现形式。为了编写好调查报告,工作人员应该汇总数据,分析结论,撰写调查报告。

在本项目中我们会告诉读者出版物市场调查报告的基本格式、基本要求,出版物市场调查报告撰写的具体方法等。希望读者能灵活运用出版物市场调查报告撰写的基本技巧,撰写规范优质的调查报告。

任务1　准备出版物市场调查报告

【案例导入】

"早春"时节的图书零售市场①

　　年初的零售行业总是带着节日特有的喜庆和繁荣,经过了岁末的圣诞、新一年的元旦之后,春节也就渐行渐近。加之节假日历来是零售行业的黄金时间,各地书店在节日来临之前就纷纷早做准备以迎接销售高峰期的到来。因为2012年的春节比往年来得早,这也让几个节日格外临近,商家为此纷纷启动跨年促销计划。也正是这个原因,今年我国图书零售市场的季节性周期启动也略显提前,这一特点在全国各个地区的表现都非常明显。

　　一、春节早来到,年内第一个图书零售高峰提前启动

　　按照一般规律,我国图书零售市场具有明显的季节性波动特征,具体表现为每年会出现两次高峰。第一次高峰通常发生在2月前后,第二次发生在7~9月。下图显示了2007~2012年初的图书零售市场波动和变化。

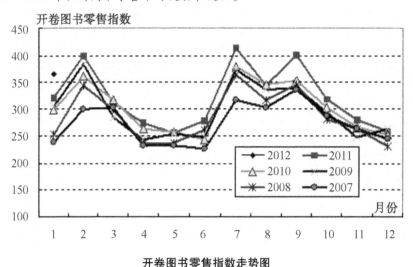

开卷图书零售指数走势图

---

①资料来源:开卷网　http://www.openbook.com.cn/Information/0/2010_0.html.

　　之所以会出现这样的季节性波动规律,其原因是多方面的:包括图书零售市场结构、读者构成分布、学校开学周期、零售行业的节假日效应等等。这些因素互相影响、共同作用,最终形成了书业零售的波动规律。因此在春节和中小学寒假相对较早的年份,图书零售市场的第一个高峰往往就能提前启动。

　　下图比较了历年来1月图书零售市场的环比增长率,即1月市场相比于上一年度12月份的市场规模变化。数据显示2012年1月的环比增长率是最高的,达到了40%以上;其次最高的是2009年,1月环比增长率达到了31%。结合每年农历春节的具体时间可以发现,2012年的农历新年在1月23日,2009年的农历新年在1月26日,而其他年份的农历新年都在2月份。如果将时间进一步向前追溯,2004年的农历新年也发生在1月份,而当年1月的环比增长率也非常突出。

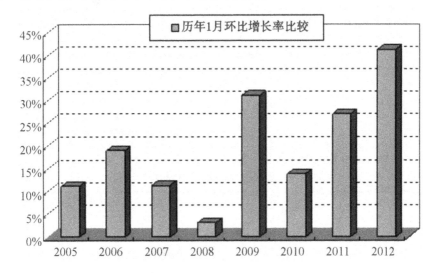

历年1月份图书零售市场环比增长率比较图

　　不过对比全国五大地区图书零售市场在今年1月环比增长率,我们发现各个地区之间还存在一定的差别。在今年1月,华东、中南、西部地区的月度环比增长率都明显高于往年1月份,但是在华北和东北地区,这种差异不及另外三个地区明显。不过我们也注意到另一个现象,就是在此前的12月份,尽管五大地区市场都表现为环比负增长,但是东北和华北地区的市场规模收缩幅度小于其他三个地区——这也在一定程度上体现了不同地区受到节假日消费影响的差异性。

　　二、节日特征影响消费结构,教辅、少儿、文艺比例升高

　　一般说来,在零售市场的高峰月份,教辅、少儿等与寒暑假密切相关的图书类别,以及像文艺类这种具备典型大众消费特点的图书类别所占码洋比重会明显高于全年平均水平——因为这些图书往往会因为书店客流增加的原因在这个时期产生比较明

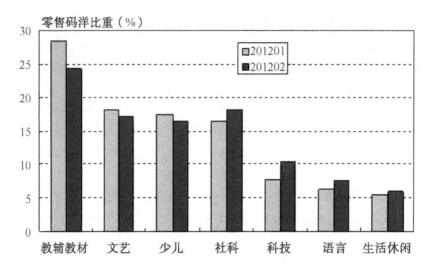

2012 年 1 月与 2011 年 1 月各类别所占零售码洋比重比较图

显的增长,而科技、语言甚至是一些具备专业性的社科类图书其销售往往比较平稳,所以在零售高峰月份所占销售比重会略低于全年平均水平。

在 2012 年 1 月,由于春节假期的提前以及多个节假日相近而产生的消费聚集效应,使得年初这个月的销售当中教辅教材、少儿等图书所占码洋比例不仅高于 2011 年度的总体水平而且高于去年同期。下表详细展示了三个期间的市场结构差别:

不同时期的零售市场类别销售结构对比表

码洋比重	201201	201101	2011 年度
教辅教材	28.46%	24.31%	23.32%
文艺	18.23%	17.04%	10.24%
少儿	17.45%	16.43%	14.21%
社科	16.38%	18.24%	20.56%
科技	7.79%	10.40%	6.57%
语言	6.19%	7.55%	16.61%
生活休闲	5.42%	5.91%	8.34%
综合图书	0.09%	0.13%	0.15%
整体市场	100%	100%	100%

三、新年新气象,新书大面积上榜

(一)文学新书上市表现优异,1 月大众榜单多被近期新书占据

受年初北京图书订货会以及出版社备货上半年市场销售高峰的影响,每年 1 月都

是新书上市最为密集的时期之一,这些新书一般会在第一季度陆续上市与读者见面,其中的表现优秀者可以迅速进入月度畅销书榜单。在今年 1 月的大众畅销书榜单上,我们同样看到了新书销售提前启动的现象。在月度销量前 10 名的大众畅销书榜单当中,有 6 本都是 2011 年 12 月或者 2012 年 1 月上市的新书,尤其是 12 月新书有 5 个品种。其中,《喜羊羊与灰太狼—开心闯龙年(电影连环画)》是"喜羊羊与灰太狼"系列贺岁电影的图书产品,每年年初与电影同步推出的出版节奏延续了以往特点;而《笑猫日记—孩子们的秘密乐园》则是"笑猫"系列在这个寒假送给小读者们的一份新礼物;韩寒的《青春》、南派三叔的《盗墓笔记8》以及笛安的《南音》也分别选在 12 月上市,并于次月快速进入零售市场上最畅销的图书行列。从月度总榜的上榜书类别,我们也可以发现,在这个年初广大读者对于文学类图书的关注度比较高,这也是文学类图书大面积上榜的重要原因,相比之下,非虚构板块仅有《史蒂夫·乔布斯传(简体中文版)》一个品种。

如果仅针对春节期间的销售情况(按照开卷统计第 5 周为农历初一到初七),我们发现当周畅销书与 1 月上榜畅销书也非常接近,不过少儿类上榜书的排名比月度榜单有所上升;而《那些年,我们一起追的女孩》也进入了春节假期的当周榜单。

2012 年 1 月和 2012 年第 5 周(1 月 23 日~1 月 29 日)

开卷大众畅销书排行榜 TOP10

1 月排名	书名	第 5 周排名	书名
1	小时代 3.0 刺金时代	1	笑猫日记—孩子们的秘密乐园
2	史蒂夫·乔布斯传(简体中文版)	2	喜羊羊与灰太狼—开心闯龙年(电影连环画)
3	喜羊羊与灰太狼—开心闯龙年(电影连环画)	3	小时代 3.0 刺金时代
4	笑猫日记—孩子们的秘密乐园	4	史蒂夫·乔布斯传(简体中文版)
5	青春	5	青春
6	巴学园系列—窗边的小豆豆	6	那些年,我们一起追的女孩
7	盗墓笔记(8)(下)	7	盗墓笔记(8)(下)
8	盗墓笔记(8)(上)	8	盗墓笔记(8)(上)
9	南音(上)	9	巴学园系列—窗边的小豆豆
10	南音(下)	10	南音(上)

（二）新书对不同地区的渗透速度略有差异，发达地区畅销书差异不大

对比今年 1 月五大地区的畅销书榜单，我们还是可以看到一些差异。近两个月上市的畅销新书对华北、华东和中南地区渗透力度较强，而在东北和西部地区畅销书榜单前三甲与前三个地区有明显不同。这样基本符合畅销书一般的铺货和畅销规律，即首先在一些中东部发达地区形成畅销，然后逐渐向东北及西部地区过渡。

2012 年 1 月五大地区开卷大众畅销书 TOP3 比对

地区	第一名	第二名	第三名
华北	史蒂夫·乔布斯传（简体中文版）	小时代 3.0 刺金时代	喜羊羊与灰太狼—开心闯龙年（电影连环画）
华东	小时代 3.0 刺金时代	笑猫日记—孩子们的秘密乐园	喜羊羊与灰太狼—开心闯龙年（电影连环画）
东北	最后一匹狼	五四班的那些事儿系列—五四班的新老师	新来的老师会魔法—"刺猬女孩"艾可儿
中南	小时代 3.0 刺金时代	喜羊羊与灰太狼—开心闯龙年（电影连环画）	笑猫日记—孩子们的秘密乐园
西部	朱镕基讲话实录（第 4 卷）	朱镕基讲话实录（第 3 卷）	朱镕基讲话实录（第 1 卷）

特别说明：本文主要数据均来源于开卷自 1998 年 7 月建立的"全国图书零售观测系统"。此系统参照全国图书市场分布状况建立，截至目前该系统已经覆盖全国 30 个省份、直辖市和自治区的 2000 余家书店门市。系统旨在通过收集全国主要图书市场的主要零售门市的连续跟踪零售数据（月、周），对图书零售市场进行综合分析，以及时准确地反映图书零售市场的销售状况。

《"早春"时节的图书零售市场》这篇案例是以出版物市场调查为基础，以资料的科学整理和分析为前提进行的分析报告，主要是通过收集全国主要图书市场的主要零售门市的连续跟踪零售数据（月、周），对 2012 年年初图书零售市场进行综合分析，以及时准确地反映图书零售市场的销售状况。为了说明这个情况，案例中列举了大量数据资料，有 2007～2012 年初的图书零售市场波动和变化数据，有历年来 1 月图书零售市场的环比增长率，有全国五大地区图书零售市场在 2012 年 1 月环比增长率，有 2012 年 1 月与 2011 年 1 月各类别所占零售码洋比重比较数据，有 2012 年 1 月和 2012 年第 5 周（1 月 23 日～1 月 29 日）开卷大众畅销书排行榜 TOP10，有 2012 年 1 月五大地区开卷大众畅销书 TOP3 比对等。具备明确的调查目的，占有丰富的数据资料，是编写出版物调查报告的基本准备工作，只有在这样的前提条件下，才有可能撰写出有价值的调查报告。

【内容解析】

一、出版物市场调查报告概念

出版物市场调查报告是调查人员根据出版物市场调查目标,对出版物市场的全面情况,或者某一侧面、某一个问题进行调查后获得信息数据,通过分析与研究,撰写的分析报告。这是整个调查活动的成果体现。人们可以通过它了解和认识某些事物和问题的客观现实情况,以作为其他认识活动的依据和参考。

二、出版物市场调查报告的特点

(一)针对性

出版物市场调查是调查者紧扣调查目的,针对出版物市场中的实际问题展开的调查活动。因此出版物市场调查报告是针对出版物市场,依据出版物市场调查目的而撰写的。不过需要注意的是即使是同样的目的,但根据阅读对象的不同,调查报告内容会有所区别。比如,阅读者是出版发行企业的高级管理者,那么他最关心的是调查的结论和建议部分;如果阅读的对象是一些发行营销经理和其他经理人员,他们可能会更关注阅读报告的主体部分,了解具体的书籍资料;如果阅读的对象是出版物市场活动的专业研究人员,他们可能考虑得更多的是分析报告中的调查方法是否合适、数据处理是否准确、分析方法是否合理等等,关注的是验证这些结论的科学性、合理性。

(二)客观性

出版物市场调查分析报告建立在大量的事实材料上,以调查事实为依据,通过大量的数据和事实材料来说明具体问题,如实反映客观事物及其之间的内在联系,具有求实性的特点;另外,调查报告不仅仅是单纯地报告出版物市场的客观情况,还要对事物做分析研究,寻找出版物市场发展变化的规律。

(三)科学性

调查报告因为会作为出版发行企业决策的重要依据,因此要求报告的编写者除了掌握科学收集整理资料的方法外,还应该会利用科学的分析方法,以得出科学的结论,使阅读者感受到调查者对整个调查项目的重视程度和对调查质量的控制程度。

(四)创新性

出版物市场调查报告需要调查者善于观察新事物,用全新的视角去发现问题、看待问题,用有效的方法来解决问题。尤其是能根据调查情况,提出一些新的建议和新观点。

(五)时效性

出版物市场问题的解决在很大程度上取决于出版发行企业经营者能否及时掌握

市场变化的信息,采取有效的应变对策。很多图书的出版发行都是有时间限制的,例如纪念新中国成立60周年、2008奥运会,或者是与当时社会热点相联系,所以调查者必须及时且迅速地将从调查中获得的有价值的信息提供给出版发行企业经营者,否则就会耽误时机。

三、出版物市场调查报告的准备工作

(一)明确调查的目的、方法和实施情况

撰写调查报告的人不一定完全参与了该项市场调查的每一个环节,但是需要写出全面有效的调查报告,就必须了解该项调查的重要的关键的过程,因此撰写调查报告首先要明确的是调查的目的、方法和实施情况,这是撰写调查报告的基本准备工作。每一个调查报告都有明确的撰写目的和针对性,即反映情况、指出原因、提出意见,从而为社会或出版发行企业的决策部门制订或调整某项决策服务。而调查报告撰写的目的,其依据或实质就是调查的目的,两者具有一致性。

比如,某出版发行企业要通过一项调查来了解相关产品的市场供求现状及态势,以作为其决定产品策略的参考依据,那么就要求该项出版物市场调查报告的撰写应立足于反映相关产品的市场供求现况,发掘造成这种状况的原因,从中探寻产品市场发展态势,提出出版发行企业所应采取的对策建议等。

因此,在撰写出版物市场调查报告前,明确市场调查目的,出版物市场调查报告才能紧扣主题,揭示出的内容才真正符合需要。

除了明确市场调查目的外,撰写人员还必须明确该项调查所采用的方法,如选样、资料收集、统计整理是怎样进行的等;另外还有该项市场调查具体的实施情况,如有效样本数量及分布、操作进程等,因此,在撰写出版物市场调查报告前,掌握这项市场调查的方法以及实施情况,是必不可少的。

(二)落实写作材料

一份出版物市场调查报告是否具有较高的决策参考价值,在很大程度上取决于在写作时拥有材料的数量及质量。

除了整理与本次调查有关的一手资料和二手资料,还必须对所取得的各种相关资料加以初步的鉴别、筛选、整理以及必要的补充,从质量上把好关,使撰写的材料具有针对性、科学性、创新性、全面性、客观性和时效性。

整理统计分析,要认真研究数据的统计分析结果,可以先将全部结果整理成各种便于阅读、比较的表格和图形。在整理这些数据的过程中,对调查报告中应重点论述的问题自然会逐步形成思路。

值得指出的是,准备落实材料时,切忌遗漏以下两方面:

第一,反面材料的收集。在各类调查尤其是产业调查、销售渠道调查及消费者调

查中,市场调查人员不注意听取反面意见而导致决策失误的教训是很多的。对于客观存在的反面意见,调查人员如果不注意听取,这种调查所取得的材料,不仅是不全面的,而且是虚假的,其危害程度比不进行调查还要严重。

◇案例7.1

某一出版发行企业的发行部门,在进行消费者调查时,因担心与本出版发行企业领导的意见相左,担心得罪本企业的销售部门、广告部门,而不去认真听取与反映消费者发表的反面意见,结果使得本出版发行企业在产品更新、营销策略、广告策略改进等方面无所作为,导致企业产品市场萎缩。

第二,宏观材料的收集。调查涉及的内容,一般是围绕一类或一种产品或某一市场营销活动进行的微观调查。通过微观调查得出的结论尤其是其中对某项具体产品的预测性意见,如果不根据经济背景的宏观材料进行检验或校正,往往会出现偏差。

(三)确定阅读对象

调查报告必须明确阅读对象。阅读对象不同,其要求和所关心的问题的侧重点也不同。比如,调查报告的阅读者是公司的总经理,那么他主要关心的是调查的结论和建议部分,而不是大量的数字分析等。但如果阅读的对象是市场研究人员,他所要了解的是这些结论怎么得来的,是否科学、合理,所以他更关心的是调查所采用的方式、方法、数据的来源等方面的问题。因此,在撰写报告前要根据具体的目的和要求来决定报告的风格、内容和长短。

(四)构思报告

撰写出版物市场调查报告与其他报告或写作一样,在动笔前必须有一个构思过程,也就是凭借调查所收集的资料,初步认识调查对象,经过判断推理,提炼出报告主题。在此基础上,确定观点,列出论点和论据,考虑文章的内容与结构层次,拟定提纲。

1.凭借调查所收集的资料,初步认识调查对象。也就是说,通过调查所获得的来自客观的数据信息以及其他相关材料,初步认识调查对象。在此基础上,经过对调查对象多侧面、多层次的深入研究,把握调查对象的一般规律性。

2.提炼报告主题。也就是说,在认识调查对象的前提下确定主题,即报告的主基调。主题的提炼是构思阶段异常重要的一环,其准确与否直接关系到最终报告的方向性。因此,主题的提炼应力求准确,在此基础上还应该深刻、富有创见性。

3.确定观点、列出论点和论据。在主题确定后,对收集到的大量资料,经过分析研究,逐渐消化、吸收,形成概念,再通过判断、推理,把感性认识提高到理性认识,然后列出论点、论据,得出结论。

4.考虑报告的内容与结构层次。在以上环节完成之后,构思基本上就有个框架了。在此基础上,考虑报告正文的大致结构与内容,一般来说应考虑的基本内容包括调查目的及所要解决的问题;调查采用的方法与技术;调查所获得的主要数据和信息,以及这些数据及信息说明什么问题,理由是什么;解决问题的建议及理由。与此相对应还要考虑相应的文章结构层次。通常而言,报告一般分为三个层次,即基本情况介绍、综合分析、结论与建议。

（五）选择材料

出版物市场调查报告的材料可分为两种:一种是从调查中得来的,但还未经整理、鉴别、筛选的材料,这是素材;另一种是通过整理、鉴别、筛选后写进文章的材料,这是题材。

应当指出的是,出版物市场调查报告的材料同一般文章尤其是文学作品的材料不同,出版物市场调查报告的题材是对素材进行审核鉴定、整理统计、分析综合而成,决不允许做艺术加工。出版物市场调查报告材料的选择,应十分严格,特别要注意以下几点:

1. 材料的真实性。对写进报告的材料,必须进行去粗取精、去伪存真的选择。

2. 数据的准确性和精确性。出版物市场调查报告往往是从数据中得出观点,由数据来证实观点,因此数据的差错或不精准,必然影响到观点的正确性。

3. 材料要有个性。写进调查报告的材料,应是在这一次调查中发现的有价值的材料。如果材料缺乏个性,那么调查报告也失去了应有的价值。

任务2 编写调查报告

【案例导入】

北京农村图书市场调查研究

一、北京农村图书市场调研的说明

1. 调研范围和调查对象

2008年3月以来,笔者对北京市18个区县中的14个行政村进行了图书发行市场专项实地调研,发放600多份针对村民的调查问卷,并对20多位村干部、"大学生村官"进行访谈,取得了第一手的调查数据。需要强调的是,本次调研活动不可能涵盖北京的所有乡村。因此下面的分析和论述,可能存在一定的局限性,也许会出现以偏概全的现象。

2. 调研方法

本次调研采取了多种形式的调查方法,其中包括面对面访谈、随机抽样、调查问卷、统计分析、个案分析等。

3. 问卷发放和回收情况

调研过程中向各村村长发放问卷14份,统计有效问卷14份,回收率100%;向村民发放调查问卷613份,统计出有效问卷553份,有效问卷达到90.2%。以上两项相加,本次调查共发放问卷627份,回收有效问卷567份,有效问卷达到90.4%,符合科学调查的要求。

二、北京农村的村民购书现状

1. 北京乡镇书店现状

此次所调研的每个乡镇中均设有书店,但这些书店的规模都不大,书店内所出售的图书品种主要是中小学教参教辅、学前教育、文艺小说等读物。尽管乡镇售书网点相对较多,然而书店的经营性质多属个体性质,经营者大多为了赚钱而很少考虑书店的文化价值。乡镇书店的特点是规模不大,书刊品种少,且种类单一,读者选择面偏窄,因而很难满足当地村民的文化和学习阅读需求,由于较大的新华书店大多设在乡镇繁华区域,村民若想购书,还需乘车前往,这也在一定程度上影响了村民的购书需求。

2. 村民获得图书的途径

为了弄清北京村民获得图书的方式,具体是"自己购买"还是"借阅",笔者以问卷

形式对 381 位平时有购书习惯的村民进行了调查,并做出以下汇总分析(见表 1)

表1　村民获得图书方式统计表

村民获得图书的方式	人数	所占比例(%)
自己购买	106	27.82
到村里借阅	43	11.29
向别人借阅	35	9.19
有时借,有时买	197	51.71

从表 1 中可以看出,目前有些行政村因没有图书阅览室或因为农村书屋的图书品种单一,使得被调查的村民只有 11.29% 的人去村里借阅图书,大部分村民只能选择自己购买或向别人借阅图书,来满足读书的实际需要。

3. 村民购书数量及地点

为了解村民的购书地点及购买图书数量,进而找出村民的购书规律,笔者设计了具体的问卷题目,经实地调查和汇总后得出以下两组数据(见表 2、表 3)。

表2　村民每年购买图书数量统计表

每年购买图书的数量	人数	所占比例(%)
10 本以内	257	56.86
10~50 本	101	22.35
50 本以上	17	3.76
从来不买	77	17.04

表3　村民购买图书地点统计表

经常在哪里购买图书	人数	所占比例(%)
城区图书大厦	87	23.2
附近村镇书店	174	46.4
书市	58	15.47
超市或商店	13	3.47
网上购买	17	4.53
其他	26	6.93

分析表 2 和表 3 的数据可知,有近一半村民每年仅"购买 10 本以内"的图书,且大部分选择在"附近村镇书店"购买。这部分村民由于对图书的需求量较少,因此村镇里的书店就可以基本满足他们的购书需求。但村镇书店图书品种有限。高层次精品图书很少,大多是基础教育、小说、生活、娱乐休闲类图书,可见目前村民的购书层次不是

很高,村镇书店也只满足了村民的一般文化生活需求。选择每年购买"10本以上图书"的村民,由于对图书的购买和阅读需求量较大,附近的书店不能完全满足需求,因此这类读者基本上选择了去城区的图书大厦或书市去购买。于是就出现了即使村镇里有书店,村民也会"绕道而行"、"舍近求远"的购书现象。

4.村民的购书目的

对于购书目的的调查,村民们选择填写了4个选项。汇总后得出较为准确的数据(见表4)。数据显示,有购书习惯的村民占到总数的一半以上,其购书目的多数是"自己阅读"。不难看出。目前很大一部分村民已经形成较好的购书和阅读习惯,对于提高自身的文化科学素质不仅有较好的诉求,也有切实的行动。

表4　村民购书目的统计表

购书的主要目的	人数	所占比例(%)
自己阅读	238	63.47
子女学习、受教育的需要	47	12.53
全家使用	81	21.6
其他	9	2.4

三、北京农村图书市场存在的三大现实问题

1.书店和售书点离村庄较远,覆盖率偏低

通过实地调查得知,北京农村的每个乡镇确实都有书店或售书点,但这些书店或售书点普遍设在乡镇中心地带,即乡或镇的繁华大街上,而村子里很少有售书点。针对这种情况笔者进一步调查,具体题目和统计结果见表5。

表5　乡镇开设售书点的意向购买情况统计表

乡镇开设售书点后村民是否会去买书	人数	所占比例(%)
一定去	117	25.88
可能去	288	63.72
不去	47	10.40

表5的数据使我们清晰地看到,在有购书需求的村民中,近九成的村民是愿意在乡镇购买图书的。但是,为什么他们每年的购书量主要集中在10本以内呢?这可能是由于售书网点的覆盖率较低,交通不十分便利所致,此原因在一定程度上影响了村民的购书频次和数量。

2.乡镇书店的图书品种比较单一,内容针对性较弱

村民在乡镇书店购书时,因品种少,可挑选余地不大,往往是乘兴而来,扫兴而归。一定程度上"扼杀"了村民本来就不是很高的购书愿望和读书热情。乡镇书店的图书

品种少,其原因自然在图书的供应源头,即出版和发行单位。由于不了解情况或对农村出版物市场的一贯印象,出版出版发行企业大多认为农民文化水平较低,且农村人口较为分散,图书消费能力差。在图书销售网点建设和图书运输等方面,需要投入更多的人力、物力、财力,令发行投入远大于城市,而短期内又看不到经济效益,致使出版发行企业不愿去开发农村图书市场,弱化了农村图书的出版和发行。如此恶性循环,适合于农业、农村、农民的出版物就出版得少,进入乡镇书店的图书品种就更少,这一问题应该引起有关部门的重视。另一方面,目前农业生产方面的图书种类也较多,但能使农民直接受益的、内容精彩的图书还相对较少;价格便宜、简明易懂的农村科普图书在农村见到的就更少。其他类别的图书则很少有专门针对农村读者进行编辑出版和发行的。一些符合时代潮流的文艺作品在城市里畅销并流行,也有可观的读者群,但对于农村读者往往不适合,难以引起共鸣。所以当务之急是多编辑出版一些符合现代农村生活,对新型农民有实际意义的图书。

3. 农村市场销售的图书价格偏高

由于收入普遍低于城市居民,村民自然无力消费那些连城市居民都感觉价位偏高的图书,这是现阶段北京农村地区图书销售的普遍现象。笔者通过具体调查,获得了表6中的数据。

表6 如果收入增加,村民是否读书调查表

如果收入增加了,您会考虑把读书当做生活中的一项重要活动吗?	人数	所占比例(%)
会	194	42.92
可能会	195	43.14
不会	24	5.31
说不清楚	39	8.63

从数据统计可知,如果村民收入增加,将有86.06%的村民会考虑把读书当做生活中的一项重要活动,可见"收入"和"购书"、"读书"之间呈强烈的正比例关系。由于目前收入较低,这在一定程度上抑制了绝大多数村民的购书热情,也从另一个侧面印证出北京农村图书市场书价偏高,销售不畅的真实情况。北京是首都,属经济发达地区,但图书价位与农村读者消费能力的偏差,也会使村民时常与那些有助于农业生产发展、提高文化生活素质的图书失之交臂。

四、发达地区农村图书发行市场开发对策

通过此次较大范围的实地调研,笔者了解到,北京地区农村平时购书的村民占到被调查人数的81.74%,这说明绝大部分村民平时有购书和读书习惯。我们需要做的是将图书市场深入到各个村庄,进一步打开北京这样的发达地区农村图书发行市场,为此,笔者提出以下几点对策:

1. 加大发达地区农村图书发行市场调研

从笔者所调查的北京 14 个行政村实际状况来看,编辑者、出版者、发行者、出版研究者,以及出版行政和文化管理等部门,对发达地区农村图书发行市场的研究存在欠缺,对农民文化需求尤其是阅读需求等缺乏深入全面的调查与分析。换言之,出版发行工作并没有真正满足农村读者的实际购书需求。缺少调研数据和分析判断,也就做不出积极有效的应对措施。为了促进农村发行市场合理有序发展,当务之急是要加大对发达地区农村的图书发行市场的调查研究,管理机构和科研部门应该设置专项课题,或组织出版单位到农村蹲点调研,找出问题的症结,以便对症下药,提出应对策略。

2. 完善农村图书发行网点

建议在北京市新闻出版局设立"首都农村书刊出版发行指导小组"等机构,结合推进农家书屋("益民工程")等。专门负责组织农村书刊的选题策划、编辑出版、发行营销和文化传播工作,同时投入相应的人力和资金,把农村发行网点进一步完善起来。应以出版社和新华书店为主体,有效组织农村书刊的选题策划、编辑出版和储运分发,有条件的出版社、大型书店可以和郊区农村建立帮扶关系,设立连锁性的图书销售点。早期参与农村发行网点建设的出版社或书店,可以享受市场开发优惠政策和发行市场运作优先权,以鼓励出版发行企业积极投入到农村图书市场的开发和培育之中。各区县新华书店为了解决人员紧张问题,可以招聘有志从事农村图书发行工作,而且懂发行、热爱出版工作的大学生,作为农村书刊发行工作志愿者,开展具体的宣传和发行工作。在奉献爱心的同时,也可以锻炼这些大学生的实践能力,发挥他们的专业特长。

3. 解决好农村图书发行的储运问题

我国乡村数量多,分布广,使得从县(市)到行政村这一环节的运输成为农村图书发行的瓶颈环节,很多新华书店和出版社都不具备这样的渠道。笔者认为,可以考虑在农家书屋建设初期,针对图书需求零散而量少的现实,在省级新华书店设立农村图书物流中心。此外,可与乡村邮局合作,借助邮局系统向各县(市)按需发送不同种类的图书。利用邮局完善的投递系统,由乡村邮递员将农家书屋需要的图书配送到位。这样既解决了农村图书的储运供应问题,又能更大限度地发挥邮政系统的作用,进而节省储运成本,形成良性循环,两全其美。

4. 建立畅通的发行信息反馈渠道

出版行政主管部门要通过农家书屋和乡村中的行政组织,建立起农村图书需求信息的沟通和反馈渠道。如通过无线通信网络、手机短信服务等方式,建立专门的网站、数据库、信息通报员等,及时了解农村读者的购书信息和品种需求。通过联系行政村的阅览室、农家书屋,定期获知图书发行信息,及时反馈给发行供货单位。出版发行单位也要针对农村市场选拔任用自己的发行信息员,深入乡村开展工作,把出版的新书信息及时传送到农村书店和售书点,以提高图书发行效率和专题图书的发行针对性。

5.及时出版发行适销对路的农村图书

首先,相关政府机构应组织出版单位,统筹协调,多出版发行那些符合农民实际需要的、能够帮助和指导村民进行农业生产、经营致富的技术类和科普类书籍。其次,出版社要本着价廉原则,选择经济实用的纸张和装帧设计方式、装订印刷技术,尽量降低针对农村市场的出版物成本和零售价格。同时,广泛募集社会资金,支持农村读者喜欢的图书选题出版。出版社应深入农村,进行选题策划等专题性调研,了解农民的购书需求,认真研讨后组织专业力量,策划出版满足农民真正需要的图书。

此外乡镇政府可以和出版单位共同牵头,配合"文化下乡"、"家电下乡"等活动,开展送书下乡活动、乡村主题读书活动,加大图书宣传和发行力度,调动村民的购书积极性,逐渐在农村中培养一批读书人、爱书人和买书人。一旦农村读书的人多了,农村图书市场也就可以渐次培育起来,进而拉动农村图书发行市场走入持续、快速、健康发展的轨道。①

本文是一篇出版物市场调查报告,是对北京农村图书市场的调查分析。调查报告介绍了本次调查的调研范围和调查对象、调研方法、问卷发放和回收等情况,列示了通过调查获知的北京农村村民购书的各种情况的数据资料,分析得出了北京农村图书市场存在的三大现实问题,最后提出了发达地区农村图书发行市场开发对策。本篇调查报告正确阐明了全部有关论据,在对真实资料进行科学分析的基础上,得出了报告的结论,提出了看法和建议。

【内容解析】

一、明确调查报告的格式

出版物市场调查报告没有统一固定的格式,不同的出版物调查项目、不同的调查人员撰写可能会有不同的结构和风格,可能会突出不同的内容,但是出版物市场调查报告要把出版物市场调查活动的重要信息传递给相关人员的功能或要求是相同的,因此以下程序是必不可少的。

(一)确定出版物市场调查报告标题

任何文章都要有标题,出版物市场调查报告也不例外。标题是调查报告的主题体现,因此必须准确揭示调查报告的主旨思想,既要精确凝练,又要具有较强的吸引力。

出版物市场调查报告的标题,就形式而言,一般分为两种:单行题和双行题。顾名思义,单行题只有一行,一般是在这一行文字里明确体现调查的内容、对象或区域。例如《北京农村图书市场调查研究》、《长沙市民营书店调查》、《图书价格调查报告》等。

---

①王彦祥,张彦翔.北京农村图书市场调查及发达地区农村图书发行策略研究.出版发行研究.2009(5).

双行题也就是具有两行文字的标题,双行题通过正副标题更全面地概括本次调查互动的重要信息,例如《数字出版对传统出版的冲击——武汉高校在校大学生阅读情况调查》等。

　　出版物市场调查报告的标题,就内容而言,可以直接反映调查内容,例如《北京地铁书刊出版物出版物市场调查报告》;也可以表明观点,例如《农村儿童工具书市场亟待开发》;还可以提出问题,例如《青春文学书籍的出路何在?》

　　标题页也可能是调查报告的封面页,除了标题之外,还有其他信息的展示,比如调查活动完成的人员或机构、调查报告的时间等等。

```
┌─────────────────────────────────────────┐
│            ×××报纸读者调查分析报告             │
│                                           │
│   调查单位:                                 │
│   通讯地址:                                 │
│   电话:                                    │
│   E – mail:                               │
│   报告提出日期:                              │
│   报告主送单位:                              │
└─────────────────────────────────────────┘
```

图 7 - 1　出版物市场调查报告封面

(二)制作调查报告目录

　　如果出版物市场调查活动规模较大,调查报告涉及的内容比较多,可以制作目录,但如果所做的调查规模较小、内容较少,调查报告不一定要制作目录。

　　出版物市场调查报告的目录跟图书的目录一样,一般只列出报告所分的章节及相应的页码。由于结果部分的内容通常比较多,为了读者阅读方便,可以将细目也列进去。目录一般不宜超过一页。

　　◇案例7.2

出版物市场调查报告目录

（三）编写调查报告摘要

◇案例7.3

某出版发行企业发行部分的工作人员为了解青春文学类图书零售市场的情况，经过了3个月的研究，为总经理准备了一份长达120页的出版物出版物市场调查报告。总经理看到厚厚一叠文稿，不耐烦地对他说："明天8点前把一份3页纸的报告摘要放到我办公桌上。"

假如你是这个调查项目的负责人，你将如何准备此报告摘要？

摘要是对调查活动内容的概括性说明，是对主要调查成果及结论的综述。摘要写在最前面，是读者最先看到的实质性内容，它应当清楚明了、简洁概括地说明调查的主要结果，而详细的论证资料只要在正文中加以阐述即可。

摘要通常包含这样几个方面的内容：首先要说明报告的目的，包括重要的背景情况和调查的具体目的；其次要给出最主要的结果；最后是调查所提出的结论和建议。

◇案例7.4

《3G时代湖南手机报发展对策研究——湖南手机报市场调查报告》（节选）

摘要：随着2009年3G牌照的发放，3G大规模商用在即。本文在实地调研的基础上，通过对问卷的处理，分析了湖南手机报的市场现状，指出了3G时代发展的机遇及瓶颈，进而提出开发湖南手机报的策略，即：技术提升，手段多样；内容为王，创新求变；整合资源，塑造品牌；多元经营，移动增值；打造团队，培育人才；监管明晰，规范市场。

（四）编写调查报告正文

报告正文是出版物市场调查报告的主体部分，应该客观准确地说明整个出版物市场调查活动的事实及结果，包括调查背景和目标、调查方法、调查结果、结论、意见和建议。

1. 调查背景和目的

本部分可以描述产生本次调查活动的原因，包括相关的背景材料，并叙述总体研究目标，即想解决的问题。

◇案例7.5

《3G时代湖南手机报发展对策研究——湖南手机报市场调查报告》（节选）

2009年3G牌照的发放，标志着中国正式进入3G时代。未来3年，获得牌照的三大运营商将投资 4000 亿元,加上手机制造、内容服务领域的投资,将可以带动 1 万亿元的投资增长,3G 大规模商用在即。对于湖南手机报而言,3G 时代将为其带来较大的发展机遇,为了解 3G 时代湖南手机报发展对策,特针对湖南手机报市场进行了调查。

2. 调查方法

(1)调查的地区。说明调查活动在什么区域进行,以及选择这些区域的理由。

(2)抽样方法。说明本次调查是采用什么样的抽样方法抽取样本,抽取了多少样本,抽取时考虑的因素,样本的结构如何,是否具有代表性等。

(3)资料采集方法。说明收集资料具体使用的方法,是一手资料还是二手资料,是访问法、观察法,还是实验法,或是其他方法等。可以是一种资料收集的方法,也可以有几种方法同时进行。

(4)实施过程及问题处理。调查如何实施,遇到了什么问题,是如何处理的。

(5)资料处理方法及工具。运用什么工具、什么方法对资料进行分析和统计处理。

(6)调查完成情况。说明调查完成情况,比如访问完成率、问卷回收率等,说明未完成部分或无效部分的原因。

◇案例 7.6

《北京农村图书市场调查研究》(节选)

一、北京农村图书市场调研的说明

1. 调研范围和调查对象

2008 年 3 月以来,笔者对北京市 18 个区县中的 14 个行政村进行了图书发行市场专项实地调研,发放 600 多份针对村民的调查问卷,并对 20 多位村干部、"大学生村官"进行访谈,取得了第一手的调查数据。需要强调的是,本次调研活动不可能涵盖北京的所有乡村。因此下面的分析和论述,可能存在一定的局限性,也许会出现以偏概全的现象。

2. 调研方法

本次调研采取了多种形式的调查方法,其中包括面对面访谈、随机抽样、调查问卷、统计分析、个案分析等。

3. 问卷发放和回收情况

调研过程中向各村村长发放问卷 14 份,统计有效问卷 14 份,回收率 100%;向村民发放调查问卷 613 份,统计出有效问卷 553 份,有效问卷达到 90.2%。以上两项相加,本次调查共发放问卷 627 份,回收有效问卷 567 份,有效问卷达到 90.4%,符合科学调查的要求。

3. 调查结果

调查结果是将调查所得的资料,按照一定的顺序分段依次呈现。这一部分着重通过调查了解到的事实,分析说明被调查对象的发生、发展和变化过程,总结调查结果及存在的问题。它可以分为基本情况部分和分析部分两大部分。

（1）基本情况部分。基本情况部分要真实反映客观事实，但不等同于对事实的简单罗列，而是应该有所提炼。（见案例7.7）

（2）分析部分。分析部分是要对资料进行质和量的分析，通过分析，了解情况，说明解决了什么问题。例如通过对原因的分析、利弊分析和预测分析，得到相关结论等。（见案例7.8）

◇案例7.7

《北京农村图书市场调查研究》(节选)

二、北京农村的村民购书现状

1. 北京乡镇书店现状

此次所调研的每个乡镇中均设有书店，但这些书店的规模都不大，书店内所出售的图书品种主要是中小学教参教辅、学前教育、文艺小说等读物。尽管乡镇售书网点相对较多，然而书店的经营性质多属个体性质，经营者大多为了赚钱而很少考虑书店的文化价值。乡镇书店的特点是规模不大，书刊品种少，且种类单一，读者选择面偏窄，因而很难满足当地村民的文化和学习阅读需求，由于较大的新华书店大多设在乡镇繁华区域，村民若想购书，还需乘车前往，这也在一定程度上影响了村民的购书需求。

2. 村民获得图书的途径

为了弄清北京村民获得图书的方式，具体是"自己购买"还是"借阅"，笔者以问卷形式对381位平时有购书习惯的村民进行了调查，并做出以下汇总分析（见表1）

表1 村民获得图书方式统计表

村民获得图书的方式	人数	所占比例(%)
自己购买	106	27.82
到村里借阅	43	11.29
向别人借阅	35	9.19
有时借，有时买	197	51.71

从表1中可以看出，目前有些行政村因没有图书阅览室或因为农村书屋的图书品种单一，使得被调查的村民只有11.29%的人去村里借阅图书，大部分村民只能选择自己购买或向别人借阅图书，来满足读书的实际需要。

3. 村民购书数量及地点

为了解村民的购书地点及购买图书数量，进而找出村民的购书规律，笔者设计了具体的问卷题目,经实地调查和汇总后得出以下两组数据(见表2、表3)。

表2　村民每年购买图书数量统计表

每年购买图书的数量	人数	所占比例(%)
10本以内	257	56.86
10~50本	101	22.35
50本以上	17	3.76
从来不买	77	17.04

表3　村民购买图书地点统计表

经常在哪里购买图书	人数	所占比例(%)
城区图书大厦	87	23.2
附近村镇书店	174	46.4
书市	58	15.47
超市或商店	13	3.47
网上购买	17	4.53
其他	26	6.93

分析表2和表3的数据可知,有近一半村民每年仅"购买10本以内"的图书,且大部分选择在"附近村镇书店"购买。这部分村民由于对图书的需求量较少,因此村镇里的书店就可以基本满足他们的购书需求。但村镇书店图书品种有限。高层次精品图书很少,大多是基础教育、小说、生活、娱乐休闲类图书,可见目前村民的购书层次不是很高,村镇书店也只满足了村民的一般文化生活需求。选择每年购买"10本以上图书"的村民,由于对图书的购买和阅读需求量较大,附近的书店不能完全满足需求,因此这类读者基本上选择了去城区的图书大厦或书市去购买。于是就出现了即使村镇里有书店,村民也会"绕道而行"、"舍近求远"的购书现象。

4.村民的购书目的

对于购书目的调查,村民们选择填写了4个选项。汇总后得出较为准确的数据(见表4)。数据显示,有购书习惯的村民占到总数的一半以上,其购书目的多数是"自己阅读"。不难看出。目前很大一部分村民已经形成较好的购书和阅读习惯,对于提高自身的文化科学素质不仅有较好的诉求,也有切实的行动。

表4　村民购书目的统计表

购书的主要目的	人数	所占比例(%)
自己阅读	238	63.47
子女学习、受教育的需要	47	12.53
全家使用	81	21.6
其他	9	2.4

◇案例7.8

《北京农村图书市场调查研究》(节选)

三、北京农村图书市场存在的三大现实问题

1.书店和售书点离村庄较远,覆盖率偏低

通过实地调查得知,北京农村的每个乡镇确实都有书店或售书点,但这些书店或售书点普遍设在乡镇中心地带,即乡或镇的繁华大街上,而村子里很少有售书点。针对这种情况笔者进一步调查,具体题目和统计结果见表5。

表5　乡镇开设售书点的意向购买情况统计表

乡镇开设售书点后村民是否会去买书	人数	所占比例(%)
一定去	117	25.88
可能去	288	63.72
不去	47	10.40

表5的数据使我们清晰地看到,在有购书需求的村民中,近九成的村民是愿意在乡镇购买图书的。但是,为什么他们每年的购书量主要集中在10本以内呢?这可能是由于售书网点的覆盖率较低,交通不十分便利所致,此原因在一定程度上影响了村民的购书频次和数量。

2.乡镇书店的图书品种比较单一,内容针对性较弱

村民在乡镇书店购书时,因品种少,可挑选余地不大,往往是乘兴而来,扫兴而归,一定程度上"扼杀"了村民本来就不是很高的购书愿望和读书热情。乡镇书店的图书品种少,其原因自然在图书的供应源头,即出版和发行单位。由于不了解情况或对农村出版物市场的一贯印象,出版出版发行企业大多认为农民文化水平较低,且农村人口较为分散,图书消费能力差。在图书销售网点建设和图书运输等方面,需要投入更多的人力、物力、财力,令发行投入远大于城市,而短期内又看不到经济效益,致使出版发行企业不愿去开发农村图书市场,弱化了农村图书的出版和发行。如此恶性循环,适合于农业、农村、农民的出版物就出版得少,进入乡镇书店的图书品种就更少,这一问题应该引起有关部门的重视。另一方面,目前农业生产方面的图书种类也较多,但

能使农民直接受益的、内容精彩的图书还相对较少;价格便宜、简明易懂的农村科普图书在农村见到的就更少。其他类别的图书则很少有专门针对农村读者进行编辑出版和发行的。一些符合时代潮流的文艺作品在城市里畅销并流行,也有可观的读者群,但对于农村读者往往不适合,难以引起共鸣。所以当务之急是多编辑出版一些符合现代农村生活,对新型农民有实际意义的图书。

　　3.农村市场销售的图书价格偏高

　　由于收入普遍低于城市居民,村民自然无力消费那些连城市居民都感觉价位偏高的图书,这是现阶段北京农村地区图书销售的普遍现象。笔者通过具体调查,获得了表6中的数据。

表6　如果收入增加,村民是否读书调查表

如果收入增加了,您会考虑把读书当做生活中的一项重要活动吗?	人数	所占比例(%)
会	194	42.92
可能会	195	43.14
不会	24	5.31
说不清楚	39	8.63

　　从数据统计可知,如果村民收入增加,将有86.06%的村民会考虑把读书当做生活中的一项重要活动,可见"收入"和"购书"、"读书"之间呈强烈的正比例关系。由于目前收入较低,这在一定程度上抑制了绝大多数村民的购书热情,也从另一个侧面印证出北京农村图书市场书价偏高,销售不畅的真实情况。北京是首都,属经济发达地区,但图书价位与农村读者消费能力的偏差,也会使村民时常与那些有助于农业生产发展、提高文化生活素质的图书失之交臂。

　　4.结论和建议

　　结论是指通过调查结果的研究对研究前提出的问题作明确的答复,同时可以简要地引用有关背景资料和调查结果加以解释、论证。结论有时可以与调查结果合并在一起,但要视调查课题的大小而定。一般而言,如果调查课题小、结果简单,可以直接与调查结果合并成一部分来写;如果课题比较大、内容多,则应分开写为宜。

　　建议是针对调查所获得的结论,提出具体的要求以及应该采取的改进措施及对策。比如如何改进图书营销推广的手段、出版发行企业如何适应读者需求、如何与同类书刊竞争等。建议最好是正面的、肯定的、具有可操作性的。

　　◇案例7.9

《北京农村图书市场调查研究》(节选)

　　通过此次较大范围的实地调研,笔者了解到,北京地区农村平时购书的村民占到被调查人数的81.74%，这说明绝大部分村民平时有购书和读书习惯。我们需要做的是将图书市场深入到各个村庄，进一步打开北京这样的发达地区农村图书发行市场。为此，笔者提出以下几点对策：

1. 加大发达地区农村图书发行市场调研

从笔者所调查的北京14个行政村实际状况来看，编辑者、出版者、发行者、出版研究者，以及出版行政和文化管理等部门，对发达地区农村图书发行市场的研究存在欠缺，对农民文化需求尤其是阅读需求等缺乏深入全面的调查与分析。换言之，出版发行工作并没有真正满足农村读者的实际购书需求。缺少调研数据和分析判断，也就做不出积极有效的应对措施。为了促进农村发行市场合理有序发展，当务之急是要加大对发达地区农村的图书发行市场的调查研究，管理机构和科研部门应该设置专项课题，或组织出版单位到农村蹲点调研，找出问题的症结，以便对症下药，提出应对策略。

2. 完善农村图书发行网点

建议在北京市新闻出版局设立"首都农村书刊出版发行指导小组"等机构，结合推进农家书屋（"益民工程"）等。专门负责组织农村书刊的选题策划、编辑出版、发行营销和文化传播工作，同时投入相应的人力和资金，把农村发行网点进一步完善起来。应以出版社和新华书店为主体，有效组织农村书刊的选题策划、编辑出版和储运分发，有条件的出版社、大型书店可以和郊区农村建立帮扶关系，设立连锁性的图书销售点。早期参与农村发行网点建设的出版社或书店，可以享受市场开发优惠政策和发行市场运作优先权，以鼓励出版发行企业积极投入到农村图书市场的开发和培育之中。各区县新华书店为了解决人员紧张问题，可以招聘有志从事农村图书发行工作，而且懂发行、热爱出版工作的大学生，作为农村书刊发行工作志愿者，开展具体的宣传和发行工作。在奉献爱心的同时，也可以锻炼这些大学生的实践能力，发挥他们的专业特长。

3. 解决好农村图书发行的储运问题

我国乡村数量多，分布广，使得从县（市）到行政村这一环节的运输成为农村图书发行的瓶颈环节，很多新华书店和出版社都不具备这样的渠道。笔者认为，可以考虑在农家书屋建设初期，针对图书需求零散而量少的现实，在省级新华书店设立农村图书物流中心。此外，可与乡村邮局合作，借助邮局系统向各县（市）按需发送不同种类的图书。利用邮局完善的投递系统，由乡村邮递员将农家书屋需要的图书配送到位。这样既解决了农村图书的储运供应问题，又能更大限度地发挥邮政系统的作用，进而节省储运成本，形成良性循环，两全其美。

4. 建立畅通的发行信息反馈渠道

出版行政主管部门要通过农家书屋和乡村中的行政组织，建立起农村图书需求信息的沟通和反馈渠道。如通过无线通信网络、手机短信服务等方式，建立专门的网站、数据库、信息通报员等，及时了解农村读者的购书信息和品种需求。通过联系行政村的阅览室、农家书屋,定期获知图书发行信息,及时反馈给发行供货单位。出版发行单位也要针对农村市场选拔任用自己的发行信息员,深入乡村开展工作,把出版的新书信息及时传送到农村书店和售书点,以提高图书发行效率和专题图书的发行针对性。

5.及时出版发行适销对路的农村图书

首先,相关政府机构应组织出版单位,统筹协调,多出版发行那些符合农民实际需要的、能够帮助和指导村民进行农业生产、经营致富的技术类和科普类书籍。其次,出版社要本着价廉原则,选择经济实用的纸张和装帧设计方式、装订印刷技术,尽量降低针对农村市场的出版物成本和零售价格。同时,广泛募集社会资金,支持农村读者喜欢的图书选题出版。出版社应深入农村,进行选题策划等专题性调研,了解农民的购书需求,认真研讨后组织专业力量,策划出版满足农民真正需要的图书。

此外乡镇政府可以和出版单位共同牵头,配合"文化下乡"、"家电下乡"等活动,开展送书下乡活动、乡村主题读书活动,加大图书宣传和发行力度,调动村民的购书积极性,逐渐在农村中培养一批读书人、爱书人和买书人。一旦农村读书的人多了,农村图书市场也就可以渐次培育起来,进而拉动农村图书发行市场走入持续、快速、健康发展的轨道。

(五)组织附录

调查报告一般都有附录。附录的资料主要有两个方面:一是为了证实本报告的可靠性而附的资料,如照片、图片、录像带、受访者名单等;二是为了论证、说明或进一步阐述调查内容而提供的资料,如访问提纲、调查问卷、抽样调查选定样本的有关细节、原始数据图表等各种各样的数据和相关的文字资料。

调查报告的附录注意下面几点:

第一,相关性原则。附录不应该孤立存在,应该在正文中参考过它们。

第二,必要性原则。只有当真正需要,并且是调研结果的补充时才能入选,附录不是关系模糊不清的材料的垃圾场。作用不大,可附可不附的资料就不必附录。

第三,篇幅合理。附录的长短无硬性规定,但是应当保持报告与附录长度之间的合理平衡。

第四,尊重被调查者的原则。如果有的被调查者不愿把自己的姓名、职业等情况让他人知道,那么在这种情况下,即使有必要附录相关信息,也不应该写上。

二、掌握调查报告编写的基本技巧

(一)表述清晰易懂、语言文字简洁生动

调查报告是一种说明性文体,它有自己的语言风格,尽量使用简洁明了、朴实生动的文字,避免使用晦涩难懂的术语。

用语应准确。在撰写调查报告时,陈述事实要干脆明白,不要用一些似是而非的词,使概念模糊不清,如"也许"、"可能"等词。引用数字,要准确无误,不要多出现诸如"约""左右"等不能确定的词。议论要有针对性,把握分寸,不要任意拔高或贬低。

用语应客观。在撰写调查后报告时要少用"我认为","我的意见"等第一人称写法,那样会使读者感觉作者的主观意识太强,一般应以第三人称或被动语态为宜,如"笔者认为","调查表明"等。应该用一种向读者报告的语气撰写,而不要表现出力图说服读者同意某种观点的倾向,更不能把自己的观点强加于人。

用语应简洁。撰写调查报告要用尽可能少的文字,表达尽可能多的内容,不要拐弯抹角。对事实的叙述,不作过多的描绘,对观点的阐释,不作烦琐的论证,删除可要可不要的字、句和段落。

用语应生动。调查报告是说明文体,不能用散文语言,不随便运用夸张的手法和奇特的比喻,但行文也要生动形象,不要把一些生僻难懂的词句和术语硬塞进报告中,不要让报告显得生硬干巴,没有可读性。

(二)结构严谨而富有逻辑性

在进行写作的时候,要按照一定的顺序进行,用一定的方式呈现,否则便会给人层次混乱、条理不清的感觉。尤其是论述部分的结构安排是否恰当,直接影响着分析报告的质量。

由于正文论述部分一般涉及的内容很长,文字较多,有时也可以用概括性或提示性的小标题,突出文章的中心思想。论述的写作顺序可以是层层深入形式,各层意思之间是一层深入一层,层层剖析;也可以是先后顺序形式,按事物发展的先后顺序安排层次,各层意思之间有密切联系;还可以是综合展开形式,先说明总的情况,然后分段展开,或先分段展开,然后综合说明。

(三)内容全面,详略得当

书业出版物市场调查报告必须反映书业市场调查的全部成果,即要回答市场调查为何进行,用什么方法进行调查,得到什么结果等等。但是内容全面的同时也要详略得当,重点突出,要注意以下几个方面的问题:

1. 简练明了

调查报告并不是篇幅越长,质量就越高,相反,很多人看到长篇大论反而失去了阅读的兴趣,就调查报告而言,希望呈现的是简练明了的精华内容。

2. 解释充分

调查报告往往是文字与图表结合,但是这并不意味有了图表,便不需要文字的归纳说明。原始资料经过简化和统计处理并制成图表资料后,虽然其中隐含的趋势关系可以看得出来,但是如果没有经过一定的训练,要准确领会图表的全部内涵并不简单,因此研究者对图表资料加以解释是必要的。文字不是图表中数字的简单重复,如果有统计数字而未做出任何解释说明,数据资料的作用就没有体现出来。

◇案例 7.10

"早春"时节的图书零售市场(节选)

下图比较了历年来 1 月图书零售市场的环比增长率,即 1 月市场相比于上一年度 12 月份的市场规模变化。数据显示 2012 年 1 月的环比增长率是最高的,达到了 40% 以上;其次最高的是 2009 年,1 月环比增长率达到了 31%。结合每年农历春节的具体时间可以发现,2012 年的农历新年在 1 月 23 日,2009 年的农历新年在 1 月 26 日,而其他年份的农历新年都在 2 月份。如果将时间进一步向前追溯,2004 年的农历新年也发生在 1 月份,而当年 1 月的环比增长率也非常突出。

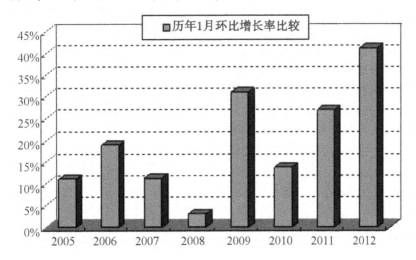

历年 1 月份图书零售市场环比增长率比较图

本段文字与图密切结合,文字不是对图中数字的简单列举,而是对图的内容进行了解释说明,并加以分析,既直观又深刻。

3. 现象不等同于结论

很多调查报告会出现这样的问题,将调查发现的现象罗列之后当做结论对待,而实质上结论应该是归纳总结现象之后对现象的深入分析,找出现象中存在的趋势和关系,识别其中隐含的意义,并用适当的语言加以描述。例如产生的原因、存在的影响或作用、发展的趋势或规律等。

例如《北京农村图书市场调查研究》中通过对北京乡镇书店的售书情况,村民获得图书的途径、村民购书数量及地点等北京农村的购书现象的分析,得到北京农村市场存在的三大问题:书店和售书点离村庄较远,覆盖率偏低;乡镇书店的图书品种比较单一,内容针对性较弱;农村市场销售的图书价格偏高。从而提出打开北京这样的发达地区农村图书发行市场的建议和意见。

(四)报告的外观形式

1. 风格严谨,形式多样

报告的外观十分重要,调查报告的读者不一定在判断报告的质量和水平方面都是专家,但一般都会有一个相同的判断标准,他们总是更易于信任外观干净、整齐、版式专业的报告,不像样的外观或一点小失误和遗漏都会严重影响读者的信任感。所以,最后呈交的报告应当是专业化的,使用质量好的纸张,打印和装订都要符合规范。

但是专业化的形式不等于呆板单调。调查报告的编排形式不是唯一的,清爽美观、避免呆板的编排形式更有利于引起读者注意,也更方便读者阅读。调查报告不要制作得花哨,但也不要晦涩沉闷,例如可以通过字体字号、线条、色彩的使用使中心突出,不同的部分有所区别,从而使版面变得既美观又直观,能够让人轻松愉悦地阅读。

2. 图表相结合

(1)表格作为描述性统计方法,以其直观、形象、清晰的特点广泛应用于报告之中。采用表格时应注意以下几点:

①表格应该有简明扼要的标题及清楚正确的表序。

②按想强调的内容确定表格排列顺序。

③表明各种数据单位,给出必要的说明和标注。

④表格中的数字、位数应对齐,要有合计数。

⑤说明数据来源,尤其是二手数据。

(2)图形也因为其直观、形象、美观和富有吸引力的特点越来越多地运用于报告之中,帮助读者理解报告内容。常用的图形有饼状图、线形图、柱形图等,制图时应注意以下问题:

①图形应表明标题和序号。

②图形的颜色和纹理选择要有一定的逻辑性。

③图形所处的位置恰当。

④图形的数据来源应说明清楚。

⑤图形的排列要符合人们的视觉习惯。

【项目小结】

根据出版物市场调查与分析业务活动的顺序,本项目主要是前面任务的成果体现——编写出版物市场调查的报告。调查报告是体现调查质量的关键环节,调查报告的内容和质量决定了能否卓有成效地体现调查人员的成果,能否作出正确的出版发行决策。无论调查设计得多么科学,调查问卷多么周密,样本多么具有代表性,质量控制多么严格,数据整理和分析多么恰当,调查过程和结果与调查要求多么一致,如果调查人员不能把诸多的调查资料组织成一份清晰的、高质量的调查报告,就不能与决策者或者用户进行有效的信息沟通,决策者或用户就不能有效地采取行动。出版物市场调查报告是传递调查结果、重要建议、总结和其他重要信息的真实信息,是出版发行企业经营决策的重要参考依据。本项目主要介绍了调查报告撰写的基本结构及技巧。

◆核心技能

出版物市场调查报告的撰写。

◆课后自测

一、选择题

1.(　　)是调查分析报告内容的浓缩点。

A 题目　　　　　　　B 摘要　　　　　　　C 目录　　　　　　　D 调查结论

2.编写出版物市场调查分析报告的原则是(　　)。

A 简明扼要　　　B 客户导向　　　C 真实性　　　D 具体化 E 紧扣主题

二、简答题

1.出版物市场调查报告在整个出版物营销调研中的作用重要吗? 为什么?

2.出版物市场调查报告的结构由哪几部分组成?

3.编写出版物市场调查报告使用语言时有哪些要求?

三、案例分析

和谐农村文化建设的书报刊市场开发策略研究①

——湖北农村书报刊市场调查报告

调查说明:2008 年 10 月项目组成员对湖北省钟祥市(县级市)和宜昌市的五峰县 4 个乡镇 8 个行政村进行为期一个月的调查。

调查对象:钟祥市的郢中镇、胡集镇的 4 个行政村,五峰县的五峰镇和长乐坪镇 4 个行政村的村支部书记、村民,以及新华书店的乡镇主管干部。

调研方法:随机抽样,面对面采访和填写调查问卷。

问卷发放回收情况:本次调查向村民发放问卷 220 份(每个乡镇 55 份),回收有效问卷 200 份,回收率 90.9%;向村支发放问卷 8 份(每人 1 份),回收有效问卷 8 份,回收率 100%;向 4 个乡镇的 4 个书店发放问卷 4 份,回收有效问卷 4 份,回收率 100%;本次调查共发放问卷 232 份,回收有效问卷 212 份,回收率 91.3%。

1.目前书报刊发行网点建设的现状及特点

早前湖北省农村地区的图书发行网点主要是新华书店设立的售书点和农村供销合作社。但随着教材发行体制改革的推进,之前的农村供销合作社的书报刊发行功能逐渐萎缩,目前湖北省农村地区书报刊发行网点主要集中在乡镇新华书店和中小型民营书店。在这次调查中发现,湖北省书报刊发行网点建设较以前有了比较大的进步,

①郭嘉,肖真,韩烨.和谐农村文化建设的书报刊市场开发策略研究——湖北农村书报刊出版物出版物市场调查报告.出版科学.2009,17(2).

但乡镇售书网点的数量并没有太大改观。

1.1 乡镇新华书店的情况

表1 乡镇新华书店情况调查(略)

表1反映的是钟祥市与五峰县新华书店图书总量、售书码洋和最受欢迎的图书的比较。从表中看出,钟祥市新华书店在图书总量、售书码洋上明显大于五峰县新华书店,这在很大程度上与两地的经济状况有关;但在图书种类和售书码洋上两个新华书店都是呈逐年上升的趋势,受各种因素的影响,两个地方最受欢迎的图书种类也相同。

1.2 乡镇民营书店的情况

表2 乡镇民营书店情况调查(略)

表2反映的是两个乡镇民营书店的情况,表中反映的五峰镇和胡集镇分别位于五峰县和钟祥市,民营书店的数量分别是5个和8个,售书种类集中在教辅类、少儿类、工具书、文学类、财经、法律、社科、报纸杂志等几大类,其他种类虽略有涉及,但通过实地观察还是可以看出教辅、少儿、工具书的数量大大超过了其他种类,最受读者欢迎的图书种类也都是教辅、工具书以及少儿类图书。从表2可以看出农村发行网点数量偏少,由于民营书店的个体性质,经营者常常会比较看重书店的利益价值,而很少考虑文化价值,所售图书种类单一,限制了读者的选择范围,很难满足读者的实际阅读需求。

2. 目前湖北农村读者能阅读到的出版物范围、阅读现状及农村市场潜力调查

2.1 农村读者能阅读到的出版物范围

根据调查得知,当前农村居民能够直接获得书报刊的途径有两种:一是通过乡镇书店购买,二是通过村委会阅览室或农家书屋借阅相关读物。在被调查的4个乡镇的8个行政村当中,有5个村设有向普通村民开放的阅览室,有2个村设有农家书屋。但由于乡镇书店和村阅览室的数量有限,农家书屋建设尚未完善,农民获得书报刊的途径仍受到限制。郢中镇、胡集镇、五峰镇和长乐坪镇8个行政村可供阅览的书报刊种类,如表3所列。

表3 乡镇可阅览的书报刊种类调查(略)

如表3所示,《人民日报》《湖北日报》和乡镇所属地级市日报是每个行政村都订阅的报纸,如《荆门日报》《宜昌日报》。本次调查的8个行政村的报纸总数为15种,其中一部分村里只有《人民日报》《湖北日报》和上属地级市日报,另一部分村在这三种报纸的基础上再多出几种农村或法制方面的报纸。

8个行政村的杂志总数也只有9种,其中《求是》《半月谈》《党员生活》是大部分行政村必备的,一些村在这三种杂志基础上多1~2种相关杂志。设有农家书屋的胡集镇和五峰镇在报刊的数量和种类上相对多于其他乡镇,比如省城较流行的《楚天都市报》《读者》和《特别关注》。8个行政村的图书种类也相对集中,都为种植业、养殖业相关的农业科技图书,相对较富的郢中镇和五峰镇另外有一部分法律读物,而在长

乐坪镇的两个行政村里均未设置阅览室提供可阅读的图书。可见,总体上当前各行政村发展不均衡,农村居民能够阅读到的书报刊种类较为贫乏,阅读范围较为局限。

2.2 农村居民的阅读现状

2.2.1 农村居民的阅读频率

表4 农村居民阅读频率调查(略)

通过表4可以看出,在所有被调查对象中,绝大多数为偶尔阅读,有42.5%的村民经常阅读,而不阅读的人数仅占4%。由此可见,虽然农村居民的阅读频率存在差异,但随着时代的发展,书报刊阅读已经成为农民生活的重要组成部分。

2.2.2 农村读者的阅读目的

表5 农村读者阅读目的调查(略)

在所有被调查对象中,有阅读习惯的农民所占比重为96%,其中以学习种植、养殖技术为目的的读者占42.2%,由此可见,农村居民仍然把致富放在首位,并且认识到通过书报刊阅读来获取农业技术实用知识是致富的有效途径。33.3%的农民以"提高文化"为阅读目的,可见当前农村居民中一部分人认识到提高自身文化的重要性。选择"消遣"的读者占24.5%,主要以阅读报刊为主,阅读的图书多为武侠小说、言情小说、人物传记等内容较为轻松的读物。

2.2.3 8位"不阅读"的被调查者不读书的原因

表6 "不阅读"被调查者不读书原因调查(略)

通过表6可以看出,农民不阅读首先是兴趣原因,其次是受到文化知识和经济条件的限制。由于农民的经济收入相对较低,提高家庭的物质生活水平仍然是农民头脑中最重要的事情,大多数农民将主要精力投入到劳动致富当中而对读书看报不感兴趣。由于教育程度和文化水平不高,农民在阅读书报刊的过程中遇到不少困难,这也极大地影响了农民的阅读热情。"没钱买书"不但削弱了农村居民看书的兴趣,更加限制了读书群体的阅读范围,很多农民由于收入所限不得不放弃买书看书的念头。另外在调查过程中也发现,电视媒体的发展极大地削减了农民阅读书报刊的时间,成为导致农民很少阅读乃至不阅读的重要因素之一。

2.2.4 不同教育程度村民的阅读情况

表7 不同教育程度村民的阅读情况(略)

本次调查对象是具有初中及以上受教育程度的村民,如表7所示,在教育程度为"大学/大专"的被调查对象中,不阅读率是0,经常阅读者占到该群体的70.8%;教育程度在"高中/中专"的被调查对象中,偶尔阅读和经常阅读的比例分别是52.4%和44.4%,不阅读的比例仅占该群体的3.2%;教育程度在"初中"的被调查对象中,偶尔阅读和经常阅读的总比例共占到该群体的94.7%,不阅读的的比例也仅占该群体的5.3%。除了"大学/大专"文化程度的被调查者经常阅读的比例大大高于偶尔阅读的比例外,"高中/中专"以及"初中"文化程度的被调查者偶尔阅读都比经常阅读的比例大,由表7可以看出,农村居民的受教育程度对阅读习惯有较大影响,文化程度越高,经常阅读的人群就越多,调查数据显示"大学/大专"文化程度的群体已经把读书当做生活的一个重要组成部分,初中文化程度以上的村民大部分都具有阅读的习惯。

2.3 农村读者的购书状况

2.3.1 村民获得图书的途径

表8 村民获得图书的途径调查(略)

通过表8可以看出,接近一半的村民选择"有时买有时借"。有21%的村民会自己购买图书,但是在这部分人中,除了在外地上学的在校大学生外,大都为学生家长,主要为子女购买教辅图书。由于部分村委会没有设立对村民开放的阅览室,农村书屋建设尚未完善,使得只有16.5%的村民到村里借阅。13.5%的农村居民由于个人收入限制而选择向别人借阅图书,这在很大程度上限制了村民的阅读频率和阅读范围。

2.3.2 村民购书选择书店的情况

表9 村民购书选择书店情况调查(略)

从表9可以看出,离市区较近的乡镇村民72%都在市里购书,在乡镇购书的村民所占比重仅为8%,离市区较远的乡镇村民70%在本乡镇购书,除此之外还有20%的人选择在市里购书。由此可见,即使乡镇设有购书地点,但由于售书品种少,内容不能满足农村读者的需求,大约70%的村民还是选择绕道去市里购书。

2.4 村民购买力和购书读书意愿调查

2.4.1 村民的收入状况

表10 村民收入状况调查(略)

表10反映的是2005~2007年村民每年收入是否增长的情况。在这三年期间,有151位村民的收入在逐年增长,占调查总人数的75.5%;有41位村民的收入没有增长,占调查总人数的20.5%;在调查回收的问卷中有8位村民未做出选择,占调查总人数的4%。从调查中可以看出大部分村民的收入都在逐年增加,村民的收入增加,村民的可任意支配收入也可能会随之增加,为村民读书学习提供了物质保证。但仍然有20.5%的村民收入没有增长,在回收的调查表中,也正是这部分居民偶尔或者从来不看书。

2.4.2 农村居民的读书意愿

表11 村民读书意愿调查(略)

表11反映的是如果收入增加了,村民是否会考虑把读书看报当做生活中的一项重要活动,调查结果显示,有78位村民选择会,占调查总人数的39%;有94位村民选择可能会,占调查总人数的47%;有16位村民选择不知道,占调查总人数的8%;有10位村民选择不会,占调查总人数的5%;在调查回收的问卷中有2位村民未做出选择,

占调查总人数的1%。通过这项调查发现村民的收入状况仍然是制约村民阅读的重要因素,在调查中有部分村民表示很愿意读书学习,但是图书的价格相对于他们的经济状况来说有些昂贵,同时也还有较大一部分村民没有形成阅读习惯。

2.4.3　村民的购书意愿

表12　村民购书意愿调查(略)

表12反映的是如果在乡镇开设书报刊销售点,村民前去买书的可能性。调查结果显示,有65位村民选择一定会去,占调查总人数的32.5%;有122位村民选择可能去,占调查总人数的61%;有10位村民选择不去,占调查总人数的5%;在调查回收的问卷中有3位村民未做出选择,占调查总人数的1.5%。在现代农村,有一部分居民很重视读书看报,从交谈中了解到,他们认为读书看报不仅能够增长知识、了解新闻、了解外界,也能通过学习新的农业科技方面的知识提高生产种植的效率。61%的村民选择可能会去,通过与这个群体中的部分村民交流,读书看报还不能算是他们生活中必不可少的部分,但他们在条件允许的情况下也愿意读书学习,如果能够把这部分村民的阅读兴趣和潜力开发出来的话,那么整个农村的阅读情况会提升一大步。

3.影响农村书报刊市场开发的因素

3.1　农村居民未形成浓厚的阅读兴趣和良好的阅读习惯

调查中"偶尔读书"和"不读书"的读者都属于没有阅读习惯的群体,而这一群体占到农村总人口的57.5%,这一群体还没有从根本上认识到阅读的重要性。由于农民的经济收入相对较低,提高家庭的物质生活水平仍然是农民头脑中最重要的事情,而通过读书增加文化知识来改变家庭收入结构、提高收入,不是短期能产生效果的途径。由于受教育程度和文化水平不高,农民在阅读书报刊的过程中遇到不少困难,这也极大地影响了农民的阅读热情。经济条件和文化水平的限制,再加上书报刊发行网点建设不足和电视媒体发展的巨大冲击,这些因素都导致大部分农村居民还未产生浓厚的阅读兴趣和养成良好的阅读习惯。而农村居民是农村书报刊市场的受众群体和新农村文化建设的服务对象,农村书报刊的销量和知识的普及是建立在农村居民阅读习惯基础上的,因此如何引导农村居民转变观念,提高阅读热情,是开发农村市场、扩大农村书报刊市场需求所需解决的源头性问题。

3.2　图书价位高,普通村民无力消费

由于农村书报刊销售网点建设存在不足,目前可供农村居民购买图书的地点集中在乡镇书店。而据调查,在图书品种相对较全的乡镇新华书店,图书销售价格仅有9折优惠,这对于经济收入较低的普通农村居民来说,无法承担如此高昂的图书价格。这不仅削弱了农村居民的阅读兴趣,更限制了读书群体的阅读范围,从而减少了农村市场图书的销售量。在经济欠发达农村地区,尤其是在经济处于起步阶段的农村地区,农业科技等实用性强的书报刊会对农业生产和经济发展起到推动作用,但图书价

位与农村读者消费能力的偏差,使得农村读者与有利于经济生产发展的实用类书报刊失之交臂。

3.3 对农村市场需求研究不够,村民的需求无法得到满足

对农村市场需求研究不够,乡镇书店的图书品种单一,对村民阅读的真正需求缺少分析判断,农村读者在乡镇书店里几乎没有选择图书品种的余地。乡镇书店的优势是便利,当前在乡镇书店中销售的关于农村生产的科技类图书种类还比较多,但能使农村居民直接受益的、内容精彩的图书少,价格便宜、明白易懂的图书少,其他类别的图书则很少有专门针对农村读者的。因此总的来说,图书种类少而单一,很大程度上不能满足村民对各种图书的需求,客观上封锁了农村居民的阅读视野,阻碍了农村读者阅读需求的扩大和发展,影响了村民的阅读,也在一定程度上使农村读者本来就不高的阅读愿望无法得到提高。

3.4 农村书报刊销售网点建设滞后

由于农村地区的消费能力、文化水平相对较低,农村地区人口又较为分散,网点建立和书报刊运输等各方面都要求书业出版发行企业前期投入较大成本,并且需要长期在网点管理方面投入大量的人力、物力,而短期内又不能看到明显的经济效益,造成出版发行企业不愿意开发农村市场的局面,从而导致农村地区售书网点少,覆盖率低,一般每个县只有1~2个乡镇有售书点。因此,有需求的读者也不能非常便利地买到需要的图书,在一定程度上影响了村民阅读的积极性,降低了村民的阅读频次,减少了村民的购书数量。

3.5 书报刊阅览室建设不完善,农民可阅读资源有限

调查显示,农村居民获得书报刊的方式之一是向村委阅览室和农家书屋借阅读物,但是现有的农村书报刊阅览室建设并不完善,使得农村居民的可阅读资源非常狭窄。2006年年底,国家提出的建设农家书屋工程是开发农村书刊市场的一个重要举措,也是从根本上解决广大农民群众看书难、借书难、看报难、音像电子产品缺乏的问题,满足农民求知成才和丰富精神文化生活的愿望,保障人民群众基本文化权益的一项重要举措。时至2008年,经过一年多的探索,农家书屋已经陆续在一些地方建立起来了,并取得了明显的成效,但目前仍存在一些问题。这些问题主要表现在以下几个方面:一是认识问题,部分地区仍对农家书屋工程建设的重要意义缺乏足够认识,害怕一阵风、不长久,存在消极应付思想;二是协调问题,一些地区协调力度不够,部门之间相互扯皮和推诿,导致农家书屋工程建设进展缓慢;三是资金问题,农家书屋工程建设资金尚未完全解决,一些地方还在等待观望;四是质量问题,一些地区急于求成,只重数量不重质量,没有达到最低标准;五是发展问题,部分地区仍存在重建不重管,忽视书屋可持续发展的现象;六是服务问题,一些地区服务手段单一,缺乏主动意识,农家书屋的作用没能得到充分发挥。

4.农村书报刊市场开发的策略

4.1　引导农民转变观念,调动农民阅读积极性

改革开放以来,农村居民将主要精力和时间投入到劳动致富中,金钱为重的观念深植于心,农村阅读群体也有接近一半以通过学习种植养殖技术来提高收入为目的,而在社会主义新时期,提高农民文化素质是社会主义精神文明建设的一项重要工作,因此要深入调查了解农村读者的精神文化需求,策划符合农村读者实际需要的文化、艺术、宗教、教育等类别的书刊,让书刊内容贴近农村读者的生活,培养农村读者的阅读兴趣,使他们的阅读需求向更广、更深的层次发展,引导他们认识到阅读是提高文化素质、防止文化贫困的有效途径,潜移默化地让文化、求知成为农民精神生活中的重要组成部分。各地可以以各农村书报刊网点为平台,结合农家书屋工程,开展丰富多彩的文化活动,如读书竞赛、科技讲座等,让广大农民在务农之余广泛参与到读书活动中,以此激发农民的阅读兴趣,调动其阅读积极性。

4.2　降低农村市场出版物价格,发展多渠道图书借阅

针对农民读者的"三农"出版物,要实行"成本定价"原则,出版社要本着廉价的原则选择书刊的载体材料和装帧设计方式,减少环节,压缩农村出版物的编辑出版和印刷发行成本,降低实际销售价格,多出质优价廉的出版物,直接让利给农民读者。各地也可积极募集社会资金,支持针对农村读者的出版选题,进而在降低出版物销售价格方面起到作用。深入开展文化扶贫工作,采取定点帮扶、城乡结对、志愿者下乡等方式,向贫困地区捐赠各类农民群众需要的出版物。同时,积极推进农村公共图书馆、阅览室、农家书屋的建设,为农民借阅图书提供方便。

4.3　积极构建农村售书网点

针对农村售书网点少、覆盖率低的现状,可以在建设初期以通过政府的扶持和协调资源配置为主导,争取在每个乡镇至少保证有一个售书点。由于农村地区的消费能力、文化水平相对较低,农村地区人口又较为分散等各种原因,网点建立和书刊运输等各方面都要求书业出版发行企业前期投入较大成本,所以很少有出版发行商真正愿意投入到农村市场来。为了出版社、书店和其他出版发行企业能够长期开发农村市场,政府应该给予适当的鼓励措施和优惠政策,如在网点建设过程中协助出版发行商的工作等,并且在今后较长一段时期内给予他们较大的优惠政策,如面向农村书屋发售的图书免除各项税收,鼓励书业出版发行企业和其他出版发行企业积极投入到早期农村书报刊市场开发事业当中去。

4.4　因地制宜,大力开拓,满足村民阅读需求

要使居民的需求真正得到满足,就应该深入调查和了解村民的阅读需求,能够给村民提供一些符合他们实际需要的文学、科技、教育、艺术等各类书报刊,使书报刊内容更加贴近村民的生产和生活,提高他们的阅读兴趣,使他们的阅读需求在不断满足

中向更广、更深的层次发展,让文化、求知潜移默化地融入到农民生活中并成为重要组成部分。印制农民急需和与村民紧密相关的法律法规、政策方面的小册子,在各地书屋发售或免费阅读,组织出版符合当地村民实际需要、帮助农业生产致富的技术类和养殖类书刊。这类图书开本设计要小,内容要精选,对农民生产生活有实际指导意义,可以以稍高出成本的价格销售或以较低价格出租给村民,甚至免费向农民推广。也可以在一些出版社库存的图书内选择一部分符合当地农村读者阅读需求和兴趣的图书分配到当地各农村书屋,提供给村民阅读和使用。

4.5　以农家书屋工程为契机,培育农村书报刊市场

农家书屋的建设能从根本上推动农村书报刊消费,充分开发和培育农村书报刊市场,进而推动农村的文化建设和经济建设。对于农家书屋在经过一年多探索后所存在的问题,国家新闻出版总署署长柳斌杰指出:要建设好农家书屋,一是要结合实际,科学合理制定规划,因地制宜建设书屋,并按照群众需要给书屋配备群众看得懂、用得上、留得住的出版物;二是配备书屋管理员以加强书屋管理,制定和完善书屋各项管理制度,保证农家书屋规范运行,各地结合本地区实际情况,制定了一系列农家书屋管理制度,包括书屋管理规定、出版物借阅制度、管理员岗位职责等,一些地方还制定了考核制度,并且做到制度上墙,接受村民的监督;三是创新农家书屋服务方式,不断探索书屋发展的长效机制,使农家书屋具有长久生命力,各地依托农家书屋开展形式多样的文化活动,充分调动起广大农民群众读书用书的热情。

农村书报刊发行工作是系统庞大的工程,农村图书市场开发是具有鲜明中国社会主义特色的一项文化战略,也是建设和谐农村和强盛中国的长远大计。要健康长久地发展下去,就要以市场为导向,早期以公益性为主,政府直接参与组织管理,各相关出版发行企业具体实施的管理方式展开农村书报刊市场开发。相信在各方面齐心努力下,在各地农村的积极配合下,采用科学的方法,农村这块市场最终会从沉寂走向繁荣。

阅读以上资料,回答下面的问题:

1.该调查报告包括几个部分? 是否符合调查报告的基本要求?

2.请结合你掌握的有关出版物市场调查报告的撰写知识,分析这篇调查报告的优缺点。

【单元实训】

实训任务单

任务名称		撰写出版物市场调查报告
实训情境		长沙某都市报为了提高办报质量、调整办报思路、为读者提供更好的服务，特组织了一次读者调查。在上一个项目实训中，已获得了相关的调查资料，并进行了整理分析，现在就请将整理分析的资料撰写成为调查报告。
实训目标	知识目标	1.了解出版物市场调查报告的意义和特点； 2.掌握出版物市场调查报告的基本结构和内容； 3.了解撰写出版物市场调查报告的方法、技巧和相关要求。
	能力目标	1.能够根据调查项目要求，撰写规范的出版物市场调查报告； 2.培养学生专业知识综合应用能力； 3.培养学生归纳总结能力； 4.培养学生的文字表达能力； 5.培养学生的规范意识。
	素养目标	培养学生的团队合作精神。
实施环境		1.满足 50 位同学活动的计算机房 1 间； 2.计算机可以运行 word、excel、ppt、spss 等软件； 3.机房计算机网络通畅。
实训过程		1.对资料进行初步构思，拟定调查报告的提纲； 2.根据提纲撰写调查报告初稿； 3.对调查报告初稿进行修改、完善，最终定稿； 4.填写调查报告撰写情况表。
实训成果		1.学生每人一份调查报告撰写情况表； 2.学生每人一份评价表； 3.每组一份调查报告。

出版物市场调查

【实训评价】

考核要素	评价标准	分值（分）	评分		
			自评（10%）	小组（30%）	教师（60%）
知识掌握	了解出版物市场调查报告的意义；				
	掌握出版物市场调查报告的结构及撰写方法、要求等。				
能力训练	调查报告主题明确、有现实意义；				
	报告结构清晰、严谨规范、逻辑性强；				
	对资料进行整理分析，深刻、详实、有意义；				
	有个人见解；				
	语言简洁流畅、清楚；				
	报告文档制作清晰、美观。				
素养培养	团队分工合作，工作任务分配合理；				
	服从组长安排，有责任感，按质按量完成任务。				
评价人					
合计					
评语	教师： 年　　月　　日				

附录　全国新闻出版产业基本情况调查表
（非母公司或核心单位）

填报单位全称：(盖章)

01　组织机构代码：

□□□□□□□□—□

04　单位所在地：

＿＿＿＿＿＿省（自治区、直辖市）＿＿＿＿＿＿地（区、市、州、盟）

＿＿＿＿＿＿县（区、市、旗）＿＿＿＿＿＿门牌号　　邮政编码：＿＿＿＿＿＿

02　单位详细名称：＿＿＿＿＿＿＿＿＿＿＿＿

03　法定代表人（单位负责人）：＿＿＿＿＿＿＿＿

05　联系方式：

固定电话＿＿＿＿＿＿＿＿＿＿　　传真号码＿＿＿＿＿＿＿＿＿＿

移动电话＿＿＿＿＿＿＿＿＿＿　　电子信箱＿＿＿＿＿＿＿＿＿＿

单位网址＿＿＿＿＿＿＿＿＿＿

06　单位类别：

□ 01 企业法人

□ 02 事业单位法人

□ 03 企业法人兼事业单位法人

□ 04 社会团体法人

□ 05 非法人单位

□ 06 其他

07　执行会计制度类别：

□ 01 企业会计制度

□ 02 事业单位会计制度

□ 03 行政单位会计制度

□ 04 其他

08　企业性质：

□ 01 国有

□ 02 集体

□ 03 民营

□ 04 港澳台商投资（请填写
问题9）

□ 05 外商投资（请填写问题10）

□ 06 混合（请填写问题11）

□ 07 其他

09　港澳台商投资企业控股
情况：

□ 01 国有控股

□ 02 集体控股

□ 03 民营控股

□ 04 港澳台商独资

□ 05 港澳台资控股

□ 06 外资控股

□ 07 其他

10　外商投资企业控股情
况：

□ 01 国有控股

□ 02 集体控股

□ 03 民营控股

□ 04 港澳台资控股

□ 05 外商独资

□ 06 外资控股

□ 07 其他

11　混合性质企业控股情况：
　　□ 01 国有控股
　　□ 02 集体控股
　　□ 03 民营控股
　　□ 04 港澳台资控股
　　□ 05 外资控股
　　□ 06 其他

12　企业上市情况：
　　本企业已于___年___月在_____上市
　　股票代码：

13　业务活动范围(可多选)：

　　□ 01 图书出版
　　□ 02 期刊出版
　　□ 03 报纸出版
　　□ 04 音像出版
　　□ 05 电子出版物出版
　　□ 06 图书批发
　　□ 07 报刊批发
　　□ 08 音像电子出版物批发
　　□ 09 图书零售
　　□ 10 报刊零售
　　□ 11 音像电子出版物零售
　　□ 12 出版物出口
　　□ 13 出版物进口
　　□ 14 出版物印刷
　　□ 15 包装装潢印刷

　　□ 16 其他印刷品印刷
　　□ 17 专项排版、制版、装订
　　□ 18 打字复印
　　□ 19 复制
　　□ 20 印刷物资供销
　　□ 21 版权贸易
　　□ 22 版权代理与服务
　　□ 23 电子阅读终端生产
　　□ 24 电子书
　　□ 25 网络期刊
　　□ 26 网络报纸
　　□ 27 网络文学
　　□ 28 网络游戏

　　□ 29 网络音乐
　　□ 30 网络动漫
　　□ 31 网络在线教育
　　□ 32 网络地图
　　□ 33 手机报
　　□ 34 手机文学
　　□ 35 手机游戏
　　□ 36 手机动漫
　　□ 37 手机彩铃
　　□ 38 手机音乐
　　□ 39 广告
　　□ 40 内容的策划、制作
　　　　 与提供
　　□ 41 行业服务
　　□ 42 其他新闻出版业务
　　□ 43 非新闻出版业务

14　主要业务：

重要性排序	代码	业务名称	业务收入在合并报表营业收入合计中所占比重(%)
1			
2			
3			
4			
5			

15 从业人员数:

	总人数	
年末从业人员合计(人)		其中:女性

16 主要经济指标:

指标名称	数　额（万　元）
资产合计	
固定资产原价	
本年折旧	
所有者权益合计(净资产合计)	
工业总产值(限工业企业填写)	
营业收入合计(收入合计)	
主营业务收入(事业收入＋其他收入)	
事业收入(限行政事业单位填写)	
经营收入(限行政事业单位填写)	
主营业务成本(事业支出)	
主营业务税金及附加(经营税金)	
本年应交营业税	
主营业务利润(限法人填写)	
营业利润(限企业填写)	
利润总额(收支结余合计)	
本年应交增值税	
本年应交所得税	
本年应付工资总额	
本年应付福利费总额	
本年劳动、待业、医疗、养老保险总额	
平均发货折扣(%)	

单位负责人:　　　统计负责人:　　　填表人:　　　联系电话:
填表日期:20　年　月　日　审表人:　　　审表日期:20　年　月　日

参考文献

［1］赖跃进.出版物营销实务［M］.北京:印刷工业出版社,2010.

［2］刘吉波.出版物市场营销［M］.北京:中国书籍出版社,2010.

［3］赵英著.畅销书攻略［M］.武汉:华中师范大学出版社,2010.

［4］刘观涛.畅销书的蓄意操作——如何成长为金牌策划人［M］.桂林:广西师范大学出版社,2009.

［5］刘拥军.图书营销案例点评主编［M］.苏州:苏州大学出版社,2005.

［6］赵轶.市场调查与分析［M］.北京:北京交通大学出版社,2008.

［7］赵轶.现代市场调查与预测［M］.北京:高等教育出版社,2012.

［8］李国强,苗杰.市场调查与市场分析［M］.北京:中国人民大学出版社,2009.

［9］汤俊.市场调查与分析［M］.广州:暨南大学出版社,2010.

［10］邓剑.平市场调查与预测——理论实务案例实训.高等教育出版社,2010 - 7 - 1.

［11］覃常员,彭娟,杨金宏.市场调查与预测［M］.北京:经济管理出版社,2009.

［12］刘玉洁,周鹏.市场调研与预测［M］.大连:大连理工大学出版社,2007.

［13］栾向晶.市场调研与预测［M］.北京:科学出版社,2009.

［14］刘勤侠.市场信息采集与分析［M］.北京:科学出版社,2009.

［15］刘红霞.市场调查与预测［M］.北京:科学出版社,2007.

［16］孙江华.媒介调查分析［M］.北京:经济管理出版社,2005.

［17］丁迈 崔蕴芳.媒体市场调查与分析教程［M］.北京:中国广播电视出版社,2010.

［18］(美)丹尼尔·里夫,斯蒂文·赖斯,费雷德里克·G.菲克.内容分析法媒介信息量化研究技巧(第二版).嵇美云译.北京:清华大学出版社,2010.

［19］李频.中国期刊产业发展报告［M］.北京:社会科学文献出版社,2005.

［20］王晓华.广告效果测定［M］.长沙:中南大学出版社,2004.

［21］文长辉.媒介消费学［M］.北京:中国传媒大学出版社,2007.

［22］刘革学,刘芳.中国民营书业调查［M］.北京:中国水利水电出版社,2005.

［23］魏玉芝.市场调查与分析［M］.大连:东北财经大学出版社,2007.

［24］君悦.开家书店［M］.北京:中国宇航出版社,2005 年.

［25］孙洪霞,苗成栋.市场调查［M］.北京:电子工业出版社,2012.

［26］胡丽霞,陈捷.市场调查与预测［M］.北京:科学出版社,2012.

［27］汪彤彤,徐龙.市场调查实训［M］.武汉:武汉理工大学出版社,2011.

［28］王静.现代市场调查［M］.北京:首都经济贸易大学出版社,2005.

［29］曾振华.市场调查.基本方法与应用［M］.广州:暨南大学出版社,2006.

［30］吴勇.市场调查［M］.广州:广东高等教育出版社,2006.